高等职业教育“十三五”规划教材

“任务引领，项目驱动”型教材

建筑施工组织设计

主　编　穆文伦　张玉杰

副主编　李树芬　高恺烜

主　审　肖志红　汤　斌

武汉理工大学出版社

·武　汉·

内容简介

本书根据《建筑施工组织设计规范》(GB/T 50502—2009)、《施工组织设计编制与管理标准》(ZJQ 08—SGJB 001—2017)、《工程网络计划技术规程》(JGJ/T 121—2015)、《智能建筑工程质量验收规范》(GB 50339—2013)、《建筑地基基础工程施工质量验收标准》(GB 50202—2018)、《混凝土结构工程施工质量验收规范》(GB 50204—2015)、《建设工程质量管理条例》和《建筑安装工程工期定额》(TY 01—89—2016)等行业标准规范编写。本书是基于真实工程的施工图、合同、工程量清单等资料，采用项目驱动法，以布置任务的方式提高学生对基础知识和基本技能主动学习的兴趣，培养学生自主学习的能力。主要内容包括工程概况、施工部署、施工进度计划、施工准备及资源配置计划、主要施工方案、施工平面布置、施工管理措施、总承包配合服务等。

本书可作为高职院校土建类相关专业教材，也可供建筑工程施工技术人员参考学习。

图书在版编目(CIP)数据

建筑施工组织设计 / 穆文伦，张玉杰主编. —武汉：武汉理工大学出版社，2020.6
ISBN 978-7-5629-5185-8

Ⅰ. ①建…　Ⅱ. ①穆…　②张…　Ⅲ. ①建筑工程—施工组织—设计　Ⅳ. ①TU721

中国版本图书馆 CIP 数据核字(2020)第 101228 号

项目负责人：戴皓华　　**责任编辑**：戴皓华
责任校对：夏冬琴　　**版面设计**：正风图文
出版发行：武汉理工大学出版社
地　　址：武汉市洪山区珞狮路 122 号
邮　　编：430070
网　　址：http://www.wutp.com.cn
经　　销：各地新华书店
印　　刷：武汉市天星美润设计印务有限公司
开　　本：787×1092　1/16
印　　张：14.25
字　　数：356 千字
版　　次：2020 年 6 月第 1 版
印　　次：2020 年 6 月第 1 次印刷
定　　价：37.00 元

凡购本书，如有缺页、倒页、脱页等印装质量问题，请向出版社发行部调换。
本社购书热线：027-87515778　87515848　87785758　87165708(传真)

高等职业教育“十三五”规划教材
编审委员会

前 言 Preface

建筑施工组织设计是高职土建类专业一门重要专业课程，它研究建筑工程施工组织的一般规律，是流水施工、网络计划技术、建筑工程施工技术、建筑工程计量与计价、建筑工程管理、建筑行业各种标准等综合应用的学科。

建筑施工组织设计具有涉及知识面广，实践性强，技术标准针对性较强，影响因素多，综合性大等特点。本书结合高职教育培养应用型、实用型人才的特点，以真实工程项目完成施工组织设计各阶段的任务为驱动，以编制完成的施工组织设计为主线展开编写。本书完全是施工组织设计的一个蓝本和范例，通过本书的学习，使学生认识并掌握施工组织设计编制的系统性，可起到举一反三的效果，学生根据实际工作中不同项目的特点适当增减内容，即可完成施工组织设计的编制。

本书在借鉴传统施工组织设计教材的基础上，结合诸多典型项目施工组织设计编制的实际情况，以真实单体工程案例（图纸下载请扫二维码）的施工合同、施工图、工程量清单为背景，根据《建筑施工组织设计规范》、《施工组织设计编制与管理标准》以及现行相关建筑工程施工验收规范标准、地方标准、企业标准，以施工过程的展开为主线进行编制，内容丰富、全面，具有很强的适用性和可移植性。

全书分为八章，主要包括工程概况、施工部署、施工进度计划、施工准备及资源配置计划、主要施工方案、施工平面布置、施工管理措施、总承包配合服务。每章前有本章工作任务介绍，章后附有习题和实训。

本书由贵州交通职业技术学院穆文伦、张玉杰担任主编并负责统稿，贵州交通职业技术学院李树芬、高恺烜担任副主编。贵州交通职业技术学院肖志红、汤斌主审并提出了宝贵建议。本书的顺利出版，要感谢行业企业的领导和老师们给予的大力支持和帮助。

由于编写时间仓促，水平有限，书中难免有不足之处，恳请读者批评指正。

编 者

2019 年 11 月

图纸下载

目　录 Contents

1 工程概况

本章工作任务：

工程概况是对工程基本情况的介绍和认识。主要内容包括编制依据、工程建设概况、工程设计概况、合同主要条款、主要工程量清单、自然条件、工程主要特点七个方面。

本案例工程为××学院学生活动中心，集学生浴室、超市、用餐和学生活动为一体的地下1层、地上5层公共建筑，建筑高度22.5 m。该建筑位于××市××路××号××学院校园东北侧。

1.1 编制依据

1.1.1 工程施工合同

(1) 合同名称：××学院学生活动中心工程施工合同。
(2) 合同编号：交黔贵工合字【20××】××号。
(3) 合同签订日期：20××年06月11日。

1.1.2 工程施工图

工程施工图情况见表1-1。

表1-1 施工图情况一览表

图纸名称	图号	出图日期	备注
建筑施工图	建施 A-05(总平面图)	20××.01.05	××建筑设计有限责任公司
建筑施工图	建施 B-01(地下室部分)	20××.01.05	
建筑施工图	建施 B-02(地上部分)	20××.01.05	
结构施工图	结施 B-01～B-07	20××.01.05	
给排水施工图	水施 B-01～B-12	20××.01.05	
暖通施工图	通施 B-01～B-09	20××.01.05	
电气施工图	电施 B-01～B-24	20××.01.05	

1.1.3 工程地质勘察报告

××勘察设计有限公司提供的“学生活动中心岩土工程勘察报告”(20××年4月)。

1.1.4 采用的规范目录、标准文件

国家现行有关验收规范和技术规程以及企业文件与标准见表1-2。

表1-2 国家现行验收规范和技术规程以及企业文件与标准

序号	标准代号	名　称
	土建类	
1	GB 50300—2013	建筑工程施工质量验收统一标准
2	GB 50202—2018	建筑地基基础工程施工质量验收标准
3	GB 50026—2007	工程测量规范
4	GB 50204—2015	混凝土结构工程施工质量验收规范
5	GB 50208—2011	地下防水工程质量验收规范
6	GB 50209—2010	建筑地面工程施工质量验收规范
7	GB 50210—2018	建筑装饰装修工程质量验收标准
8	GB 50205—2001	钢结构工程施工质量验收规范
9	10J301	地下建筑防水构造
10	JGJ 18—2012	钢筋焊接及验收规程
11	JGJ/T 27—2014	钢筋焊接接头试验方法标准
12	16G101	混凝土结构施工图平面整体表示方法制图规则和构造详图
13	11G329	建筑物抗震构造详图
14	14G330—2	混凝土结构剪力墙边缘构件和框架柱构造钢筋选用
15		施工手册(第五版)
16	JGJ 107—2016	钢筋机械连接技术规程
17	GB 50203—2011	砌体结构工程施工质量验收规范
	电气类	
1	GB 50303—2015	建筑电气工程施工质量验收规范
2	GB 50339—2013	智能建筑工程质量验收规范
	给排水类	
1	GB 50268—2008	给水排水管道工程施工及验收规范
2	GB 50242—2002	建筑给排水及采暖工程施工质量验收规范
3	GB 50015—2019	建筑给水排水设计标准

续表 1-2

序号	标准代号	名　　称
4	CECS 17—2000	室外硬聚氯乙烯给水管道工程技术规程
5	CECS 41—2004	建筑给水硬聚氯乙烯管道工程技术规程
	综合安装类	
1	GB 50243—2016	通风与空调工程施工质量验收规范
2	JGJ 102—2003	玻璃幕墙工程技术规范
3	JGJ/T 139—2001	玻璃幕墙工程质量检验标准
4	JGJ 113—2015	建筑玻璃应用技术规程
	综合管理类	
1		建设工程质量管理条例
2		工程建设标准强制性条文(房屋建筑部分)
3	GB/T 50326—2016	建设工程项目管理规范
4	GB/T 50328—2014	建设工程文件归档规范
5	JGJ/T 121—2015	工程网络计划技术规程
6	GB/T 50502—2009	建筑施工组织设计规范
7	GB 50500—2013	建设工程工程量清单计价规范
8		贵州省建筑与装饰工程计价定额(2016 版)
9		贵州省通用安装工程计价定额(2016 版)
	安全管理类	
1	JGJ/T 77—2010	施工企业安全生产评价标准
2	JGJ 46—2005	施工现场临时用电安全技术规范
3	JGJ 33—2012	建筑机械使用安全技术规程
4	JGJ 80—2016	建筑施工高处作业安全技术规范
5	JGJ 130—2011	建筑施工扣件式钢管脚手架安全技术规范
6	GB 50194—2014	建筑工程施工现场供电用电安全规范
7	JGJ 59—2011	建筑施工安全检查标准
	企业文件与标准	
1		ISO9002 质量体系程序文件
2		企业 CI 手册
3		职业安全健康、环境管理体系程序文件
4		质量手册
5		职业安全健康、环境管理手册

续表 1-2

序号	标准代号	名　　称
6		施工现场综合管理处罚规定
7	ZJQ00—SG—001—2003	建筑装饰装修工程施工工艺标准
8	ZJQ00—SG—002—2003	混凝土结构工程施工工艺标准
9	ZJQ00—SG—012—2003	建筑砌体工程施工工艺标准
10	ZJQ00—SG—009—2003	建筑防水工程施工工艺标准
11	ZJQ00—SG—007—2003	屋面工程施工工艺标准
12	ZJQ00—SG—003—2003	建筑地面工程施工工艺标准
13	ZJQ00—SG—004—2003	钢结构工程施工工艺标准
14	ZJQ00—SG—006—2003	给排水与采暖工程施工工艺标准
15	ZJQ00—SG—010—2003	建筑电气工程施工工艺标准
16	ZJQ00—SG—011—2003	通风空调工程施工工艺标准

1.1.5 其他

(1) 中华人民共和国颁布的现行建筑安装工程的各类规范、标准及规程。
(2) 政府有关建筑工程管理、市政管理、环境保护等法规及规定。
(3) 本单位有关总承包管理、质量管理、安全管理、文明施工管理规定。
(4) ISO9001:2000 版《质量管理体系标准》及本单位质量管理体系文件。
(5) ISO14000 国际环境管理体系标准及职业安全健康管理体系标准。
(6) 现场和周边的实地踏勘情况。
(7) 部分地方标准图集、西南标准图集、国家标准图案。
(8) 住房和城乡建设部颁布的《建设工程施工现场管理规定》。
(9) 编制单位在长期施工中总结出的先进成果及施工方法。

1.2 工程建设概况

工程建设概况即建设参建各方以及工程地址、性质、功能、建设内容及工期等，如表 1-3 所示。

表 1-3　工程建设概况表

工程名称	××学院学生活动中心工程
建设单位	××学院
设计单位	××建筑设计有限责任公司
勘察单位	××勘察设计有限公司
监理单位	××监理咨询有限公司

续表 1-3

总包单位	××建筑工程有限责任公司
质量监督部门	××建筑工程质量监督站
工程地址	××市××路××号
建筑规模	建筑面积:9440.87 m^2;地下1层,地上5层
结构形式	框架结构
工程性质	新建
施工内容	土建、安装工程量清单包含的全部工作内容
建设工期	240 d
主要功能或用途	浴室(－1层)＋食堂(1～3层)＋学生活动区(4～5层)

1.3 工程设计概况

工程设计概况详见表1-4～表1-6。

表1-4 建筑设计概况一览表

<table>
<tr><td colspan="2">建筑面积</td><td>9440.87 m²</td><td>基底面积</td><td colspan="2">1750.00 m²</td></tr>
<tr><td colspan="2">建筑高度</td><td>22.5 m</td><td rowspan="2">防水等级</td><td colspan="2">屋面Ⅱ级,耐用年限15年</td></tr>
<tr><td colspan="2">±0.000</td><td>1239.07 m</td><td colspan="2">地下室Ⅰ级,抗渗等级P6</td></tr>
<tr><td>层数</td><td>地上</td><td colspan="2">5层</td><td>地下</td><td>局部1层</td></tr>
<tr><td>层高</td><td colspan="5">－1层3.0 m,首层4.5 m,标准层(2～5层)4.5 m,出屋顶楼梯间3.0 m</td></tr>
<tr><td rowspan="2">装饰</td><td>外墙</td><td colspan="4">橘红色、深灰色、浅灰色通体砖,局部白色涂料</td></tr>
<tr><td>室内</td><td colspan="4">墙砖、吊顶、乳胶漆</td></tr>
<tr><td rowspan="2">门窗</td><td>门</td><td colspan="4">公共区间为木质甲级防火门、进户门为钢制防盗门</td></tr>
<tr><td>窗</td><td colspan="4">铝合金单框中空钢化玻璃5＋9A＋5</td></tr>
<tr><td rowspan="3">防水</td><td>屋面</td><td colspan="4">1.上人屋面:40厚C20细石混凝土刚性防水层,内配Φ4@200双向布置;挤塑聚苯板(详见节能设计);BAC双面自粘防水卷材;陶粒找坡(最薄处30 mm),自屋脊向两侧坡度2%,檐口方向以1%坡向落水管。2.不上人屋面取消刚性防水层改用500 mm×500 mm预制混凝土板,其余同上人屋面</td></tr>
<tr><td>厕浴间</td><td colspan="4">BAC双面自粘防水卷材</td></tr>
<tr><td>地下室</td><td colspan="4">底板和外墙采用抗渗等级P6结构自防水,底板下、外墙采用一道BAC双面自粘防水卷材</td></tr>
<tr><td colspan="2">保温节能</td><td colspan="4">外窗保温:铝合金单框中空钢化玻璃6＋9A＋6(东南向)、6＋12A＋6(西北向)、外墙内保温25厚中空微珠无机保温砂浆,屋面保温材料为25厚挤塑聚苯板</td></tr>
</table>

表 1-5　结构设计概况一览表

<table>
<tr><td rowspan="3">地基基础</td><td>基础埋深</td><td>3.65 m</td><td>持力层</td><td>中风化白云岩</td><td>承载力标准值</td><td colspan="2">2000 kPa</td></tr>
<tr><td>桩基</td><td>人工挖孔桩</td><td>桩长</td><td>3.2～12 m</td><td>桩径</td><td colspan="2">ϕ1000～1100 mm</td></tr>
<tr><td>筏板</td><td colspan="2">底板厚 250 mm</td><td>超声检测情况</td><td colspan="3">≥总桩数 30%,本工程 16 根桩,需检测 5 根</td></tr>
<tr><td>主体</td><td>结构形式</td><td colspan="2">框架结构</td><td colspan="2">设计使用年限</td><td colspan="2">50 年</td></tr>
<tr><td>抗震设防类别</td><td>丙类</td><td>抗震设防烈度</td><td>6 度</td><td>混凝土环境类别</td><td colspan="3">一类</td></tr>
<tr><td>框架抗震等级</td><td colspan="3">四级</td><td>结构安全等级</td><td>二级</td><td>耐火等级</td><td>一级</td></tr>
<tr><td rowspan="3">混凝土强度等级及抗渗要求</td><td colspan="2">地下室</td><td colspan="5">底板:C30、P6　外墙:C30、P6</td></tr>
<tr><td colspan="2">梁、板及楼梯</td><td colspan="5">−1 层～4 层 C30,5 层顶板及所有楼梯间为 C35</td></tr>
<tr><td colspan="2">柱</td><td colspan="5">−1 层～5 层 C30</td></tr>
<tr><td>钢材</td><td colspan="7">钢筋 HPB300、HRB400</td></tr>
<tr><td rowspan="2">围护结构</td><td colspan="2">地下室</td><td colspan="5">200 厚轻质砌块,M5 水泥砂浆砌筑</td></tr>
<tr><td colspan="2">主体</td><td colspan="5">200、100 厚加气混凝土砌块,M5 水泥砂浆砌筑,厨房、厕所墙体采用轻质砌块砌筑。所有墙体底部 300 高采用轻质砌块,顶部 200 高采用斜砌轻质砌块,地面及防潮层以下墙体采用水泥标准砖</td></tr>
</table>

表 1-6　设备安装工程设计概况一览表

<table>
<tr><td rowspan="3">给水</td><td>冷水</td><td>校园山顶水池直供水和屋顶生活水箱补充两种形式结合供水,水压能满足要求</td><td rowspan="2">排水</td><td>污水</td><td>厨房污水经隔油池处理后与其他生活污水、粪便污水汇合,流入专门的化粪池处理后进入校园污水处理站达到排放标准后排入市政管道</td></tr>
<tr><td>热水</td><td>浴室采用空气能热水器＋电加热泵辅助供应热水</td><td>雨水</td><td>屋面雨水由雨水斗收集排入室外雨水管网</td></tr>
<tr><td>消防</td><td colspan="4">设消火栓系统,火灾自动报警系统</td></tr>
<tr><td rowspan="5">强电</td><td>供电电源</td><td>校园 10 kV/1250 kV・A 变压器供电,备用电源为自动启动柴油发电机组,主电源与备用电源间实行机械及电气互锁</td><td rowspan="5">弱电</td><td>有线电视</td><td>有线电视电缆由楼梯间桥架引至楼层,弱电箱设分支器箱</td></tr>
<tr><td>低压配电系统</td><td>采用 220/380 V 放射式和树干式相结合的方式,并采用低压集中自动补偿功率因数方式。照明系统包括工作照明、应急照明、事故照明</td><td>电话</td><td>系统采用大对数电缆进线,由楼梯间桥架引至楼层,再分配至每户智能弱电箱</td></tr>
<tr><td>接地</td><td>采用 TN-C-S 系统,设置等电位联结,总接地电阻 $R \leqslant 1\ \Omega$</td><td>安全监控</td><td>各主要出入口、首层门厅及各层的电梯轿厢内设摄像机</td></tr>
<tr><td rowspan="2">防雷</td><td rowspan="2">三类防雷,最高处在女儿墙、花架顶两侧设置避雷针。采用 ϕ12 mm 热镀锌圆钢作接闪器,利用墙柱钢筋作为引下线,为防止侧向雷击,金属门窗及护栏与柱子或圈梁主筋可靠焊接形成均压环</td><td>网络</td><td>网络等由业主另行委托相关专业公司设计安装</td></tr>
<tr><td>综合布线</td><td>系统采用大对数电缆进线,由楼梯间桥架引至楼层弱电箱,从弱电箱引至各房间</td></tr>
</table>

续表 1-6

通风系统		地下室各房间设置送风系统兼排烟送风系统，厨房及其辅助用房机械排风系统。其余各房间送风依靠窗口及走道门缝自然进风
消防系统	消火栓系统	沿两侧楼梯间设置消火栓系统，在屋面连通和室外形成环状，系统压力由屋顶水箱和来自山顶高位水池的给水管网保持
	防排烟系统	地下室设置送风系统兼排烟送风系统，厨房及其辅助房间设置机械排风系统，防烟楼梯间采用外窗自然排烟
	气体灭火系统	沿两侧楼梯间按楼层设消火栓箱，所有消火栓处设置 MF/ABC4 型建筑灭火器，每处 1 具
其他需说明事项：弱电及消防部分配合施工		

1.4 合同主要条款

(1) 工程内容：招标施工图所包含的全部工程内容，约 9440.87 m^2，框架结构。

(2) 工程立项批准文号：发改【20××】××号。

(3) 资金来源：交通智力投资及自筹。

(4) 工程承包范围：招标文件、工程量清单所含的全部工程内容。

(5) 开工日期：20××年 07 月 01 日。

(6) 竣工日期：20××年 02 月 25 日。

(7) 合同工期：日历天 240 d。

(8) 工程质量标准：达到国家施工验收标准。

(9) 合同价款：壹仟壹佰万零柒仟贰佰陆拾陆元叁角陆分(人民币)￥：11007266.36 元。

(10) 组成合同的文件及解释顺序：本合同协议书→中标通知书→招标文件→投标书及其附件→本合同专用条款→本合同通用条款→标准、规范及有关技术文件→招标图纸→工程量清单工程报价单或预算书。

(11) 工程师职责：监理工程师有权审核承包人季、月、旬、周的工程进度，报表计划；监督工程质量、工期、进度，审核工程量的增减。发包人委派工程师对工程质量、进度、造价、安全进行全面控制管理。

(12) 合同价款及调整：

① 本工程采用单价合同形式。

② 双方约定合同价款的其他调整因素：地质变化、基础超深、设计变更、工程量增减、零星签证等。若投标文件中有的项目从其价格标准；若投标文件中没有的项目可参照投标文件、投标定额确定；若投标文件、投标定额中均没有的项目由承包人提出，监理人和发包人初审，最终由有资质的造价机构审定后形成价格。若发生重大设计修改，工期作相应调整。

(13) 工程款项支付条款：按银行转账方式支付到承包人的规定账户，每月 28 日向工程师提交当月工程量报表，工程师在五日内核准完毕，按实际完成进度 85%支付该月工程进度款，工程款支付至工程总价的 90%时停止支付。待工程竣工验收备案，并经审计后付至工程总价的97%。剩余3%作为工程质量保修金;工程质量保修金退还的先后顺序按各自保修期限及相应的额度比例退还。

(14) 工程变更:经发包人和设计、监理共同书面认可的基础超深(地勘资料中基础搁置深度以下、基础设计底标高以下)、施工图变更和工程量增减以及零星签证。

(15) 保修条款。双方根据国家有关规定,结合具体工程约定质量保修期如下:

① 土建工程为2年,屋面防水工程为5年;

② 电气管线、上下水管线安装工程为2年;

③ 供热及供冷为2个采暖期及2个供冷期;

④ 上下水和小区道路等市政公用工程为2年。

(16) 承包人承诺:

① 所有临时设施经发包人指定同意方可搭建,承包人负责拆除,费用由承包人自付。

② 严格按照质量安全标准和工期要求安排施工。

③ 保证安全、文明、环保施工,若违反了有关文明施工的规定,愿意承担相关责任,若因文明施工措施不足造成环境污染,由承包人自行解决,并承担相应的责任和费用。

④ 发包人负责承包人的施工通道畅通,若因人为因素造成不能通行由发包人负责。承包人保证按照经发包人和监理单位确认的图纸组织施工。

⑤ 因承包人施工不慎,损坏地下管线等市政和校园设施造成的损失由承包人负责。

⑥ 施工期间承包人应负责校园施工使用范围的清洁卫生。

⑦ 承包人出入车辆及人员应到学院保卫部门备案。

⑧ 所有工程款必须进入承包人公司账户,凭公司账务收据或发票收取,印鉴章为:××建筑工程有限责任公司财务专用章,否则视为未收到工程款。

1.5 主要工程量清单

主要工程量清单详见表1-7、表1-8。

表1-7 主要土建工程量清单

序号	项目编码	工程名称	项目特征	单位	工程量
1	010101001001	平整场地	1. 土壤类别:三、四类土	m^2	2112.35
2	010101003001	挖基础土方	1. 土壤类别:三、四类土 2. 基础类别:独立柱基 3. 挖土深度:2 m以内 4. 弃土运距:8 km	m^3	12.56
3	010101003002	挖基础土方	1. 土壤类别:三、四类土 2. 基础类别:地梁 3. 挖土深度:2 m以内 4. 弃土运距:8 km	m^3	54.642

续表 1-7

序号	项目编码	工程名称	项目特征	单位	工程量
4	010101003004	挖基础土方	1. 土壤类别:三、四类土 2. 基础类别:孔桩 3. 挖土深度:8 m 以内 4. 弃土运距:8 km	m^3	71.66
5	010101003006	挖一般土方	1. 土壤类别:三、四类土 2. 基础类别:地下室大基坑 3. 挖土深度:4 m 以内 4. 弃土运距:8 km	m^3	1253.56
6	010102002001	石方开挖	1. 岩石类别:坚石 2. 开凿深度:2 m 以内 3. 弃渣运距:8 km 4. 基础类别:地下室大基坑	m^3	835.7
7	010102002002	石方开挖	1. 岩石类别:坚石 2. 开凿深度:2 m 以内 3. 弃渣运距:8 km 4. 基础类别:地梁	m^3	44.81
8	010102002005	石方开挖	1. 岩石类别:坚石 2. 开凿深度:8 m 以内 3. 弃渣运距:8 km 4. 基础类别:孔桩	m^3	36.72
9	010102002006	石方开挖	1. 岩石类别:坚石 2. 开凿深度:12 m 以内 3. 弃渣运距:8 km 4. 基础类别:孔桩	m^3	11.05
10	010103001001	土(石)方回填	1. 夯填(碾压) 2. 运输距离:场内运 20 m	m^3	31.647
11	010201003001	混凝土灌注桩	1. 混凝土强度等级:C25　满足设计要求 2. 混凝土拌合料要求:商品混凝土　满足设计要求 3. 总长度:82.3 m,其余详见施工图	根	16
12	010301001001	砖基础	1. 砖品种、规格:机制砖 240 mm×115 mm×53 mm 2. 基础类型:砖基础 3. 部位:地下室剪力墙外侧	m^3	43.442
13	010302004001	填充墙	1. 砖品种、规格、强度等级:加气混凝土砌块 2. 墙体厚度:200 mm	m^3	1424.27

续表 1-7

序号	项目编码	工程名称	项目特征	单位	工程量
14	010401002001	独立基础	1. 混凝土强度等级:C30　满足设计要求 2. 混凝土拌合料要求:商品混凝土　满足设计要求	m^3	18.87
15	010401001001	带型基础	1. 混凝土强度等级:C30　满足设计要求 2. 混凝土拌合料要求:商品混凝土　满足设计要求	m^3	33.367
16	010401006001	垫层	1. 混凝土强度等级:C10　满足设计要求 2. 混凝土拌合料要求:商品混凝土　满足设计要求 3. 部位:地下室底板	m^3	145.07
17	010403001001	基础梁	1. 混凝土强度等级:C30　满足设计要求 2. 混凝土拌合料要求:商品混凝土　满足设计要求	m^3	57.736
18	010404001001	直形墙	1. 墙类型:剪力墙 2. 墙厚度:200 mm 以内 3. 混凝土强度等级:C30　满足设计要求 4. 混凝土拌合料要求:商品混凝土　满足设计要求	m^3	74.878
19	010406001001	直形楼梯	1. 混凝土强度等级:C30　满足设计要求 2. 混凝土拌合料要求:商品混凝土　满足设计要求	m^2	565.93
20	010403005001	过梁	1. 混凝土强度等级:C20　满足设计要求 2. 混凝土拌合料要求:商品混凝土　满足设计要求	m^3	31.15
21	010402001001	矩形柱	1. 混凝土强度等级:C30　满足设计要求 2. 混凝土拌合料要求:商品混凝土　满足设计要求	m^3	313.751
22	010403002002	矩形梁	1. 混凝土强度等级:C35　满足设计要求 2. 混凝土拌合料要求:商品混凝土　满足设计要求 3. 部位:屋架梁	m^3	107.224
23	010405001001	有梁板	1. 混凝土强度等级:C30　满足设计要求 2. 混凝土拌合料要求:商品混凝土　满足设计要求 3. 板厚度:100 mm 以内	m^3	1194.648
24	010405001002	有梁板	1. 混凝土强度等级:C30　满足设计要求 2. 混凝土拌合料要求:商品混凝土　满足设计要求 3. 板厚度:100 mm 以外 4. 详见设计图	m^3	229.307
25	010405001003	有梁板	1. 混凝土强度等级:C35　满足设计要求 2. 混凝土拌合料要求:商品混凝土　满足设计要求 3. 板厚度:100 mm 以外 4. 详见设计图	m^3	370.125

续表 1-7

序号	项目编码	工程名称	项目特征	单位	工程量
26	010407001001	其他构件	1. 构件的类型:压顶 2. 混凝土强度等级:C30　满足设计要求 3. 混凝土拌合料要求:商品混凝土　满足设计要求 4. 详见设计图	m^3	8.56
27	010405009001	其他板	1. 构件的类型:地下室底板 2. 混凝土强度等级:C30　满足设计要求 3. 混凝土拌合料要求:商品混凝土　满足设计要求	m^3	142.646
28	010416001001	现浇混凝土钢筋	钢筋种类、规格:砌体加筋	t	3.891
29	010416001002	现浇混凝土钢筋	钢筋种类、规格:ϕ10 以内	t	68.225
30	010416001003	现浇混凝土钢筋	钢筋种类、规格:ϕ16 以内	t	20.151
31	010416001005	现浇混凝土钢筋	钢筋种类、规格:ϕ16 以内(HRB400 级钢筋)	t	111.873
32	010416001006	现浇混凝土钢筋	钢筋种类、规格:ϕ25 以内(HRB400 级钢筋)	t	125.38
33	010416004001	孔桩钢筋笼	钢筋种类、规格:ϕ25 以内(HRB400 级钢筋)	t	2.68
34	010703003001	砂浆防水(潮)	1. 防水(潮)部位:地下室立面 2. 详见设计图	m^2	277.993
35	010803003001	保温隔热墙	1. 保温部位:外墙 2. 保温方式:内保温 3. 保温隔热面层材料品种、规格:HL169 中空微珠保温砂浆	m^2	1581.1
36	020101001001	水泥砂浆楼地面	1. 防水层材料种类:JS 复合防水涂料三道 2. 面层砂浆配合比:1∶3水泥砂浆 3. 部位:地下室设备用房	m^2	174.6
37	020102002004	块料楼地面	1. 找平层砂浆配合比:1∶3水泥砂浆找平 2. 结合层砂浆配合比:1∶2干硬性水泥砂浆 3. 面层材料品种、规格:防滑地砖 600 mm×600 mm 4. 部位:1～3 层餐厅、超市、加工间、厨房、洗碗间、包房、淋浴间、楼梯间等	m^2	4798.49

续表 1-7

序号	项目编码	工程名称	项目特征	单位	工程量
38	020102002011	块料楼地面	1. 找平层砂浆配合比:1∶3水泥砂浆找平 2. 结合层砂浆配合比:1∶2干硬性水泥砂浆 3. 面层材料品种、规格:防滑地砖 600 mm×600 mm 4. 部位:4～5 层活动室、办公室、楼梯间 5. 详见设计图	m^2	3150.989
39	020101003001	细石混凝土楼地面(屋面)	1. 找坡层:陶粒混凝土找坡 2. 找平层:水泥砂浆找平 3. 防水层:BAC 双面自粘防水卷材 4. 保温层:聚苯乙烯泡沫板 5. 面层厚度、混凝土强度等级:细石混凝土屋面厚 4 cm C20	m^2	1711.27
40	020106002001	块料楼梯面层	1. 找平层砂浆配合比:1∶3水泥砂浆找平 2. 结合层砂浆配合比:1∶2干硬性水泥砂浆 3. 面层材料品种、规格:防滑地砖 600 mm×600 mm 4. 部位:首层至顶层楼梯间 5. 详见设计图	m^2	565.93
41	020107001001	金属扶手带栏杆、栏板	1. 扶手材料种类、规格、品牌、颜色:不锈钢管 2. 栏杆材料种类、规格、品牌、颜色:不锈钢管 3. 部位:楼梯、护窗、外廊 4. 详见设计图	m	396.99
42	020201001001	墙面一般抹灰	1. 墙体类型:混凝土墙 2. 底层:水泥砂浆找平 3. 面层:乳胶漆两道 4. 部位:地下室 5. 详见设计图	m^2	590.409
43	020201001004	墙面一般抹灰	1. 墙体类型:加气混凝土砌块墙 2. 底层:水泥石灰砂浆 3. 面层:乳胶漆两道 4. 部位:1～3 层超市、餐厅、加工间、厨房、洗碗间、卫生间等 5. 详见设计图	m^2	3781.305
44	020201001009	墙面一般抹灰	1. 墙体类型:加气混凝土砌块墙 2. 底层:水泥石灰砂浆 3. 面层:乳胶漆两道 4. 部位:4～5 层卫生间、活动室、办公室	m^2	4389.436

续表 1-7

序号	项目编码	工程名称	项目特征	单位	工程量
45	020201001012	墙面一般抹灰	1. 墙体类型:加气混凝土砌块墙 2. 底层:水泥石灰砂浆抹灰 3. 部位:女儿墙内墙面	m^2	256.04
46	020204003001	块料墙面	1. 墙体材料:加气混凝土砌块 2. 面层材料品种、规格:外墙面砖 3. 部位:外墙面	m^2	3552.47
47	020204003002	块料墙面	1. 墙体材料:加气混凝土砌块 2. 面层材料品种、规格:墙砖 200 mm×300 mm 3. 部位:地下室楼梯间、走道墙面、淋浴间	m^2	856.02
48	020204003005	块料墙面	1. 墙体材料:加气混凝土砌块 2. 面层材料品种、规格:墙砖 200 mm×300 mm 3. 部位:1～3 层餐厅、加工间、厨房、洗碗间、淋浴间、楼梯间	m^2	3212.27
49	020204003010	块料墙面	1. 墙体材料:加气混凝土砌块 2. 面层材料品种、规格:墙砖 200mm×300 mm 3. 部位:4～5 层楼梯间、办公室、卫生间	m^2	1964.18
50	020301001001	天棚抹灰	1. 底层:水泥砂浆 2. 面层:乳胶漆两道 3. 部位:地下室设备用房、楼梯间、走道	m^2	496.26
51	020301001004	天棚抹灰	1. 底层:水泥石灰砂浆 2. 面层:乳胶漆两道 3. 部位:1～3 层餐厅	m^2	6662.33
52	020301001010	天棚抹灰	1. 底层:水泥石灰砂浆 2. 面层:乳胶漆两道 3. 部位:4～5 层卫生间、办公室、活动室	m^2	4620.44
53	020401003001	实木装饰门	1. 门类型:实木门	m^2	291.9
54	020402006001	防盗门	1. 门类型:防盗门	m^2	43.47
55	020401006001	木质防火门	1. 门类型:木质防火门	m^2	127.68
56	020402007001	钢质防火门	1. 门类型:钢质防火门	m^2	40.95
57	020402003001	金属地弹门	1. 门类型:铝合金地弹门	m^2	71.28
58	020402001001	金属平开门	1. 门类型:铝合金平开门	m^2	4.8
59	020406001001	铝合金推拉窗	1. 窗类型:铝合金推拉窗 2. 框材质、外围尺寸:90-I 系列铝合金型材 3. 玻璃品种、厚度,五金材料品种、规格:6+9A+6 玻璃	m^2	871.74

续表 1-7

序号	项目编码	工程名称	项目特征	单位	工程量
60	020406001002	铝合金推拉窗	1. 窗类型:铝合金推拉窗 2. 框材质、外围尺寸:镀膜铝合金型材 3. 玻璃品种,厚度、五金材料品种、规格:6+12A+6 玻璃	m^2	43.2
61	020210001001	带骨架幕墙	1. 骨架材料种类、规格:镀膜铝合金型材　明框 2. 面层材料品种、规格:镀膜玻璃	m^2	304.16
62	AB001	轻钢雨篷	1. 面层:6+1.52GSP+6 双钢化夹胶玻璃 2. 骨架:焊接型钢 3. 其余详见设计图	m^2	34.56

表 1-8　主要安装工程量清单

序号	项目编码	工程名称	项目特征	单位	工程量
1	030705007001	报警联动一体机 1. 本体安装 2. 消防报警备用电源 3. 校接线 4. 调试	1. 总线制 2. 安装方式:落地安装 3. 控制点数量:1000 点以下,含电源 GST-LD-D06、多线控制盘 LD-KZ14、火灾报警控制器 JB-QT-GST500、琴台柜 LD-FB-1100	台	1
2	030706001001	自动报警系统调试	点数:1000 点以下	系统	1
3	030706003002	防火控制系统调试	1. 名称:火灾事故广播、消防通信 2. 消防电梯装置调试:广播喇叭及音箱、通信分机及插孔	处	86
4	030212003002	电气配线	1. 配线形式:穿管敷设 2. 导线型号、材质、规格:铜芯绝缘导线 DC24V 电源线 NH-BV-2.5	m	1334.4
5	030801003001	承插铸铁给水管	1. 安装部位:室外 2. 输送介质:给水 3. 材质:球墨铸铁 4. 型号、规格:*DN*150	m	220
6	030109001001	离心式热水泵	1. 名称:热水泵(含管道、阀件、保温) 2. 参数:Q 为 20 m^3/h,H 为 10 m,P 为 1.1 kW 3. 输送介质:热水 4. 材质:钢质	台	1
7	030701003002	消火栓镀锌钢管	1. 安装部位:室内 2. 材质:镀锌钢管 3. 型号、规格:*DN*100 4. 连接方式:沟槽式管件连接	m	469

续表 1-8

序号	项目编码	工程名称	项目特征	单位	工程量
8	030706002001	水灭火系统控制装置调试	点数:200 点以下	系统	1
9	030701018002	消火栓安装	1. 安装部位:室内 2. 型号、规格:*DN*65 3. 单栓、双栓:单栓	套	35
10	030902006001	无机玻璃钢通风管道	1. 形状:圆形 2. 厚度:2.5～3.5 mm 3. 周长或直径:300 mm 以内	m^2	89.3
11	030901002009	通风机	1. 形式:吸顶安装 2. 规格:卫生间通风器,Q 为 500 m^3/h,P 为 90 W	台	6

1.6 自然条件

1.6.1 气象条件

根据××省工程建设地方标准《××省建筑气象标准》资料,××地区 6～9 月份为雨期施工季节,最热 7 月平均气温 24.0 ℃;极端最高 39.5 ℃,12 月下旬至 3 月上旬为冬期施工期,最冷 1 月平均气温 4.9 ℃,极端最低−7.8 ℃。

1.6.2 工程地质及水文条件

(1) 工程地质

地质勘察表明,场地内上覆土层构成较简单,主要由杂填土、红黏土组成,场地内岩土的分布变化规律见各钻孔柱状图和工程地质剖面图,钻探揭露地层特征自上而下依次叙述如下:

① 杂填土(Q^{ml}):杂色,成分为红黏土混碎块石及少量建筑垃圾,结构松散,一般厚度 0.20～3.80 m,分布于整个场地表层,堆填时间约 8 年。

② 红黏土($Q^{el}+Q^{dl}$):残、坡积成因,褐黄色,裂隙较发育,土体结构以块状为主,位于杂填土之下,分布于局部地段;主要为硬塑状红黏土,呈似层状及透镜状分布,厚度不均,厚度 0.00～2.80 m;部分地段缺失,埋深 0.2～3.50 m。

③ 强风化泥质白云岩:灰黄色,风化强烈,岩体强度低,极易钻进,场地内分布于大部分基岩顶面,厚度 0.00～6.00 m,岩芯采取率<20%,属极破碎岩体,岩体基本质量级别为Ⅴ级。

④ 中风化泥质白云岩:灰、灰黄色,薄一中厚层,钻探岩芯多呈短柱状、砂状,少量柱状和块状。钻探深度内的泥质白云岩岩体,岩芯采取率多为 60%～90%,岩石饱和单轴抗压强度标准值 $f_{rk}=20.692$ MPa,属较软—较破碎岩体,岩体基本质量级别为Ⅳ级。

根据区域地质资料和本场地前期勘察成果资料及地表调查成果,场地内未见断层通过,但在场地南侧约 200 m 处位于 32#楼主楼与商铺位置间有一近东西向区域次级断裂构造通过。

该断层倾向约330°，倾角74°～86°。下伏基岩为三叠系下统茅草铺组(T_1m)灰岩，场地附近基岩的露头显示，基岩呈单斜产出，岩层产状156°∠14°，岩体节理较发育，岩体较破碎。

(2) 地下水

场地为地下水径流区，其地下水流向总体由北向南，按场地的地下水埋藏条件，主要为土层中上层滞水和基岩裂隙水。

上层滞水：赋存于上覆杂填土之中，根据简易水文观测，钻探结束后其钻孔内稳定水位为1234.50～1233.00 m，埋深不一致，水位变化幅度较大，含水性极不均匀，主要为大气降水和周边居民区生活废水补给，随季节性变化较大。

基岩裂隙水：由于场地地势相对较低，为地下水径流区；由于岩体中节理裂隙发育，为地下水的补给提供很好的途径。场地中地下水虽有一定的水量但不稳定。其来源主要为通过周边裸露的基岩在大气降雨时入渗补给。又因场地基岩岩体较破碎，局部岩溶现象发育，钻孔施工过程中存在钻探水漏失现象。根据周边建筑施工经验，其地下水最高稳定水位为1234.00 m左右(丰水期)，一般人工挖孔桩单井涌水量不大，为0.5～45 m^3/d，涌水量最大可达150 m^3/d。故场地地下水对局部基础施工有一定影响，对建筑物底板无影响。

1.6.3 地形条件

场地为拆迁重建、平整回填场地，凹凸不平，地面标高1238.30～1243.10 m。

1.6.4 周边道路及交通条件

本工程位于××市××区新村，××高速公路旁，交通便利。周边与本工程施工的相互干扰较少。施工场地面积较大，现场的三通一平已经完成，具备进场施工的条件。

1.6.5 场地及周边地下管线

场地拟建工程范围内东侧有三层食堂，北侧为学生公寓，南侧为校园道路，西侧为篮球场及学生通道；地下有校园供水管线。

1.7 工程主要特点

1.7.1 工程特点

(1) 结构形式为框架结构，标准层高为4.5 m，建筑总高度为22.5 m；

(2) 基础采用独立柱基+桩基形式，基坑最深达3.65 m，底板厚度0.25 m；

(3) 工程采用了大量环保节能新材料、新技术；

(4) 本工程为××市重点推广绿色、环保、节能型公共建筑。

1.7.2 工程难点

(1) 该工程长53.4 m，宽31.8 m，周边有建筑物、篮球场、人行道以及地面停车场库，对总平面布置提出了较高的要求。

(2) 建筑造型及色调:本工程整体规则呈矩形平面,在2层起挑出900 mm,外立面线条简洁大方,主要是深灰色、浅灰色和橘红色,其中以橘红色为主。设置局部地下室作为浴室。

(3) 本工程局部地下室基坑开挖深度为-3.70 m,地质条件复杂,地下溶洞强发育,地下水丰富,使工程基坑支护、降水、地下室施工难度较大,因此,选择经济合理的施工方案就显得尤为重要。

(4) 本工程结构高度为22.5 m,垂直运输以塔吊为主,但周边有学生公寓和老食堂,需注意塔吊布置、旋转方向和工作半径以及拆除等问题。

(5) 本工程涉及的玻璃幕墙、轻钢雨篷、厨房设备、热水供应系统分包给专业公司,专业化程度高,注意总分包管理。

(6) 校园排水接入口较高,校园排水坡度较缓,需处理好地下室、室外管网及排水接入口之间的高差关系。

习题与实训

1. 收集一份施工合同列出其中主要的条款,以及你认为重要的条款。

2. 收集一份图纸,梳理其中的工程设计概况(包括建筑、结构、给排水、电气及暖通等专业,如果还有自动喷淋系统、电梯系统等也一并列出其设计概况)。

3. 收集或了解一个正在建设的项目,分别列出参建各方,如果存在分包单位也一并列出。

4. 收集你熟悉或建设的项目,试对其工程主要特点进行描述。

2 施工部署

本章工作任务：

施工部署是对整个建设项目全局作出的统筹规划和全面安排，主要解决影响建设项目全局的重大战略问题。由于建设项目的性质、规模和客观条件不同，施工部署的内容和侧重点会有所不同。根据本案例特点，施工部署具体包括以下内容：工程项目的组织、管理目标、施工段划分及施工工艺流程、工程特点和重难点及应对措施。

2.1 工程管理组织

(1) 项目管理组织机构如图 2-1 所示。

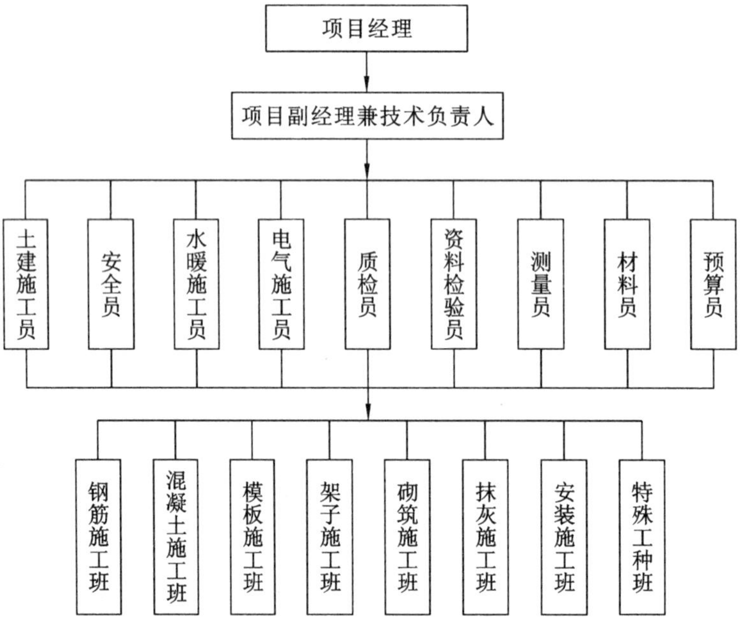

图 2-1 项目管理机构图

(2) 项目管理人员职责如表 2-1 所示。

表 2-1　项目管理人员职责表

序号	职务	主要管理职责
1	项目经理	1. 根据有关规定，签订本工程需要项目经理签订的合同或协议。 2. 制定项目规章制度，明确项目管理部各部门和岗位职责，领导项目管理层开展工作。 3. 组织实施项目管理的目标与方针。批准各分专业分包单位的实施方案，并监督协调其实施行为。 4. 及时协调各分包单位之间的关系，组织召开各类协调会议，解决各分包单位之间的矛盾和问题。 5. 与业主、监理及顾问公司保持经常接触，解决随时出现的各种问题。积极处理好与政府部门及周边单位的关系。 6. 全面负责整个工程总承包的日常事务，对工程的质量、安全、进度、合约、资金等全面负责。 7. 完善内部基础管理，合理分配各项工作并予以指导，奖优罚劣。 8. 负责履行合同规定的工程交付使用后的保修工作
2	执行经理	1. 协助项目经理进行日常的项目管理工作。 2. 当项目经理因事不在现场时，行使项目经理的职责，主持项目管理工作。 3. 负责本工程重点危险部位的施工管理。 4. 协助项目经理协调与业主、监理、设计单位、政府部门及周边单位的社会关系，协调项目内部各部门之间的工作交叉，协调各分包单位之间的关系，解决施工中出现的各种问题。 5. 定期组织工程的全面检查，对施工现场的进度、质量、安全等情况随时掌握，经常组织现场会，及时解决发现的问题
3	项目总工	1. 领导技术管理部、深化设计部，负责项目管理层的技术工作和深化设计工作，统一组织其他深化设计工作，并提供技术支持。 2. 审核各分包单位的施工组织设计与施工方案，并协调解决各分包单位之间的技术问题。 3. 主持整个项目的安全技术措施、大型机械设备的安装及拆卸、脚手架的搭设及拆除、季节性安全施工措施的编制、审核工作。 4. 主持图纸内部会审、施工组织设计交底及技术交底。 5. 负责工程材料设备选型的相关工作。 6. 主持项目计量设备管理及检验、试验工作。 7. 及时组织技术人员解决工程施工中出现的技术问题，组织对本项目的关键技术难题进行科技攻关，进行新工艺、新技术的研究。 8. 领导工程资料管理组对工程资料进行收集、归纳、存档及管理。 9. 及时组织相关单位和部门开展各阶段质量验收工作
4	商务主管	1. 直接负责合约、物资、设备的各项管理工作。 2. 监督各分包商的履约情况，控制工程造价和工程进度款的支付情况，确保投资控制目标的实现。 3. 审核各分包单位制订的物资计划和设备计划，督促分包单位及时采购所需的材料和设备，保证分包单位工程设备、材料的及时供应。 4. 负责管理工程的预决算工作

续表 2-1

序号	职务	主要管理职责
5	质量主管	1. 直接由公司总部委派，监督项目的质量管理，参与组织工程质量策划，对本工程施工质量具有一票否决权。 2. 贯彻国家及地方的有关工程施工规范、工艺规程、质量标准，严格执行国家施工质量验收统一标准，确保项目阶段质量目标和总体质量目标的实现。 3. 领导项目的工程质量管理部，建立质量管理保证体系，主持项目的质量工作专题会议，形成书面的整改意见，并负责监督整改。 4. 负责与质监站的工作联系，负责与业主和监理工程师的质量工作协调。协助业主和监理工程师组织好竣工验收工作。 5. 配合主持专业分包工程的质量协调会，并负责监督检查，向业主和监理工程师提交工程质量情况报表
6	安全主管	1. 直接由公司总部委派，监督项目的安全管理工作，参与组织工程安全策划，对本工程施工安全具有一票否决权。 2. 贯彻国家及地方的有关工程安全与文明施工规范，确保本工程阶段安全与文明施工目标和总体安全与文明施工目标的顺利实现。 3. 领导项目的安全环境管理部，建立安全生产和文明施工管理保证体系，主持项目的安全工作专题会议，主持对安全方案、文明施工方案及消防预案的审核工作。 4. 督促、收集、分析每周安全资料，并形成书面报告上报公司主管领导。 5. 配合专业分包商的安全协调会，并负责监督检查，向业主和监理工程师提交安全情况报表
7	机电主管	1. 负责与深化设计部进行沟通，审核深化设计图纸，协助解决机电深化设计图纸与其他专业图纸之间的矛盾和问题。 2. 负责机电的预埋施工，与土建等其他专业的协调配合，保证机电的预埋施工顺利进行。 3. 负责对机电预埋施工的管理、协调等工作。 4. 负责统筹协调管理机电预埋、安装施工的施工进度、质量、安全及文明施工等工作。 5. 负责协调机电安装分包商对堆场、垂直运输的需求
8	物资部主管	1. 负责项目物资设备的采购和供应工作，负责与公司总部后方采购供应支持的协调联系工作。 2. 负责要求各专业分包单位及时报送材料采购计划、材料报审资料，及时采购和进场工程所需的材料，并对材料进行检验，保证质量。 3. 负责及时采购、租赁施工生产所必需的各类机械设备，并保证其质量。 4. 负责对现场的材料、设备、机械进行管理，积极配合其他部门的施工现场管理和文明施工管理
9	综合办公室主任	1. 直接领导综合管理办公室，负责施工现场的保卫、后勤、对外接待、社会关系的协调工作。 2. 主持施工现场的 CI 形象策划、管理以及对外宣传工作。 3. 负责项目劳动关系管理和工资表的审核。 4. 负责现场的卫生维护工作。 5. 负责整个工程的后勤保障工作

2.2 项目管理目标

本工程的管理目标主要包括：工期、质量、安全文明施工及环境管理目标等，具体目标如表2-2所示。

表 2-2 项目管理目标

项目		目标内容
质量目标		按省优样板房工程标准施工，一次性验收合格
工期目标	总工期	计划工期240个日历天
	节点工期	现场准备7 d，土方开挖及基础工程56 d，主体结构81 d，水电的预留在开工22 d后，随土建穿插进行，室内外装修(包括屋面结构)93 d，施工收尾3 d
安全、文明施工目标		确保获得××市安全文明工地
环境保护管理目标		严格按照ISO14001环境管理体系文件执行，做到“绿色施工”，避免粉尘、废水对周围环境的污染，控制噪声，避免扰民现象发生。 建筑物室内环境管理的目标是竣工交付时室内环境检测一次合格
科技创新目标		根据现场的施工情况，积极运用建筑业的十项新技术，组织项目QC小组和科技创新小组，做到有课题、有成果
成本目标		成本降低率达到2%

2.3 施工段划分及施工工艺流程

2.3.1 施工段的划分

施工段又称流水段，是指在组织施工时将拟建工程在空间和平面所划分的工程量大致相等的若干区段。根据工程要求及资源状况，把本项目划分为基础、主体、装饰装修三个施工段。

2.3.2 施工工艺流程

(1) 总体施工流程

土方开挖→基础施工→主体结构施工→屋面施工→屋面防水工程施工→内外装饰工程施工，相关安装工作同步插入→室外附属工程施工。

(2) 施工准备

① 进场后，立即与前期施工单位进行场地移交；

② 组织工人进场；

③ 搭设临时设施及用水、用电布置；

④ 及时设置塔吊等。

(3) 基础施工顺序

人工挖孔桩基础施工工艺流程：基础放线→ 放线定位桩→挖第一节桩孔土方→支模板灌

护壁→挖第二节桩孔坑→拆上节模板、支第二节模板，浇筑第二节混凝土→清理桩孔壁，校核桩孔垂直度和孔径→重复往下挖土、支模、浇筑混凝土、护壁工序，循环作业直至设计深度→检查持力层后扩孔→对桩孔直径、深度、扩底尺寸、持力层进行检查→吊放钢筋笼就位→安装柱、墙钢筋，校正固定→浇筑桩身混凝土。

独立柱基础施工工艺流程：基础放线→挖土→混凝土拌制→浇筑基底混凝土垫层→安装基底钢筋→立模→安装柱、墙钢筋，校正固定→混凝土浇筑、振捣→拆模→弹出轴线及标高进行基础面层找平及钢筋校正。

（4）主体结构及装饰装修施工顺序

绑第1层钢筋→安装第1层柱模板→浇筑混凝土→安装第1层顶板梁底模→绑扎梁钢筋→安装梁、板模板→绑扎钢筋→浇筑梁板混凝土→养护→砌筑砖墙→构造柱、过梁、现浇板等施工→重复砌砖直至结构顶→屋面工程→装修工程→水电、门窗安装→油漆、玻璃安装→清扫、验收。

根据本工程招标答疑文件的工期要求，同时根据现场实际情况对本工程的进度计划进行详细的编排，确定本工程总工期为240 d(详见“施工总进度计划及保证措施”章节)，各分部分项工程工期摘录如表2-3所示。

表2-3　分部分项工程进度安排

序号	分部分项工程	工期进度安排
1	地下结构	进场后，先施工人工挖孔桩，计划开始时间为20××年7月15日，接着施工承台土方、垫层、砖胎模。开工后62 d地下室封顶，即于20××年9月15地下室封顶
2	主体结构	主体结构于20××年11月20日封顶；于20××年10月5日插入砌体施工，20××年11月21日砌体施工完成
3	装饰装修	屋面工程于20××年2月10日完成，抹灰工程于20××年2月1日完成，精装修工程于20××年2月20日施工完成
4	竣工	20××年2月25日工程总体竣工

2.4　工程特点和重难点及应对措施

2.4.1　工程特点

本工程具有场地狭小、周边环境约束严格、外部关系协调处理工作量大等诸多特点。这些特点给工程的施工组织、技术管理等带来一定的难度。我们针对这些特点进行逐项分析，有针对性地制定应对措施和技术方案，并将其作为施工过程管理的重中之重。

2.4.2　施工重点、难点及应对措施

对施工图纸和工程特点进行分析，人工挖孔灌注桩施工、大体积混凝土施工、周边房屋建筑过程监测是本工程施工中的重点，施工场地狭窄、场区内材料的运输等是本工程的难点。针对以上重点和难点，为确保实现工程目标，创建精品工程，按期安全完成施工及总承包任务，拟

采取如表2-4所示施工措施。

表2-4 施工重点、难点及施工措施

序号	施工重点、难点	分析	施工对策
1	人工挖孔灌注桩施工	本工程的人工挖孔桩孔径为1000 mm或1100 mm,桩净长3.2～12 m	1. 编制专项施工方案,并及时组织专家论证。 2. 桩基施工时应按现行有关规范规程并结合工程的实际情况采取有效的安全措施,确保桩基施工安全有序进行,深度大于8 m的桩孔应有送风装置,每次开工前5 min送风;必要时输送氧气。 3. 桩孔挖掘前要认真研究地质资料、分析地质情况,对可能出现的流砂、流泥及有害气体等情况,制定针对性的安全措施
2	塔吊等大型机械安装	受周边环境和场地狭小的限制,在地下施工阶段安装塔吊时,周边道路无法架设吊车,给塔吊安装带来较大的困难	1. 进场时,基坑内须保留出土通道。 2. 塔吊配重、标准节等设备及吊车从通道进入场内并进行塔吊安装
3	场地狭窄	本工程的地下室边线与建筑用地红线的距离非常近。北面和西面完成地下结构后无法回填,更增加了场地周转的困难	1. 西面场地用于搭设施工现场的办公区、生活区以及加工区。 2. 加工区设置在西面位置时,由于与建筑物距离较远,材料转运将会有较大困难,因此要合理安排调配塔吊等大型机械。 3. 在地下室外墙施工完成后南面尽快回填,作为材料堆场。北面和西面由于无法回填,利用西面坡道临时加设坡道下到－1层,将施工电梯安装在－1层,在－1层布设砌体、装饰材料等堆场
4	周边环境限制严格	本工程北侧有7层学生公寓,与基坑距离只有20 m。与项目一条马路之隔的南面有运动场,东面有3层食堂,施工过程中的噪声控制、环境污染控制、建筑沉降监测以及周边居民关系的协调将是管理的重点	1. 施工过程中,特别是地下施工阶段,通过设置沉降观测点、水位观测点、变形观测点等,按照每3 d观测一次的频率进行观测,必要时加密观测频率,及时发现周边建筑变形沉降情况。 2. 合理安排施工时间,特别是混凝土施工尽量安排在白天。 3. 及时解决与周边居民因施工扰民产生的矛盾,并填写顾客满意度调查表及群众来访记录,妥善解决群众因噪声提出的问题及要求。 4. 当进行焊接作业时,可用遮挡棚或遮挡板挡住居民区一侧,这样可以降低噪声及光的影响

2.5 四新技术应用

本项目遵循"科技是第一生产力"的原则，广泛应用新技术、新工艺、新产品、新材料"四新"成果，充分发挥科技在施工生产中的先导、保障作用。为了有效促进生产力的提高，降低工程成本，减轻工人的操作强度，提高工人的操作水平和工程质量，满足房屋的结构功能和使用功能，应把先进工艺和施工方法、先进技术应用到工程上，大力推广新材料、新工艺、新技术、新设备；确保标书工期和工程质量，并降低成本。

2.5.1 新技术应用

(1) HRB400 级钢筋的应用技术：对于按计算配筋的构件，建议采用 HRB400 级钢筋，通过提高钢筋屈服强度减少钢筋用量，节约成本。

(2) 直螺纹套筒连接技术：保证连接质量，减少搭接浪费，减少焊接明火作业，且可以提前加工，节约工期，基本不占用施工作业面。

(3) 新型模板应用技术：建议采用塑料模板，该模板表面光滑坚硬，可作为清水混凝土模板，且周转次数多，节约成本。

(4) 深化设计技术：对提高设计和施工速度、提高施工质量、降低工程成本、保证施工安全有积极意义。

2.5.2 新工艺应用

(1) 砖砌体砌筑推广运用现行砌筑法施工。

(2) 选用水准仪、经纬仪控制标高与水平，提高计量精度。

(3) 砂浆抹面时混凝土表面采用机械喷浆，提高砂浆与基层黏结强度。

2.5.3 新材料采用

(1) 排水管道使用 UPVC 管材，电线穿管采用 PVC 管材。

(2) 采用中空保温玻璃、中空玻化微珠保温砂浆、屋面及地下室聚塑板、外墙真石漆、蒸压加气混凝土砌块等新型材料。

2.5.4 新设备运用

(1) 空气热源泵+电辅加热。压缩机既可制冷也可制热，利用空气中的热量将水加热，夏天基本可满足浴室及厨房热水供应，冬天因空气温度低，可利用电加热泵辅助加热，达到节约能源的目的。

(2) 采用十件装型的工程质量监测工具进行监测。

习题与实训

1. 施工部署包括哪些内容?
2. 简述案例工程的工程特点、重难点及应对措施。

3 施工进度计划

本章工作任务：

施工进度计划是施工组织设计的核心内容，其主要内容包括：工期目标及工期控制要点，施工组织形式，流水施工的基本概念以及流水施工的组织方法；网络计划的基本概念、分类及表达方法；进度计划的保证措施。

3.1 工期目标及工期控制点

本工程为××学院学生活动中心，总工期控制在 240 d，计划开工时间为 20××年 7 月 1 日，计划竣工时间为 20××年 2 月 25 日。实际开工工期按招标人批准开工工期为准，安排如下：

(1) 现场准备 7 d，主要包括现场临设搭建，定位测量放样，主要机械进场，施工人员熟悉图纸、施工计划安排，周转材料进场，围墙砌筑等。

(2) 土石方开挖及基础工程 56 d。包括场内土石方开挖(地基处理)、钢筋笼制作、基础混凝土浇筑、基础砖砌及基础验收。

(3) 主体结构工程 81 d。包括主要钢筋制安、混凝土浇筑、模板安拆、墙体砌筑及结构工程验收等。

(4) 水电管线的预留(埋)在开工 22 d 后开始，随土建工程穿插进行。

(5) 室内外装修及屋面工程 93 d，在主体工程完毕、结构验收合格后插入。主要包括室内外抹灰，地砖、墙面及顶棚等室内装饰、门窗安装和外墙涂料及水电安装等零星装饰工作。

(6) 收尾 3 d，包括建筑物清洁、竣工验收交付等。

结合本工程合同工期、工程量清单、建筑工程工期定额、××省建筑与装饰工程计价定额，采用斑马梦龙软件绘制施工进度计划网络图，如图 3-1 所示。

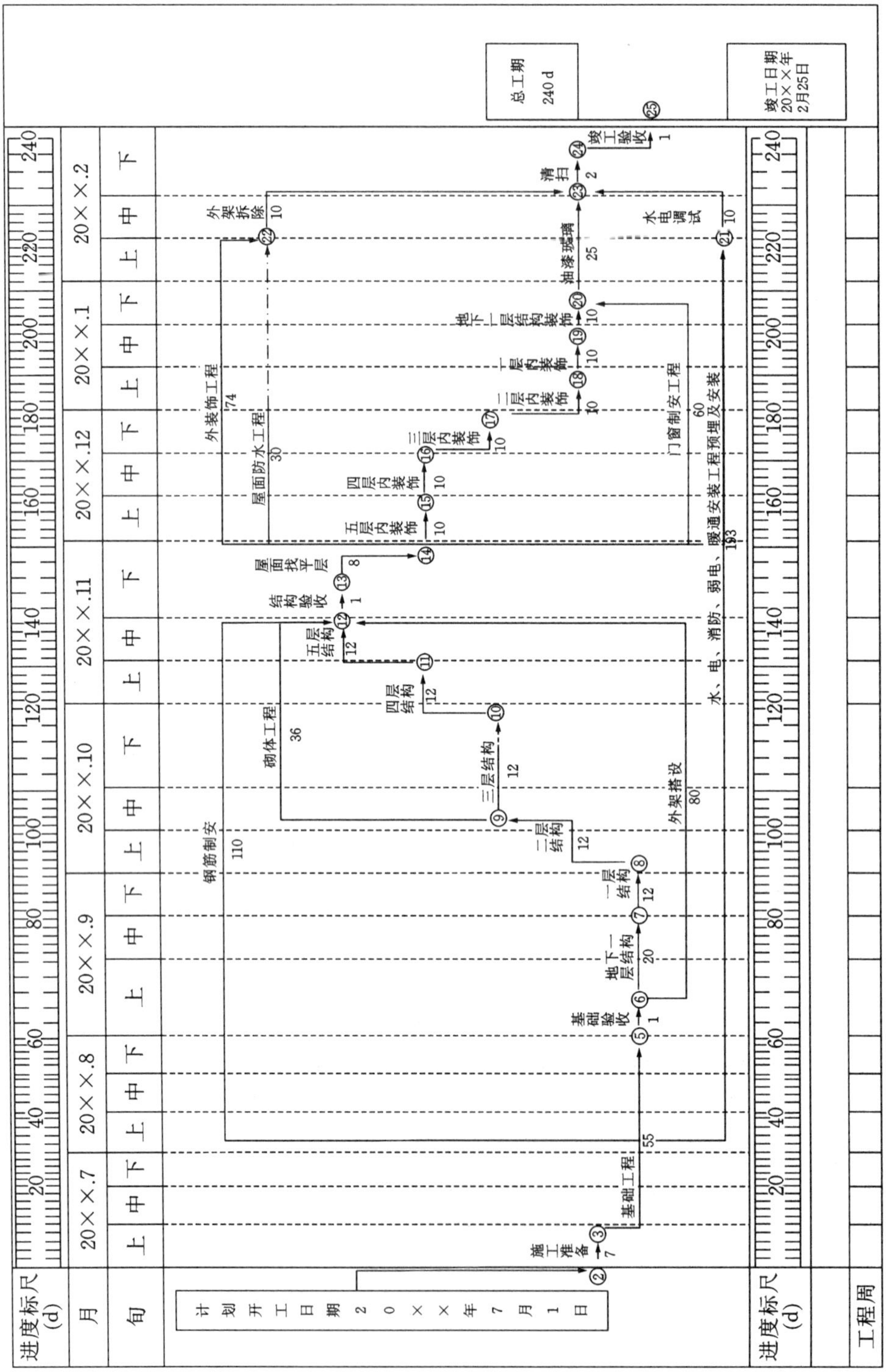

图 3-1 施工进度计划网络图

3.2 施工进度计划基础知识

3.2.1 施工组织的基本方式

根据工程项目的特点、工艺流程、资源利用、平面空间布置的要求，组织施工时可以采用依次施工(亦称顺序施工法)、平行施工和流水施工等组织方式。

(1) 依次施工组织方式

依次施工也称顺序施工，就是指各个施工段或者施工过程依次开工，依次完成的一种施工组织方式。

【例 3-1】 某施工队要完成 3 根同型号的预制屋梁，完成每根屋梁需要支模→绑扎钢筋→浇筑混凝土 3 个施工过程，完成支模、绑扎钢筋、浇筑混凝土都是 1 d，试组织依次施工，如表 3-1 所示。

表 3-1 依次施工进度计划

进度 项目	工作日(d)								
	1	2	3	4	5	6	7	8	9
屋梁 1	支	绑	浇						
屋梁 2									
屋梁 3									

例 3-1 的工期是 9 d，由此可见，依次施工组织方式具有以下的特点：

① 没有充分利用工作面进行施工，工期长。

② 如果按专业成立作业队，则各专业队不能连续作业，有时间间歇，劳动力及施工机具等资源无法均衡使用。

③ 如果由一个工作队完成全部施工任务，则不能实现专业化施工，不利于提高劳动率和工程质量。

④ 单位时间内投入的劳动力、施工机具、材料等资源量较少，有利于资源供应组织。

⑤ 施工现场的组织、管理比较简单。

(2) 平行施工组织方式

平行施工是指拟建工程的各施工段(或各幢号)均同时开工，然后再按各施工过程的工艺顺序先后施工。

如按例 3-1 所述，采用平行施工组织方式，其进度计划如表 3-2 所示。

表 3-2　平行施工进度计划

进度 项目	工作日(d)		
	1	2	3
屋梁 1	支	绑	浇
屋梁 2			
屋梁 3			

其工期是 3 d,由此可见,平行施工组织方式具有以下的特点:

① 能充分利用工作面,从而缩短施工工期。

② 如果每个施工对象按专业成立作业队,则各专业队不能连续作业,劳动力及施工机具等资源无法均衡使用。

③ 如果由一个工作队完成全部施工任务,则不能实现专业化施工,不利于提高劳动率和工程质量。

④ 单位时间内投入的劳动力、施工机具、材料等资源量成倍增加,不利于资源供应组织。

⑤ 施工现场的组织、管理比较复杂。

(3) 流水施工组织方式

流水施工是指将拟建工程在平面和空间上划分为若干个施工区段(或施工层),并将其建造过程按施工工艺顺序划分成若干个施工过程,使所有施工过程按一定的时间间隔依次投入施工,各施工过程陆续开工、陆续竣工,使同一施工过程的施工队组在各施工段之间保持连续均衡施工,不同施工过程尽可能平行搭接施工的组织方式。

对于例 3-1 如采用流水施工组织方式,其进度计划如表 3-3 所示:

表 3-3　流水施工进度计划

进度 项目	工作日(d)				
	1	2	3	4	5
屋梁 1	支	绑	浇		
屋梁 2					
屋梁 3					

其工期是 5 d，由此可见，流水施工组织方式具有以下的特点：

① 尽可能利用工作面，工期比较短。

② 各专业队实现专业化施工，有利于提高劳动率和工程质量。

③ 各专业队能连续作业，同时使相邻专业队的开工时间最大限度的搭接。

④ 单位时间内投入的劳动力、施工机具、材料等资源量较为均衡，有利于资源供应组织。

3.2.2 流水施工的主要参数

为了说明组织流水施工时，各施工过程在时间和空间上的开展情况及相互依存关系，这里引入一些描述工艺流程、空间布置和时间安排等方面的状态参数——流水施工参数，包括工艺参数、空间参数和时间参数三种。

3.2.2.1 工艺参数

工艺参数是指组织流水施工时，用以表达流水施工在施工工艺方面进展状态的参数，通常包括施工过程和流水强度两个参数。

(1) 施工过程

组织建设工程流水施工时，根据施工组织及计划安排需要而将计划任务划分成的子项称为施工过程。施工过程粗细的划分，根据实际需要而定。

施工过程的数目一般用小写“n”来表示，它是流水施工的重要参数之一。

单位工程施工过程划分的数目、粗细程度、合并或分解，主要考虑的因素有：

① 施工计划的性质及作用。

② 工程对象的建筑类型和有关结构体系。

③ 施工方案。

④ 劳动力组织及劳动量大小。

(2) 流水强度

流水强度是指流水施工的某施工过程（专业工作队）在单位时间内完成的工程量，也称为流水能力或生产能力。

流水强度通常用大写 V 来表示。

$$V = \sum_{i=1}^{X} R_i S_i \tag{3-1}$$

式中 V—— 某施工过程（队）的流水强度；

R_i—— 投入该施工过程的第 i 种资源量（施工机械台数或工人数）；

S_i—— 投入该施工过程的第 i 种资源的产量定额；

X—— 投入该施工过程的资源种类数。

3.2.2.2 空间参数

空间参数是指在组织流水施工时，用以表达流水施工在空间布置上开展状态的参数。通常包括工作面、施工段和施工层。

(1) 工作面

工作面是指某专业工种的工人或某种施工机械进行施工的活动空间。工作面的大小，表明能安排施工人数或机械台数的多少。每个作业的工人或每台施工机械所需工作面的大小，取决于单位时间内其完成的工程量和安全施工的要求。工作面确定得合理与否，直接影响专业工作队的生产效率。因此，必须合理确定工作面。

(2) 施工段

将施工对象在平面或空间上划分成若干个劳动量大致相等的施工段落，称为施工段或流水段。施工段的数目一般用“m”表示，它是流水施工的主要参数之一。

① 划分施工段的目的

划分施工段的目的就在于保证不同施工队伍能在不同的施工区段上同时进行施工，消除由于不同施工队不能同时在一个生产面上工作产生的互等、停歇现象，为流水创造条件。

② 划分施工段的原则

A. 同一专业工作队在各个施工段上的劳动量应大致相等，相差幅度不宜超过 10%～15%；

B. 每个施工段内要有足够的工作面，以保证相应数量的工人、主导施工机械的生产效率，满足合理劳动组织的要求；

C. 施工段的界限应尽可能与结构界限(如沉降缝、伸缩缝等)相吻合，或设在对建筑结构整体性影响小的部位，以保证建筑结构的整体性；

D. 施工段的数目要满足合理组织流水施工的要求。施工段数目过多，会降低施工速度，延长工期；施工段过少，不利于充分利用工作面，可能造成窝工。

E. 对于多层建筑物、构筑物或需要分层施工的工程，应既分施工段，又分施工层，各专业工作队依次完成第一施工层中各施工段任务后，再转入第二施工层的施工段上作业，依此类推。以确保相应专业队在施工段与施工层之间，连续、均衡、有节奏地流水施工。

(3) 施工层

在组织流水施工时，为满足专业工种对操作高度的要求，通常将施工项目在竖向上划分为若干个作业层，这些作业层称为施工层。如砌砖墙施工层高度为 1.2 m，装饰工程施工层多以楼层为准。

3.2.2.3 时间参数

时间参数是指在组织流水施工时，用以表达流水施工过程的工作时间、在时间排列上的相互关系和所处状态的参数。主要有以下几种：

(1) 流水节拍

流水节拍是指在流水施工中，从事某一施工过程的施工队组在一个施工段上完成施工任务所需的工作持续时间，用 t_i 表示(i 代表施工过程的编号或代号)。

流水节拍的大小，关系到所投入的劳动力、机械以及材料用量的多少，决定着施工的速度与节奏。影响流水节拍数值大小的因素有：项目施工时所采取的施工方案，各施工段投入的劳动力人数或施工机械台数、工作班次，以及该施工段工程数量的多少。为避免工作队转移时浪费工时，流水节拍在数值上一般是半个班的整数倍。其主要的计算方法有：定额计算法、经验估算法和工期推算法等三种。

① 定额计算法

定额计算法是根据各施工段的工程量、能投入的资源量(人工数、机械台数和材料量等)按式(3-2)计算：

$$t_i=\frac{P_i}{R_ib_i}=\frac{Q_iH_i}{R_ib_i}=\frac{Q_i}{S_iR_ib_i} \tag{3-2}$$

式中 t_i——某施工过程的流水节拍；

P_i——在一个施工段上完成某施工过程所需的劳动量(工日数)或机械台班量(台班数)；

R_i——某施工过程的施工班组人数或者机械台数；

b_i——每天工作班数；

Q_i——某施工过程在某施工段上的工程量；

S_i——某施工过程的每工日(或每台班)产量定额；

H_i——某施工过程采用的时间定额。

② 经验估算法

它是根据以往的施工经验进行估算。一般为了提高其准确度，往往先估算出该流水节拍的最长、最短和最可能的三种时间，然后将据此求出的期望时间作为某施工队组在某施工段上的流水节拍。因此，本法也称三种时间估算法。一般按式(3-3)计算：

$$t_i=\frac{a+4c+b}{6} \tag{3-3}$$

式中 t_i——某施工过程在某施工段上的流水节拍；

a——某施工过程在某施工段上的最短估算时间；

b——某施工过程在某施工段上的最长估算时间；

c——某施工过程在某施工段上的最可能估算时间。

③ 工期推算法

对某些施工任务在规定工期内必须完成的工程项目，往往采取倒排进度法推算其流水节拍。

(2) 流水步距

① 流水步距的概念

流水步距是指在流水施工中，相邻两个施工过程的施工队组先后进入第一个施工段开始施工的最小间隔时间(不包括技术与组织间歇时间)。通常用 $K_{i,i+1}$ 表示(i 表示前一个施工过程，$i+1$ 表示后一个施工过程)。

流水步距的大小，反映着流水作业的紧凑程度，对工期有很大的影响，在流水段不变的条件下，流水步距越大，工期越长；流水步距越小，工期则越短。

流水步距的数目，取决于参与流水施工的施工过程数。如果施工过程为 n 个，则流水步距的总数为($n-1$)个。

② 流水步距的计算

流水步距计算的原则是累计相加、错位相减、取最大值。

其计算步骤如下：

A. 将每个施工过程的流水节拍逐段累加，求出累加数列。

B. 根据施工顺序，对相邻的两累加数列错位相减。

C. 根据错位相减的结果，确定相邻施工队之间的流水步距，即相减结果的数值最大者。

【例 3-2】 某工程由 3 个施工过程组成，分为 4 个施工段进行流水施工，其流水节拍见表 3-4，试确定流水步距。

表 3-4　某工程流水节拍(d)

施工过程	施工段			
	①	②	③	④
Ⅰ	2	3	2	1
Ⅱ	3	2	4	2
Ⅲ	3	4	2	2

【解】 (1) 求各施工过程流水节拍的累加数列

施工过程Ⅰ：2,5,7,8

施工过程Ⅱ：3,5,9,11

施工过程Ⅲ：3,7,9,11

(2) 错位相减求得差数列

$$
\begin{array}{rrrrrr}
 & 2, & 5, & 7, & 8 & \\
-) & & 3, & 5, & 9, & 11 \\
\hline
 & 2, & 2, & 2, & -1, & -11
\end{array}
$$

$$
\begin{array}{rrrrrr}
 & 3, & 5, & 9, & 11 & \\
-) & & 3, & 7, & 9, & 11 \\
\hline
 & 3, & 2, & 2, & 2, & -11
\end{array}
$$

(3) 在差数列中取最大值求得流水步距

施工过程Ⅰ与Ⅱ之间的流水步距：$K_{1,2}=\max[2,2,2,-1,-11]=2$ d

施工过程Ⅱ与Ⅲ之间的流水步距：$K_{2,3}=\max[3,2,2,2,-11]=3$ d

③ 确定流水步距的基本要求

A. 主要施工过程的专业队组连续施工。流水步距的最小长度，必须使主要施工专业队组进场后不发生停工、窝工现象。

B. 符合施工工艺要求。保证每个施工段的正常作业程序，不发生前一个施工过程尚未全部完成，而后一个施工过程提前介入的现象。

C. 最大限度合理搭接。为缩短工期，流水步距要保证相邻两个专业队在开工时间上最大限度、合理地平行搭接。

(3) 流水工期

流水工期是指完成一项工程任务或一个流水组的施工时，从第一个施工过程进入第一个施工段开始施工算起到最后一个施工过程退出最后一个施工段施工的整个持续时间。一项工程的施工工期用 T 表示；一个流水组的施工工期用 T_L 表示。工期一般可按式(3-4)计算：

$$T_L = \sum K_{i,i+1} + T_n + \sum t_j - \sum t_d \tag{3-4}$$

式中 T_n—— 最后一个施工过程的工作持续时间；

t_j—— 技术间歇或组织间歇时间；

t_d—— 平行搭接时间。

3.2.3 流水施工表达方式与绘制

在流水施工中，由于流水节拍的规律不同，决定了流水步距、流水施工工期的计算方法也不同，甚至影响到各个施工过程的专业队伍数目。由于建筑工程的多样性和各分部工程的工程量差异性，要想使所有的流水施工都形成统一的流水节拍是很难的。因此，在大多数情况下，各施工过程的流水节拍不一定相等，有的甚至同一施工过程本身在不同的施工段上流水节拍也不相同，这样就形成了不同节奏特征的流水施工。

根据流水施工节奏特征的不同，流水施工的基本形式可以分为有节奏流水施工和无节奏流水施工两大类，有节奏流水施工又可以分为等节奏流水施工和异节奏流水施工，如图 3-2 所示：

- 流水施工
  - 有节奏流水施工
    - 等节奏流水施工（全等节拍流水施工）
    - 异节奏流水施工
      - 异步距异节拍流水施工
      - 等步距异节拍流水施工
  - 无节奏流水施工

图 3-2 流水施工的分类

3.2.3.1 全等节拍流水施工

全等节拍流水施工是指在流水施工中，同一施工过程在各个施工段上的流水节拍均相等，不同施工过程的流水节拍也相等的一种流水施工方式。即各施工过程流水节拍均为常数，故也称固定节拍流水施工。

【例 3-3】 某工程划分为 A、B、C、D 四个施工过程，每个施工过程分四个施工段，流水节拍均为 2 d，组织全等节拍流水施工，其进度计划安排见表 3-5。

表 3-5 全等节拍流水施工进度计划

施工过程	工作时间(d)	施工进度(d)													
		1	2	3	4	5	6	7	8	9	10	11	12	13	14
A	8	①		②		③		④							
B	8			①		②		③		④					
C	8					①		②		③		④			
D	8							①		②		③		④	

【分析】 (1) 根据题意和流水施工的原理可知,A 施工过程的第 1 个施工段是最先开始工作的,那么 B 施工过程的第一个施工段想要开始工作,就必须安排在 A_1(A 施工过程第①个施工段简写)之后,所以 A、B 两个施工过程的流水步距就定为 2 d。

(2) 通过所有施工段上面流水节拍的分布可以看出,所有流水节拍在横轴上面的水平投影为 14 d,即该工程的工期为 14 d。

(3) 检查所绘横道图是否正确,最关键的一点便是看 B_2 是不是在 A_2 之后,C_3 是不是在 B_3 之后,D_4 是不是在 C_4 之后,等以此类推。这种方式确保了流水施工前后施工过程的连续、不窝工等。

(1) 全等节拍流水施工的特征

① 各施工过程在各施工段上的流水节拍彼此相等。

② 无间歇时流水步距彼此相等,而且等于流水节拍值。

③ 各专业工作队在各施工段上能够连续作业,各施工段之间没有空闲时间。

④ 施工班组数等于施工过程数。

(2) 全等节拍流水施工的时间参数计算

时间参数在全等节拍流水施工中,如流水组中的施工过程数为 n,施工段总数为 m,所有施工过程的流水节拍均为 t_i,流水步距的数量为 $n-1$,则:

$$T_L = (m+n-1)t_i + \sum t_j - \sum t_d \tag{3-5}$$

【例 3-4】 某 5 层 4 个单元的砖混结构住宅的基础工程,每一个单元的施工工序、工程量分别为基槽挖土 180 m^3,混凝土垫层 16 m^3,钢筋混凝土条形基础绑扎钢筋 2.8t,浇混凝土 35 m^3,砌砖基础墙 45 m^3,基槽回填土 84 m^3,室内地坪回填土 51 m^3(表 3-6)。垫层混凝土和条形基础混凝土浇筑完毕,各要养护 1 d 方可进行下道工序施工。现已决定一个单元为一个施工段,按一班制组织流水施工。试按全等节拍流水组织施工,计算施工工期。

表 3-6 基础工程的施工过程、工程量等指标

序号	施工过程	工程量		劳动量(工日)	施工班组人数	工作班制
		数量	单位			
1	基槽挖土	180	m^3	92	31	1
	混凝土垫层	16	m^3	14	5	
2	绑扎钢筋	2.8	t	12	4	1
	浇混凝土基础	35	m^3	30	10	
3	砌砖基础	45	m^3	53	18	1
4	基础回填土	84	m^3	23	8	1

【解】 由于混凝土垫层的工程量较小,将其与相邻的基槽挖土合并成一个"基槽挖土、混凝土垫层"施工过程;将工程量较小的绑扎钢筋与浇混凝土条形基础合并成一个"绑扎钢筋、浇混凝土基础"施工过程。

(1)"基槽挖土、混凝土垫层"是主导施工过程。计算出主导施工过程的流水节拍:

$$t_i = \frac{P_i}{R_i b_i} = (92+14)/[(31+5)\times 1] = 106/36 \approx 3\ \text{d}$$

(2) 根据其他施工过程的劳动量和主导施工过程的流水节拍$t_i = 3$ d,用公式计算出其他施工过程的施工队组人数见表 3-6,其根据式(3-5) 计算出施工工期为:

$$T_L = (m+n-1)t_i + \sum t_j - \sum t_d = (4+4-1)\times 3 + (1+1) = 23\ \text{d}$$

全等节拍流水虽然是一种比较理想的流水施工方式,既能保证各专业施工班组连续均衡地施工,又能充分利用工作面,但是,实际工作中,要使某分项工程的各个施工过程都采用相同的流水节拍,困难是很大的。因此,全等节拍流水的组织方式仅适用于施工过程数目不多的某分项工程的流水施工。

(3) 全等节拍流水的组织方式

① 划分施工过程,将工程量较小的施工过程合并到相邻的施工过程中去,目的是使各过程的流水节拍相等。

② 根据主要施工过程的工程量以及工程进度要求,确定该施工过程的施工班组人数,从而确定流水节拍。

③ 根据已确定的流水节拍,确定其他施工过程的施工班组人数。

④ 检查按此流水方式组织的流水施工是否符合该工程工期以及资源的要求,如果符合,则按此计划实施;如果不符合,则通过调整主导施工过程的班组人数,使流水节拍发生改变,从而调整工期以及资源消耗情况,使计划符合要求。

3.2.3.2 不等节拍流水施工

不等节拍流水施工也称异节拍流水施工,是指在流水施工中,同一施工过程在各个施工段上的流水节拍均完全相等,不同施工过程之间的流水节拍不完全相等的流水施工方式。

(1) 不等节拍流水施工的特征

① 同一施工过程在各个施工段上的流水节拍均相等,不同施工过程之间的流水节拍不完全相等;

② 各施工过程之间的流水步距不一定相等。

(2) 不等节拍流水步距的确定

当$t_i \leqslant t_{i+1}$ 时

$$K_{i,i+1} = t_i \tag{3-6}$$

当$t_i > t_{i+1}$ 时

$$K_{i,i+1} = t_i + (m-1)(t_i - t_{i+1}) \tag{3-7}$$

(3) 不等节拍流水施工的工期计算

$$T_L = \sum K_{i,i+1} + T_n = \sum K_{i,i+1} + mt_n + \sum t_j - \sum t_d \tag{3-8}$$

【例 3-5】 某地基与基础工程,有基槽挖土、基础混凝土垫层、砌砖基础和基槽回填土等四个施工过程,其流水节拍分别为$t_A = 3$ d,$t_B = 1$ d,$t_C = 4$ d,$t_D = 2$ d,拟划分四个施工段组织流水施工。根据施工技术要求,混凝土垫层完成后应养护 1 d 方可进行下道工序施工。试计算相邻施工过程之间的流水步距$K_{i,i+1}$,流水施工工期T_L,并绘制进度计划横道图(按全部连续流水施工组织方式)。

【解】

(1) 确定流水步距$K_{i,i+1}$

① 因为$t_A = 3\ \mathrm{d} > t_B = 1\ \mathrm{d}$，所以

$$K_{A,B} = t_A + (m-1)(t_A - t_B) = 3 + (4-1)\times(3-1) = 3 + 6 = 9\ \mathrm{d}$$

② 因为$t_B = 1\ \mathrm{d} < t_C = 4\ \mathrm{d}$，所以

$$K_{B,C} = t_B = 1\ \mathrm{d}$$

③ 因为$t_C = 4\ \mathrm{d} > t_D = 2\ \mathrm{d}$，所以

$$K_{C,D} = t_C + (m-1)(t_C - t_D) = 4 + (4-1)\times(4-2) = 4 + 6 = 10\ \mathrm{d}$$

(2) 计算流水施工工期T_L

$$T_L = \sum K_{i,i+1} + mt_n + \sum t_j - \sum t_d - (9+1+10) + 4\times 2 + 1 = 20 + 8 + 1 = 29\ \mathrm{d}$$

(3) 绘制进度计划表

该地基与基础工程进度计划横道图见图 3-3。

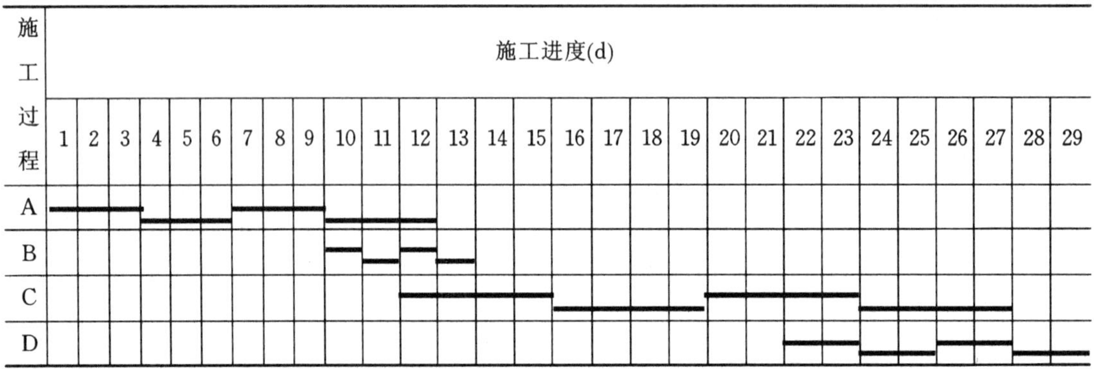

图 3-3　某地基与基础工程进度计划横道图

(4) 不等节拍流水的组织方式

① 根据工程对象和施工要求，将工程过程划分为若干施工过程。

② 根据各施工过程的工程量，计算每个过程的劳动量，然后根据各过程施工施工班组人数确定出各自的流水节拍。

③ 组织同一施工班组连续均衡地施工，相邻施工过程尽可能平行搭接施工。

④ 检查按此流水方式组织的流水施工是否符合该工程工期以及资源的要求，如果符合，则按此计划实施；如果不符合，则通过调整主导施工过程的班组人数，使流水节拍发生改变，从而调整工期以及资源消耗情况，使计划符合要求。

3.2.3.3　成倍节拍流水施工

成倍节拍流水施工是指在不等节拍流水施工方式中，所有施工过程的流水节拍均为其中最小流水节拍的整数倍，然后每个施工过程再按倍数关系组织相应的施工队组数目，并安排各施工队组间隔某一时间先后进入不同施工段进行流水施工的组织方式。

(1) 成倍节拍流水施工的特征

① 同一施工过程的流水节拍相等，不同施工过程的流水节拍是其中最小流水节拍的整数倍；

② 流水步距彼此相等，且等于最小的流水节拍；

③ 各专业队组能够保证连续施工，施工段没有空闲；

④ 施工队组数(n_1)大于施工过程数(n)。

$$n_1 = \sum b_i \tag{3-9}$$

$$b_i = \frac{t_i}{t_{\min}} \tag{3-10}$$

式中 n_1—— 施工队组数总和;

b_i—— 第 i 个施工过程的施工队组数;

t_i—— 第 i 个施工过程的流水节拍;

$t_{\min}$—— 最小流水节拍。

(5) 5 个专业工作队在施工段上能够连续作业,施工段之间没有空闲时间。

(2) 成倍节拍流水步距的确定

$$K_{i,i+1} = t_{\min} \tag{3-11}$$

(3) 成倍节拍流水施工的工期计算

$$T_L = (m+n-1)t_{\min} + \sum t_j - \sum t_d \tag{3-12}$$

【例 3-6】 某建筑群共有六幢同样的住宅楼基础工程,其施工过程和流水节拍为:基槽挖土$t_A = 3$ d,混凝土垫层$t_B = 1$ d,砌砖基础$t_C = 3$ d,基槽回填土$t_D = 2$ d,混凝土垫层完成后技术间歇 1 d。试计算成倍节拍流水施工的总工期,并绘制施工进度计划横道图。

【解】

(1) 计算每个施工过程的施工队组数b_i:

根据式(3-10),取 $t_{\min} = t_B = 1$ d,则:

$$b_A = \frac{t_A}{t_{\min}} = \frac{3}{1} = 3;\quad b_B = \frac{t_B}{t_{\min}} = \frac{1}{1} = 1;\quad b_C = \frac{t_C}{t_{\min}} = \frac{3}{1} = 3;\quad b_D = \frac{t_D}{t_{\min}} = \frac{2}{1} = 2。$$

(2) 计算施工队组总数n_1

$$n_1 = \sum b_i = b_A + b_B + b_C + b_D = 3+1+3+2 = 9$$

(3) 计算工期T_L

$$T_L = (m+n-1)t_{\min} + \sum t_j - \sum t_d = (6+9-1)\times 1 + 1 = 14 + 1 = 15 \text{ d}$$

(4) 绘制施工进度计划横道图

绘制住宅楼基础工程施工进度计划横道图见图 3-4。

(4) 成倍节拍流水的组织方式

① 根据工程对象和施工要求,将工程过程划分为若干施工过程。

② 根据各施工过程的工程量,计算每个过程的劳动量,再根据最小劳动量的施工过程班组人数确定出最小流水节拍。

③ 确定其他施工过程的流水节拍,通过调整班组人数,使各施工过程的流水节拍均为最小流水节拍的整数倍。

④ 为了充分利用工作面,加速施工过程,各施工过程应根据其节拍为节拍最大公约数倍数关系相应调整施工班组数。

(5) 检查按此流水方式组织的流水施工是否符合该工程工期以及资源的要求,如果符合,则按此计划实施;如果不符合,则通过调整使计划符合要求。

序号	施工过程	施工队组	工作天数	施工进程(d)															
				1	2	3	4	5	6	7	8	9	10	11	12	13	14	15	16
A	基槽挖土	A_1	6		①			④											
		A_2	6			②			⑤										
		A_3	6				③			⑥									
B	混凝土垫层	B_1	6				①	②	③	④	⑤	⑥							
C	砌砖基础	C_1	6							①			④						
		C_2	6								②			⑤					
		C_3	6									③			⑥				
D	基槽回填土	D_1	6									①		③		⑤			
		D_2	6										②		④		⑥		

图 3-4　住宅楼基础工程施工进度计划横道图

3.2.3.4　无节奏流水施工

无节奏流水施工是指在流水施工中，同一施工过程在各个施工段上的流水节拍不完全相等的一种流水施工方式。

无节奏流水是实际工程中常见的一种组织流水方式。它不像节奏流水那样有一定的时间规律约束，因此，在进度安排上比较灵活、自由。所以该方法较为广泛地应用于实际工程中。

(1) 无节奏流水施工的特征

① 同一施工过程在各个施工段上的流水节拍不完全相等，不同施工过程之间的流水节拍也不完全相等。

② 各施工过程之间的流水步距不完全相等且差异较大。

③ 专业工作队数等于施工过程数。

④ 各专业工作队能够在施工段上连续作业，但有的施工段之间可能有空闲时间。

(2) 无节奏流水施工流水步距的确定

各施工过程均连续流水施工时，流水多距的通用计算方法是“累加数列法”。

“累加数列法” 是指“累加数列错位相减取最大差值”，其计算过程可表述为：

① 将每个施工过程的流水节拍逐段累加，求出累加数列($\sum^{m} t_i$)；

② 根据施工顺序，对求出的前后相邻的两累加数列错位相减($\sum^{m} t_i - \sum^{m-1} t_{i+1}$)；

③ 取其最大差值($\max\left\{\sum^{m} t_i - \sum^{m-1} t_{i+1}\right\}$)；

④ 求出流水步距 $K_{i,i+1} = \max\{\sum^{m} t_i - \sum^{m-1} t_{i+1}\}$。

(3) 无节奏流水施工的工期计算

$$T_L = \sum K_{i,i+1} + T_n + \sum t_j - \sum t_d \qquad (3\text{-}13)$$

【例 3-7】 某工程由 A、B、C、D 四个施工过程组成，拟定分五个施工段组织流水施工，各施工过程的流水节拍见表3-7。施工技术要求第二个施工过程完成后，要间歇2 d方可进行后面施工过程的施工。试计算相邻施工过程之间的流水步距、工期并绘制出施工进度计划横道图。

表 3-7 某工程的流水节拍值(d)

施工段 施工过程	①	②	③	④	⑤
A	3	5	4	2	3
B	4	6	3	4	2
C	2	3	4	3	3
D	6	4	2	4	3

【解】

(1) 确定流水步距

① 求各施工过程流水节拍的累加数列：

$\sum t_A$：	3	8	12	14	17
$\sum t_B$：	4	10	13	17	19
$\sum t_C$：	2	5	9	12	15
$\sum t_D$：	6	10	12	16	19

② 错位相减得差值。

$\sum t_A - \sum t_B$：

	3	8	12	14	17	0
—)	0	4	10	13	17	19
	3	4	2	1	0	−19

$\sum t_B - \sum t_C$：

	4	10	13	17	19	0
—)	0	2	5	9	12	15
	4	8	8	8	7	−15

$\sum t_C - \sum t_D$：

	2	5	9	12	15	0
−)	0	6	10	12	16	19
	2	−1	−1	0	−1	−19

③ 计算流水步距：

$$K_{A,B} = \max\{3,\ 4,\ 2,\ 1,\ 0,\ -19\} = 4\ \text{d}$$

$$K_{B,C} = \max\{4,\ 8,\ 8,\ 8,\ 7,\ -15\} = 8\ \text{d}$$

$$K_{C,D} = \max\{2,\ -1,\ -1,\ 0,\ -1,\ -19\} = 2\ \text{d}$$

(2) 计算工期

$$T_L = \sum K_{i,i+1} + T_n + \sum t_j - \sum t_d = (4+8+2)+19+2 = 35\ \text{d}$$

(3) 绘制施工进度计划横道图

该工程的施工进度计划横道图如图 3-5 所示。

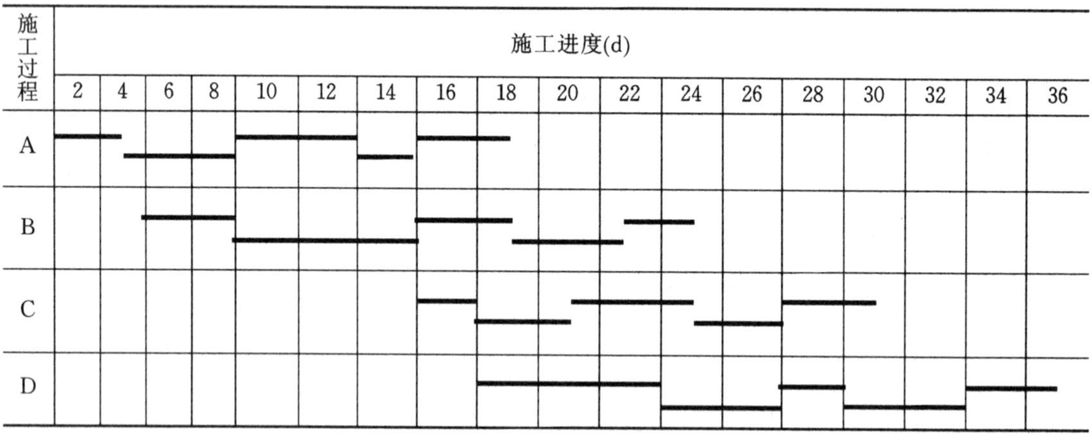

图 3-5　某工程施工进度计划横道图

无节奏流水施工适用于不同性质、不同用途、不同规模的建筑工程单位工程流水施工或分部工程流水施工，是一种较为自由的流水施工组织方式。

上述流水施工方式，到底采用哪一种，除了须分析流水节拍的特点外，还要考虑工期要求和各项资源的供应情况。

3.3　网络计划技术

网络计划是用来表达工序计划的一种工具，工程上用来表示工程施工的进度计划。它既是一种科学的计划方法，又是一种有效的施工管理方法。其基本原理是：先以网络图的形式表示出施工过程（工序）的先后顺序（称逻辑关系）；然后通过时间参数计算找出关键的线路及施工过程；再根据工期、成本、质量、资源等目标要求进行调整，选择优化方案，以期达到以最小的消耗取得最大的经济效益。

3.3.1 网络计划的表示方法及双代号网络图的概念

网络计划的表达方式是网络图。所谓网络图是指由箭线、节点和线路组成，用来表示工序流程的有向、有序的网状图形。网络计划中，按节点和箭线所代表的含义不同，可分为双代号网络图和单代号网络图。

用一个箭线表示一个工序（或工作、施工过程），工序名称写在箭线上面，工序持续时间写在箭线下面，箭尾表示工序开始，箭头表示工序结束。在箭线的两端分别画一个圆圈作为节点，并在节点内进行编号，用箭尾节点号码 i 和箭头节点号码 j 作为这个工序的代号，由于各工序均用两个代号表示，所以叫作双代号表示法，如图 3-6 所示。用双代号法编制而成的网状图形称为双代号网络图，如图 3-7 所示。按照网络图用这种网络图表示的计划叫作双代号网络计划。

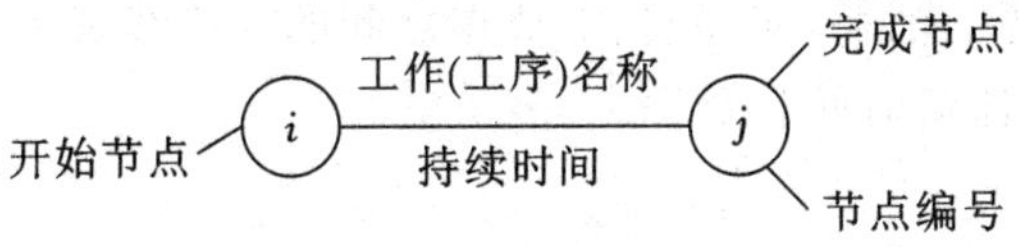

图 3-6 双代号网络节点表示方式

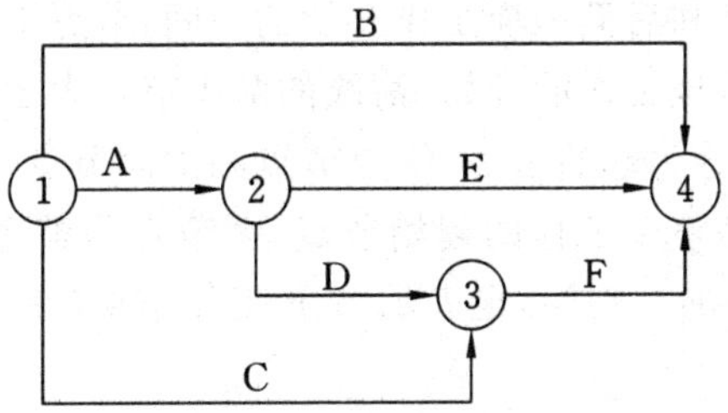

图 3-7 双代号网络计划图示例

3.3.2 双代号网络图的基本组成符号

双代号网络图的基本符号由箭线、节点和线路构成。其各自表示的含义如下：

3.3.2.1 箭线

网络图中一端带箭头的实线段叫箭线。在双代号网络图中，箭线有实箭线和虚箭线两种，两者表示的含义不同。

（1）实箭线的含义

① 一根箭线表示一项工作（工序）或一个施工过程。实箭线表示的工作可大可小。

② 一根箭线表示一项工作所消耗的时间及资源，分别用数字标注在箭线的下方和上方。一般而言，每项工作的完成都要消耗一定的时间及资源。

③ 箭线所指方向为工作前进的方向，箭尾表示工作的开始，箭头表示工作的结束。

④ 箭线的长短一般不表示工作持续时间的长短（时标网络例外）。

（2）虚箭线的含义

在双代号网络图中，虚箭线仅表示工作间的逻辑关系。它既不占用时间，也不消耗资源，其表示方式如图 3-8 所示。

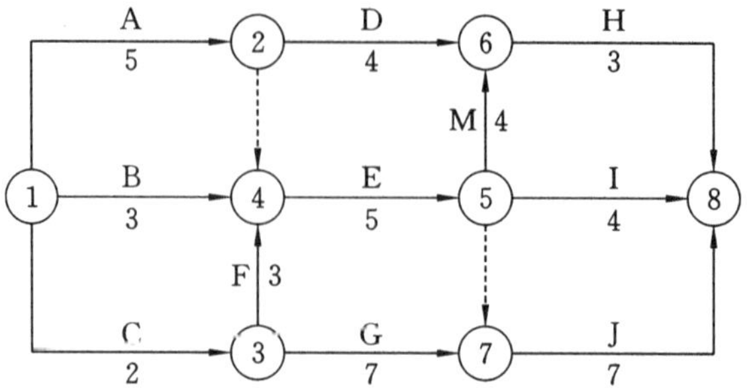

图 3-8 实箭线和虚箭线

图 3-8 中，②、④节点之间的箭线是虚箭线，表示工作 A 是工作 E 的紧前工作，其虚箭线本身没有任何时间和资源的消耗，同理⑤、⑦节点之间的虚箭线表示 E 和 J 工作的紧前紧后工作逻辑关系，依然不消耗任何时间和资源。

3.3.2.2 节点

节点就是网络图中两项工作之间的交接之点，用圆圈表示。

(1) 节点的含义

① 表示前一项工作结束和后面一项工作开始的瞬间，节点不需要消耗时间和资源。

② 箭线的箭尾节点表示该工作的开始，箭线的箭头节点表示该工作的结束。

③ 根据节点位置不同，分为起始节点、终点节点和中间节点。

如图 3-8 所示，①节点是整个工程的起始节点，⑧节点是整个工程的终点节点(简称终结点)，④节点表示 E 工作开始的一瞬间，也表示 B、F 工作结束的一瞬间。

(2) 节点的编号

① 在对节点进行编号时必须满足两条基本原则：箭头节点的编号大于箭尾节点的编号；在一个网络图中，所有节点的编号不能重复，号码可以连续，也可以不连续。

② 节点编号的方法有两种：水平编号法；垂直编号法。

3.3.2.3 线路和关键线路

(1) 线路

网络计划中从起始节点开始，沿箭头方向，通过一系列箭线与节点，最后达到终点节点的通路称为线路。每个网络图中，从起点到终点，一般都存在着多条线路，但其数目是确定的。

比如案例工程的施工进度计划图 3-1 中从⑥节点到⑫节点用双代号网络计划图表示如图 3-9 所示。

从图 3-9 可知：工期为 80 d。

关键线路有三条分别是：

⑥→⑦→⑧→⑨→⑩→⑪→⑫(80 d)；

⑥→⑫(80 d)；

⑥→⑦→⑧→⑨→⑫(80 d)。

(2) 关键线路

线路上总持续时间最长的线路称为关键线路，其他线路称为非关键线路。

关键线路具有以下特点：

① 关键线路的线路时间，代表整个网络图的计划总工期，延长关键线路上任何工作的时间都会导致总工期的后延。

② 一个网络计划中，至少存在一条关键线路。

③ 关键线路上的工作称为关键工作，均无任何机动时间。

④ 缩短某些关键工作的持续时间，有可能将关键线路转化为非关键线路。

⑤ 关键线路宜用粗箭线、双箭线或彩色箭线标注，以突出其在网络计划中的重要位置。

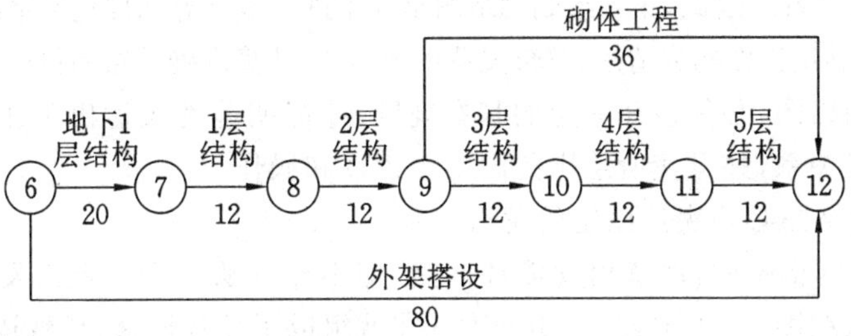

图 3-9　案例工程⑥节点到⑫节点双代号网络图

3.3.2.4　逻辑关系

网络图中的逻辑关系是指网络计划中所表示的各项工作之间客观存在或主观上安排的先后顺序关系。这种顺序关系划分为两类(图 3-10)：

(1) 工艺关系：指生产工艺上客观存在的先后顺序关系，或者是非生产性工作之间由工艺程序决定的先后顺序关系。例如，建筑工程施工时，先做基础，后做主体；先做结构，后做装饰。工艺关系是不能随意改变的。

(2) 组织关系：指在不违反工艺关系的前提下，人为安排的工作的先后顺序关系。如建筑群中各个建筑物开工顺序的先后；施工对象的分段流水作业等。组织顺序可以根据具体情况按安全经济、高效的原则统筹安排。

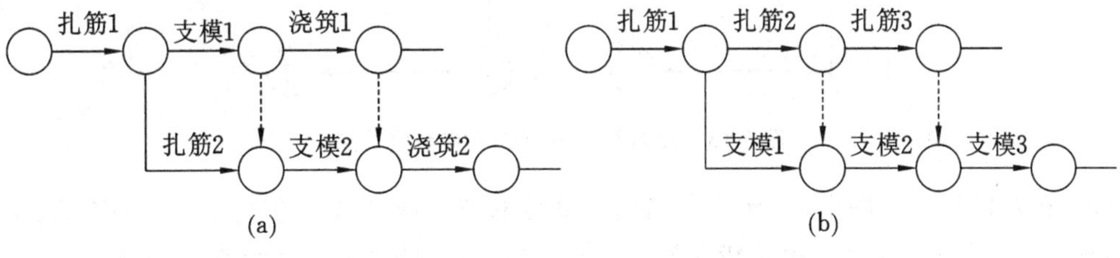

图 3-10　两种工作逻辑关系示例

(a)水平方向表示组织关系；(b)水平方向表示工艺关系

3.3.2.5　紧前工作，紧后工作，后续工作，先行工作，平行工作

(1) 紧前工作：紧排在本工作之前的工作称为本工作的紧前工作，本工作和紧前工作之间可能有虚工作。如图 3-10 所示，扎筋 1 是扎筋 2 的组织关系上的紧前工作；扎筋 2 和支模 2 之间虽有虚工作，但扎筋 2 仍然是支模 2 的组织关系上的紧前工作；扎筋 1 是支模 1 的工艺关系上的紧前工作。

(2) 紧后工作：紧排在本工作之后的工作称为本工作的紧后工作。本工作和紧后工作之间可能有虚工作。如图 3-10 所示，扎筋 2 是扎筋 1 的组织关系上的紧后工作；支模 1 是扎筋 1 的工艺关系上的紧后工作。

（3）后续工作：自某工作之后至终点节点在同一条线路的所有工作。

（4）先行工作：自起点节点至某工作之前在同一条线路的所有工作。

3.3.3 双代号网络图的绘制规则

在网络图中，最重要的是正确地表达各施工工艺流程和各项工作的先后顺序及其相互依存和相互制约的逻辑关系。因此，正确绘制网络图是为了进一步计算和优化网络图打下良好的基础。正确绘制网络图应满足工作构成清楚、逻辑关系正确、时间计算准确及绘制符号规范等要求。

绘制双代号网络图，必须遵守一定的基本规则，才能明确地表达出工作的内容，准确地表达出工作间的逻辑关系，并且使所绘出的图易于识读和操作。

（1）双代号网络图必须表达已定的逻辑关系。

（2）在双代号网络图中，严禁出现循环回路，即不允许从一个节点出发，沿箭线方向再返回到原来的节点。在图 3-11 中，②→③→④→②就组成了循环回路，导致逻辑关系的错误 。

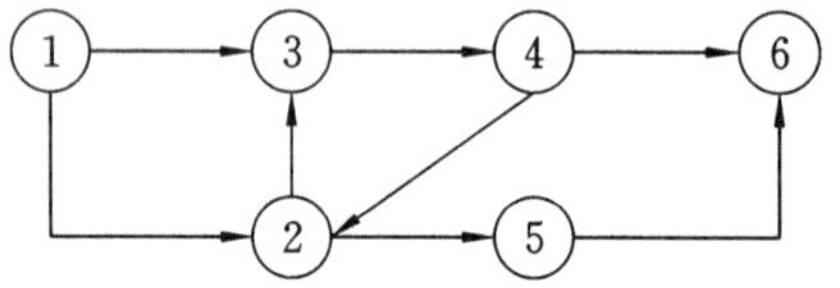

图 3-11 错误的逻辑关系

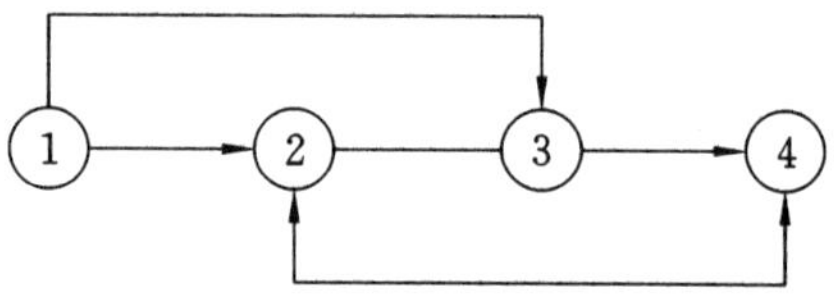

图 3-12 错误的连线

（3）在双代号网络图中，节点之间严禁出现带双向箭头或无箭头的连线，图 3-12 中②→③连线无箭头，②→④连线有双向箭头，均是错误的。

（4）不得出现没有箭头节点或没有箭尾节点的箭线，如图 3-13 所示。

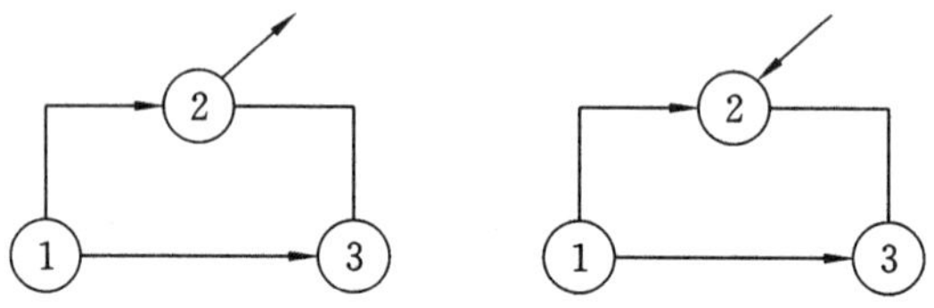

图 3-13 没有箭头节点或没有箭尾节点

（5）在双代号网络图中，不允许出现相同编号的节点或箭线。在图 3-14(a)中，A、B 两个施工过程均由①→②代号表示是错误的，正确的表达应如图 3-14 中(b)或(c)所示。

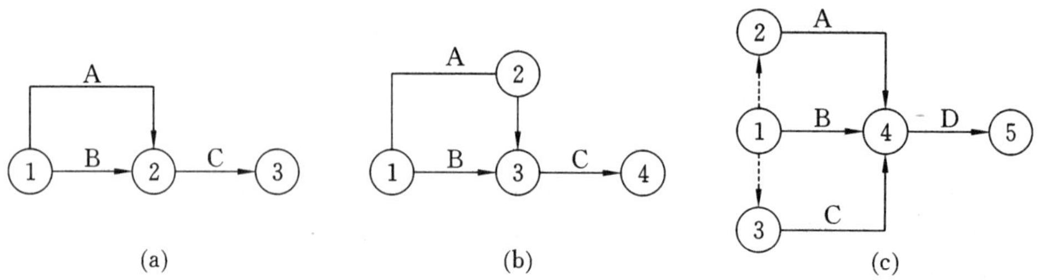

图 3-14 不能出现相同编号的节点

(6) 在双代号网络图中,只允许有一个起点节点和一个终点节点,如图 3-15 所示。

节点①、②、③都表示计划的开始,⑫、⑬、⑭都表示计划的完成,这是错误的。应引入虚工作,改成图 3-16 所示的形式,这时①为计划的原始节点,⑪为计划的结束节点,其余节点均为中间节点。

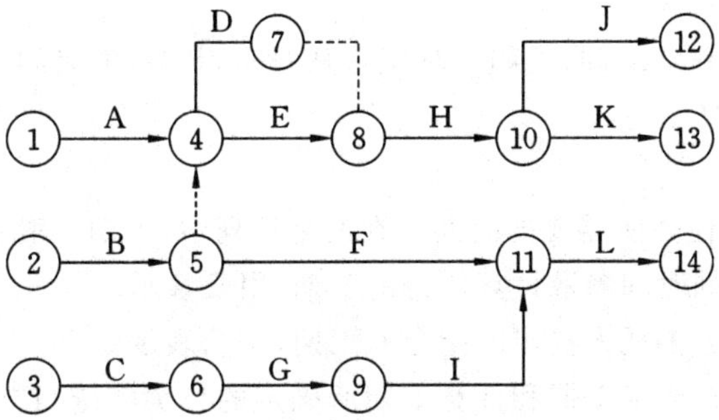

图 3-15 错误的起点节点和终点节点

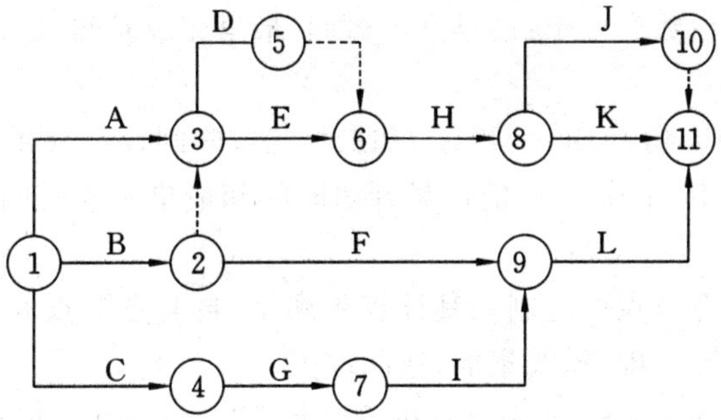

图 3-16 正确的起点节点和终点节点

(7) 在双代号网络图中,不允许出现一个代号代表两个施工过程。如图 3-17(a)中,施工过程 A 的表达是错误的,正确的表达应如图 3-17(b)所示。

(8) 在双代号网络图中,应尽量减少交叉箭线,当无法避免时,应采用过桥法或指向法表示。

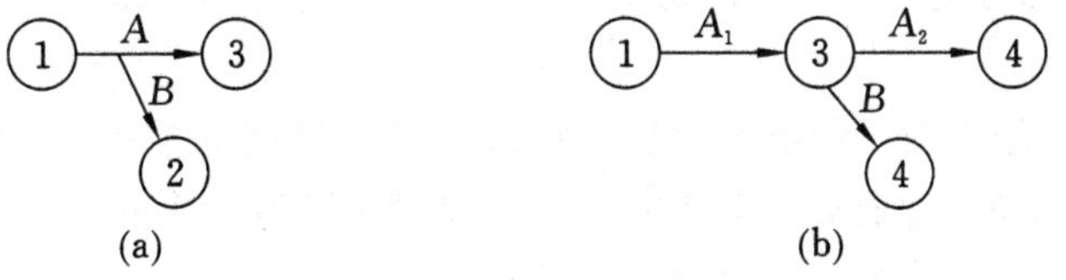

图 3-17 不允许出现一个代号代表两个施工过程

3.3.4 双代号网络计划时间参数计算

正确绘制网络图是确定一项工作的定性指标,而网络计划的时间参数计算则是该计划的定量指标。在网络图中,最重要的是正确计算双代号网络计划的时间参数。

网络计划的时间参数计算目的在于确定网络图上各项工作和各个节点的时间参数,确定关键线路，抓住主要矛盾，确定总工期，为网络计划的优化、调整和执行提供准确的时间，使网络图具有实际应用价值。

3.3.4.1 双代号网络计划的时间参数及其符号

所谓时间参数，是指网络计划、工作及节点所具有的各种时间值。

(1) 工作持续时间

工作持续时间也叫作业时间，是指一项工作从开始到完成的时间。在双代号网络计划中，工作 $i—j$ 的持续时间用D_{i-j}表示。

(2) 工期

工期泛指完成一项任务所需要的时间。在网络计划中，工期一般有以下三种：

① 计算工期：指根据时间参数计算所得的工期，用T_c表示。

② 要求工期：指任务委托人提出的指令性工期，用T_r表示。

③ 计划工期：指根据要求工期和计算工期所确定的作为实施目标的工期，用T_p表示。当规定了要求工期时，$T_p \leqslant T_r$；当未规定要求工期时，$T_p = T_c$。

(3) 工作时间参数

网络计划中的时间参数有六个：最早开始时间、最早完成时间、最迟开始时间、最迟完成时间、总时差和自由时差。

① 最早开始时间(Earliest Start Time)和最早完成时间(Earliest Finish Time)

在双代号网络计划中，工作 $i—j$ 的最早开始时间和最早完成时间分别用ES_{i-j}和EF_{i-j}表示，其中：$EF_{i-j} = ES_{i-j} + D_{i-j}$。

这类时间参数受起点节点的控制。其计算程序是：自起点节点开始，顺着箭线方向，用累加的方法计算至终点节点。即：沿线累加，逢圈取大。

② 最迟开始时间(Latest Start Time)和最迟完成时间(Latest Finish Time)

在双代号网络计划中，工作 $i—j$ 的最迟开始时间和最迟完成时间分别用LS_{i-j}和LF_{i-j}表示，其中：$LF_{i-j} = LS_{i-j} + D_{i-j}$。自终点节点开始，逆着箭线方向，用累减的方法计算起点节点。即：逆线累减，逢圈取小。

③ 总时差(Total Float)和自由时差(Free Float)

工作的总时差是指在不影响总工期的前提下，本工作可以利用的机动时间(富余时间)，用TF_{i-j}表示。工作的总时差等于本工作的最迟开始时间减本工作的最早开始时间，即：$TF_{i-j} = LS_{i-j} - ES_{i-j}$。

工作的自由时差是指在不影响其紧后工作最早开始时间的前提下，本工作可以利用的机动时间(富余时间)，用FF_{i-j}表示。工作的自由时差等于紧后工作的最早开始时间减本工作的最早开始时间再减本工作持续时间之差，即：$FF_{i-j} = ES_{i-k} - ES_{i-j} - D_{i-j}$。

3.3.4.2 网络计划各时间参数的计算

网络计划时间参数的计算方法通常有：分析计算法、图上计算法、表上计算法、矩阵法和电算法等，在此仅介绍图上计算的六时标注法。

图上计算法是根据工作时间参数的计算公式，在图上直接计算的一种较直观、简便的方法，其标注方法有三种，见图 3-18 所示。

下面结合示例说明六时标注法时间参数的计算。

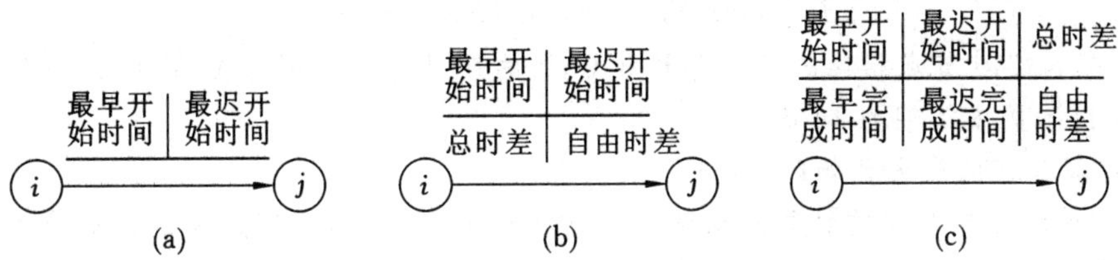

图 3-18　时间参数的图上标注方法

(a)二时标注法;(b)四时标注法;(c)六时标注法

【例 3-8】 根据图 3-19 所示网络计划图,按六时标注法计算时间参数。

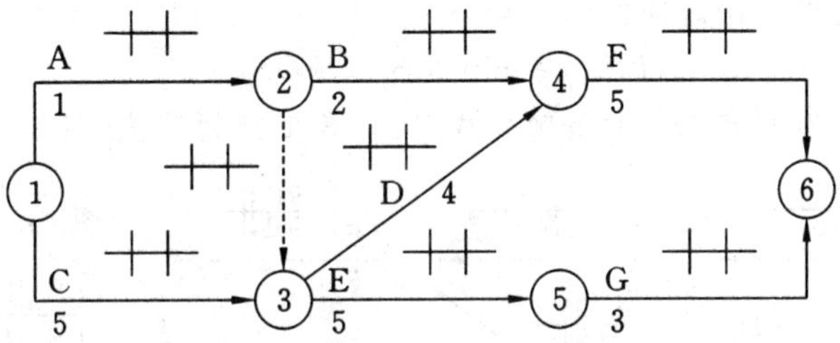

图 3-19　某网络计划图

【解】 (1) 计算工作的最早开始时间ES_{i-j}

工作的最早开始时间的计算应从网络计划的起点节点开始,顺着箭线方向依次进行。其计算步骤如下:

① 以网络计划起点节点为开始节点的工作,当未规定其最早开始时间时(默认情况下,与起点节点相连的所有工作的最早开始时间为零),最早开始时间为 0。

② 其他工作的最早开始时间等于紧前工作的最早完成时间的最大值,即最早开始时间加紧前工作的工作持续时间之和中的最大值,其计算式:

$$ES_{i-j}=\max EF_{h-j}=\max\{ES_{h-i}+D_{h-i}\}$$

同理,将其他工作的计算结果标注在箭线上方各工作图例对应的位置上(图 3-20)。

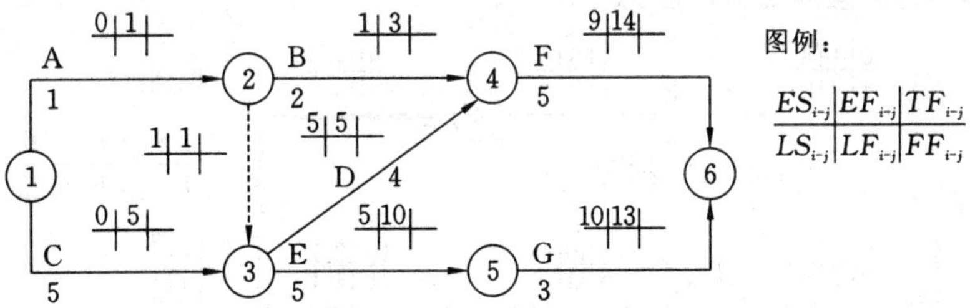

图 3-20　计算并标注最早开始时间、最早完成时间

③ 当双代号网络计划图中出现虚箭线时,可以依据规则,将虚箭线视为与其他工作相同的真实工作进行计算,只不过,虚箭线的工作持续时间为零。

(2) 计算工期T_c

网络计划的计算工期应等于以网络计划终点节点为完成节点的工作的最早完成时间的最大值,即:

$$T_c = \max EF_{i-n} = \max\{ES_{i-n} + D_{i-n}\}$$

本例中，与终点节点相连的工作有 F 和 G，F 的最早完成时间为 14 d，G 的最早完成时间为 13 d，所以本例中工期为 14 d。

(3) 计算工作的最迟开始时间LS_{i-j}

工作的最迟开始时间的计算应从网络计划终点节点开始，逆着箭头的方向依次进行。其计算步骤如下：

① 以网络计划终点节点为完成节点的工作的最迟开始时间等于计算工期减其工作的持续时间。即：

$$LS_{i-n} = T_c - D_{i-n}$$

② 其他工作的最迟开始时间的计算如下

$$LS_{i-j} = \min\{LS_{j-k} - DS_{j-k}\}$$

③ 与终点节点相连所有工作的最晚完成时间，是工期的数值(图 3-21)。

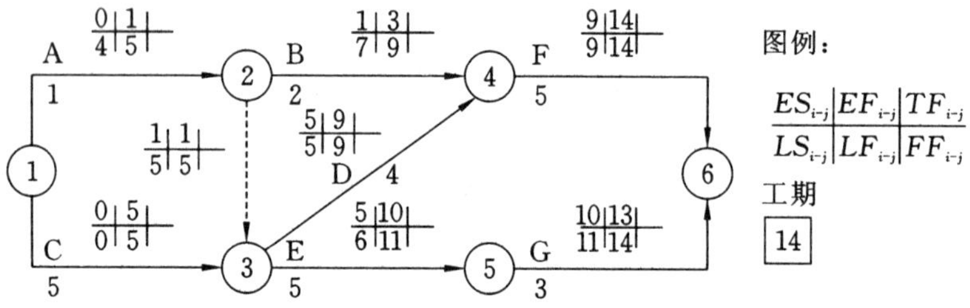

图 3-21 计算并标注最迟开始、最迟完成时间参数

(4) 计算工作的总时差TF_{i-j}

工作的总时差可采用"迟早相减，所得之差"的计算方法求得。即工作的总时差等于该工作的最迟开始时间减去工作的最早开始时间：

$$TF_{i-j} = LS_{i-j} - ES_{i-j}$$

(5) 计算工作的自由时差FF_{i-j}

$$FF_{i-j} = ES_{j-k} - ES_{i-j} - D_{i-j} = ES_{j-k} - ES_{i-j}$$

本例计算的总时差和自由时差见图 3-22。

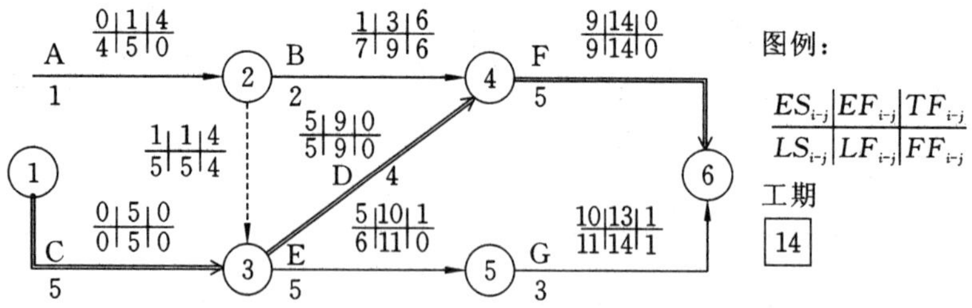

图 3-22 计算总时差和自由时差

双代号网络计划图关键线路，是指从起点节点开始，到终点节点结束，持续时间最长的一条线路。但是，在大部分比较复杂的网络计划图中，按照此方法去寻找关键线路是一件麻烦的事情。在学习了六时标注法之后，发现一个规则：所有总时差和自由时差为零的工作就是关键工作，将所有关键工作连接起来，就形成了关键线路。图 3-22 中双线表示的是该工程的关键线路。

3.3.5 双代号时标网络计划

双代号时标网络计划是以时间坐标为尺度编制的网络计划，简称时标网络计划。它表达的逻辑关系与原网络计划完全相同，但箭线的长短与工作的时间进度相对应。

3.3.5.1 时标网络计划主要特点

(1) 时标网络计划兼有网络计划与横道计划的优点，它能够清楚地表明计划的时间进程，使用方便；

(2) 时标网络计划能在图上直接显示出各项工作的开始与完成时间、工作的自由时差及关键线路；

(3) 在时标网络计划中可以统计每一个单位时间对资源的需要量，以便进行资源优化和调整；

(4) 由于箭线受到时间坐标的限制，当情况发生变化时，对网络计划的修改比较麻烦，往往要重新绘图。但在使用计算机绘图以后，这一问题较容易解决。

3.3.5.2 时标网络计划的一般规定

(1) 时标网络计划中所有的符号在时间坐标上的水平投影位置，都必须与其时间参数相对应，节点中心必须对准相应的时标位置。

(2) 应以实箭线表示工作，以虚箭线表示虚工作，以波形线表示工作的自由时差。

(3) 时标网格计划中虚工作必须以垂直方向的虚箭线表示，有自由时差时加波形线表示。

3.3.5.3 时标网络计划的绘制方法

时标网络计划可按最早时间和最迟时间两种方法绘制，使用最多的是最早时标网络计划。在绘制前，首先根据确定的时间单位绘制出时间坐标表，时间坐标表可根据计划期的长短确定可为时、天、周、月、季等。时标一般标注在时标计划表的顶部或者底部，要注明时标单位。

绘制时标网络计划通常应先绘制出非时标网络计划草图，然后按间接绘制法或直接绘制法绘制是标网络计划。

(1) 间接绘制法

间接绘制法，是指先根据非时标的网络计划草图计算其时间参数并确定关键线路，然后在时标网络计划表中进行绘制。在绘制时应先将所有节点按其最早时间定位在时标网络计划表中的相应位置，然后再用规定线型(实箭线和虚箭线)按比例绘出工作和虚工作。当某些工作箭线的长度不足以到达该工作的完成节点时，须用波形线补足，箭头应画在与该工作完成节点的连接处。

(2) 直接绘制法

所谓直接绘制法，是指不计算时间参数而直接按无时标的网络计划草图绘制时标网络计划。

① 将网络计划的起点节点定位在时标网络计划表的起始刻度线上。

② 按工作的持续时间绘制以网络计划起点节点为开始节点的工作箭线。

③ 除网络计划的起点节点外，其他节点必须在所有以该节点为完成节点的工作箭线均绘出后，定位在这些工作箭线中最迟的箭线末端。当某些工作箭线的长度不足以到达该节点时，须用波形线补足，箭头画在与该节点的连接处。

④ 当某个节点的位置确定之后，即可绘制以该节点为开始节点的工作箭线。

⑤ 利用上述方法从左至右依次确定其他各个节点的位置，直至绘出网络计划的终点节点。

【例 3-9】 试用直接法绘制图 3-23 所示的双代号时标网络计划。

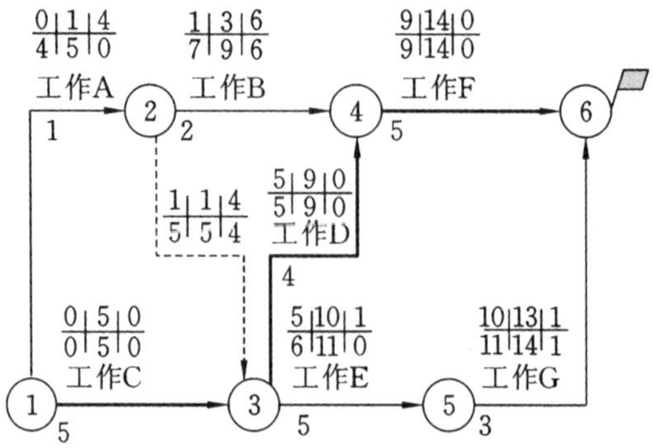

图 3-23 例 3-9 双代号网络计划

根据绘图方法，得到双代号时标网络计划如图 3-24 所示。

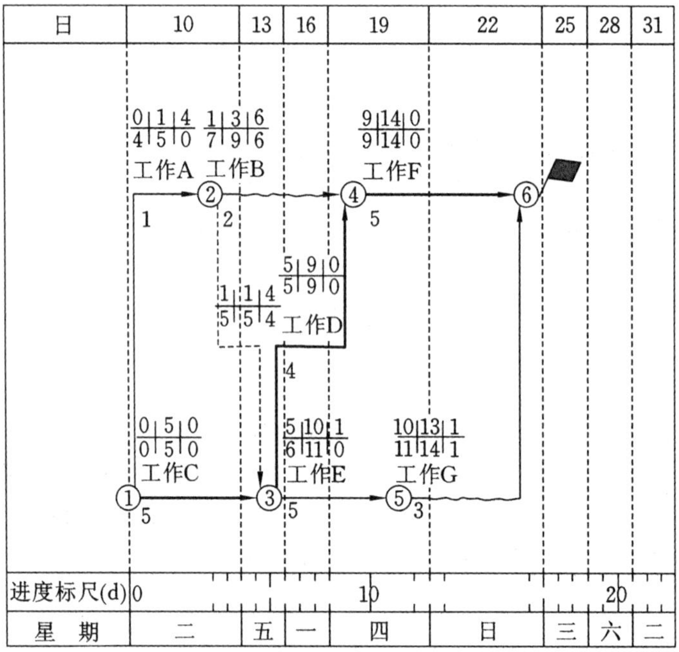

图 3-24 例 3-9 双代号时标网络计划

3.3.5.4 关键线路的确定及时间参数的判定

(1) 关键线路的确定

时标网络计划的关键线路，应从终点节点至起点节点进行观察，凡自始至终没有波形线的线路即为关键线路。

(2) 时间参数的判定

① 工作最早开始时间和最早完成时间的判定

工作箭线左端节点中心所对应的时标值为该工作的最早开始时间。当工作箭线中不存在波形线时，其右端节点中心所对应的时标值为该工作的最早完成时间；当工作箭线中存在波形线时，工作箭线实线部分右端点所对应的时标值为该工作的最早完成时间。

② 工作总时差的判定

工作总时差的判定应从网络计划的终点节点开始，逆着箭线方向依次进行。

以终点节点为完成节点的工作，其总时差应等于计划工期与本工作最早完成时间之差。

其他工作的总时差等于其紧后工作的总时差加本工作与该紧后工作之间的时间间隔所得之和的最小值。

③ 工作自由时差的判定

以终点节点为完成节点的工作，其自由时差应等于计划工期与本工作最早完成时间之差。事实上，以终点节点为完成节点的工作，其自由时差与总时差必然相等。

其他工作的自由时差就是该工作箭线中波形线的水平投影长度。但当工作之后只紧接虚工作时，则该工作箭线上一定不存在波形线，而其紧接的虚箭线中波形线水平投影长度的最短者为该工作的自由时差。

④ 工作最迟开始时间和最迟完成时间的判定

工作的最迟开始时间等于本工作的最早开始时间与其总时差之和。

工作的最迟完成时间等于本工作的最早完成时间与其总时差之和。

时标网络计划中时间参数的判定结果应与网络计划时间参数的计算结果完全一致。

3.4　施工进度计划保证措施

本工程工程量大，工期相对较短，涉及专业多，在业主给定的时间内高标准完成本工程，必须靠一流的施工策划与组织、一流的管理与协调、一流的技术与工艺和设备等来实现，从而才能将过程精品转化为工程竣工精品，满足业主对工期、质量等方面的要求。因此，必须充分准备并做好以下几个方面工作。

3.4.1　工期保障组织措施

工期保障组织措施如表 3-8 所示。

表 3-8　工期保障组织措施一览表

序号	措施	具体内容
1	工期管理组织机构	1. 为确保本工程进度，成立以总承包经理部和各业主指定专业分包商及各劳务作业层组成的项目工期管理组织机构。 2. 本单位选派具有类似工程管理经验和业绩的项目经理担任该工程的项目经理，同时还配备一批经验丰富、精力充沛的项目管理、技术人员。 3. 项目组织机构在项目成立之初确定，项目管理人员提前做好就位工作，骨干成员参与前期投标过程，熟悉工程特点，在最短时间内进入角色；普通人员在准备期间着手工作移交，开工后立即就位

续表 3-8

序号	措 施	具体内容
2	分包模式	1. 选择合理的分包模式。 2. 在选择专业分包商及劳务作业层时，根据不同的专业特点和施工要求，采取不同的合同模式，在合同中明确保证进度的具体要求。 3. 本单位将选用素质高、技术能力强的土建及安装劳务队进行施工
3	合同管理	1. 施工前必须和各分包单位签订施工合同，规定完工日期及不能按期完成的惩罚措施等。施工合同是施工和支付工程款的依据，一定要在施工前签订。 2. 在合同中添加专款专用制度以防止施工中因为资金问题而影响工程的进展，充分保证劳动力、机械的配备，材料的及时进场。随着工程各阶段控制日期内工程量的完成，及时支付各作业队伍的劳务费用，保证有充足的施工作业人员。按工期节点设立奖罚制度，提前或按期完成的给予奖励，拖期的给予处罚
4	专题例会制度	1. 项目部定期召开施工生产协调会议，会议由项目经理主持，业主指定专业分包和劳务作业队主管生产的负责人参加。生产协调会议主要是检查计划的执行情况，提出存在的问题，分析原因，研究对策，采取措施。 2. 项目部随时召集并提前下达会议通知单。业主指定专业分包和各作业单位必须派符合资格的人员参加，参加者将代表其决策者。 3. 工程进度分析。计划管理人员定期进行进度分析，掌握指标的完成情况是否影响总目标。劳动力和机械设备的投入是否满足施工进度的要求，通过分析总结经验、暴露问题、找出原因、制定措施，确保进度计划的顺利进行。 4. 下达施工任务指令。施工任务指令原则上由项目经理签发，主要是针对出现的新情况下达签发指令，以取得短平快的效果；其次是针对穿插施工，必须在规定的时间内完成相应的施工任务，否则影响下道工序的施工计划。 5. 业主指定专业分包和各作业单位及时根据项目部的安排调整进度计划，在进度上有任何提前及延误应及时向项目部说明情况

3.4.2 工期保障技术措施

“科学技术是第一生产力”，先进施工技术措施的合理运用为工期管理提供最直接的根本保障。本单位将充分发挥企业在大型项目施工中积累的丰富经验和技术优势，精心组织，精心施工，确保本工程顺利实现既定的工期目标。做好详尽的技术准备工作，确保技术先行。本工程中拟运用的施工技术措施如表 3-9 所示。

表 3-9 技术措施运用一览表

序号	名 称	特点及运用目的
1	全站仪测量定位技术	空间定位速度快，精度高，可缩短测量技术间歇时间
2	钢筋滚压直螺纹连接技术	操作简单、质量稳定、能耗小、速度快且不受气候限制
3	泵送混凝土技术	混凝土质量稳定，施工速度快

续表 3-9

序号	名 称	特点及运用目的
4	UEA 高效膨胀剂应用	混凝土中掺 UEA 外加剂，不仅能有效减少收缩裂缝的产生，而且可取得微膨胀、减水、缓凝和早强效果
5	季节性施工措施	保证暴雨等季节施工的计划安排，科学施工
6	信息化施工技术	利用计算机查询、优化方案，传递施工信息速度快

3.4.3 工期保障管理措施

(1) 编制总进度计划或节点进度计划时，项目部应进行多方案比较并选出一个优秀、合理的方案，应体现资源的合理使用、工作面的合理安排，以便利于提高建设质量、文明施工和合理地缩短建设工期。

(2) 在编制总进度计划时使其系统化，所编制的各种计划独立但又相互联系、统一，使其构成系统。

(3) 项目部应对进度实施动态控制，计划编制后，根据现场实际情况对计划进行及时的动态调整，如表 3-10 所示。

表 3-10 工期保障管理措施一览表

序号	措 施	具体内容
1	项目法施工	1. 严格按照项目法施工管理，实行项目施工负责制，对本工程行使计划、组织、指挥、协调、控制、监督六项基本职能，对本工程实行全方位、全过程的有效管理。 2. 立足于项目部地位，发挥综合协调管理的优势。本项目应立足于项目部的地位，以合约为控制手段，以总控计划为准绳，调动各施工队的积极性，发挥综合协调管理的优势，确保各项目标的实现
2	计划编制	1. 总承包商依据合同总工期编制总进度计划。 2. 空间上按一定的位置，在时间上按先后顺序，在数量上按不同的比例，合理地组织，统一指挥，有序地进行施工，确保达到预定的目标。 3. 总进度计划是由总承包商依据施工承包合同，以整个工程为对象，综合考虑各方面的情况，对施工过程作出的战略性部署，确定主要施工阶段(结构、装修、机电设备安装调试、验收等)的开始时间及关键线路、工序，明确施工的主攻方向。 4. 分包商根据总进度计划要求，编制所施工专业的分部分项工程进度计划，在工序的安排上服从施工总进度计划的要求和规定，时间上保证留有余地，确保施工总目标(合同工期)的实现。 5. 本工程所有进度计划全部采用先进的计划编制软件进行编制。 6. 编制进度计划时必须严谨分析和考虑各工作之间的逻辑关系，网络计划的关键线路清晰明了。 7. 每周、每旬、每月编制横道图对比实际进度与计划进度的偏差，并认真分析偏差产生的原因，及时调整进度计划

续表 3-10

序号	措 施	具体内容
3	进度控制	1. 利用计算机，推行全面计划管理，控制工程进度，建立主要形象进度控制点，运用网络计划跟踪技术和动态管理方法，做到周保旬、旬保月，坚持月平衡、周调度、工期倒排，确保总进度计划实施。 2. 认真做好施工中的计划统筹、协助与控制。严格落实每周工地施工协调会制度，作好每日工程进度安排，确保各项计划落实。编制详细的工程施工总进度计划，并采用计算机管理技术，对施工计划实行动态管理；建立主要的工程形象进度控制点，围绕总进度计划，编制月、周施工进度计划，做到各分部分项工程的实际进度按计划要求进行；每期根据前期完成情况和其他预测变化情况，对当期计划和后期计划、总计划进行重新调整和部署，确保按原定或因非施工原因调整了的期限交工
4	进度考核	严格按照合同条款中规定的工期对指定分包及专业分包进行考核，合同中明确的工期责任必须履行，实行奖惩制度
5	开展工期竞赛	1. 拿出一定资金作为工期竞赛奖励基金，引入经济奖励机制，结合质量管理情况，奖优罚劣，充分调动全体施工人员的积极性，力保各项工期目标顺利实现。 2. 根据本工程特点，在施工期间，组织全方位的劳动竞赛，比工期、比质量、比安全、比文明施工，根据竞赛结果奖优罚劣，互相促进
6	流水施工技术	1. 根据工程特点，结合现场条件，科学划分流水段，合理进行工序穿插，缩短工期。 2. 将各施工阶段划分为若干施工段，组织段与段之间流水施工。在满足进度要求的情况下，配备充足的人力、机械、物资等资源，提高计划的可实施性。在保证上道工序质量的前提下，下道工序提前插入施工
7	交叉施工管理	1. 加快工程施工进度，安排工序合理穿插。 2. 交叉施工时主要考虑的是防止发生对成品的破坏事故以及安全事故，进而影响工期。 3. 项目经理部由专职人员负责对现场工作环境进行时时跟踪，预见与现场观察相结合，一旦发现具备交叉施工条件，立即在最短时间内安排资源组织施工
8	工序质量	加强质量检查和成品保护工作，尤其是样板间的贯彻和施工过程中的监督检查工作，严格控制工序，保证施工质量，确保一次验收合格，杜绝返工，以一次成优的施工过程，获取缩短工期的效果
9	提前确定样板	1. 在结构施工阶段就对装修材料、做法进行认定，选定材料，确定样板。 2. 每道工序施工之前，先进行样板施工。提前确定样板，细化设计，减少施工期间出现的技术问题
10	设备进场	及时按设备进度表进场设备，及早订货，办理有关手续

续表 3-10

序号	措 施	具体内容
11	协调管理	1. 强化项目部内部管理人员效率与协调能力，增强与业主的联系，加强对劳务分包方的控制和与各供货厂商的联系，并明确各方及个人的职责分工，减少扯皮现象，争取将围绕本工程建设的各方面人员充分调动起来，共同完成工期总目标。 2. 创造和保持施工现场各方面各专业之间的良好人际关系，使现场各方认清其间的相互依赖和相互制约的关系。 3. 加强设计的配合工作。将密切配合一切设计工作，并提供合理化建议，共同消除设计对施工进度的影响。 4. 加强业主、监理、设计方的合作与协调。在现场业主、监理以及专业施工队之间建立 Intranet 网络环境，以加强现场内部参建各方的配合与协调，使现场发生的技术问题、洽商变更、质量问题以及施工报验等能够及时快捷地解决
12	总平面管理	加强总平面管理，特别是机械停放、材料堆放等不得占用施工道路，不得影响其他设备、物资的进场和就位，实现施工现场秩序化。各阶段的现场平面布置图和物资采购、设备订货、资源配备等辅助计划相配合，对现场进行宏观调控，在即使施工紧张的情况下，也保持现场秩序井然，保证施工进度计划的有序实施
13	后勤服务	组织专人负责做好各项后勤服务工作，解除后顾之忧，激发和调动职工的积极性

3.4.4　工期保障经济措施

工期保障经济措施如表 3-11 所示。

表 3-11　工期保障经济措施一览表

序号	资金类别	管理保障措施
1	预算管理	执行严格的预算管理：施工准备期间，编制项目全过程现金流量表，预测项目的现金流，对资金做到平衡使用，以丰补缺，避免资金的无计划管理
2	支出管理	1. 执行专款专用制度：建立专门的工程资金账户，随着工程各阶段控制日期的完成，及时支付各专业队伍的劳务费用，防止施工中因为资金问题而影响工程的进展，充分保证劳动力、机械、材料的及时进场。 2. 执行严格的预算管理。 3. 资金压力分解：在选择分包商、材料供应商时，提出部分支付的条件，向同意部分支付又资金相对雄厚的合格分包商、供应商倾斜

3.4.5　工期保障资源措施

资源包括劳动力、施工机械及设备器具、周转材料、资金等，保障资源投入充足是确保工期的关键所在。

(1) 劳动力投入的保障措施

劳动力投入的保障措施如表 3-12 所示。

表 3-12　劳动力投入保障措施一览表

序号	类别	措施内容
1	数量保障	1. 按照“足够且略有盈余”的原则，选择多家劳务分包商并略作数量储备以应对施工中的诸多不确定因素。 2. 劳务分包合同中明确约定： (1) 不因节假日及季节性影响导致人员流失，确保现场作业人员数量的长期固定； (2) 要求劳务分包商根据总包单位的总体进度计划、分阶段进度计划、劳动力供应计划等，编制各工种劳动力平衡计划，分解细化各阶段的劳动力投入量； (3) 充分发挥经济杠杆作用，定期开展工期竞赛，进行工期考核，奖优罚劣，激发各劳务分包商保证劳动力投入的自觉性
2	素质保障	1. 严格执行企业 ISO9001 认证体系运行文件要求，在企业的合格分包商名录中择优选择劳务分包队伍； 2. 劳务分包合同中明确约定：进场人员必须持有各类《岗位资格证书》，其中高、中级工所占比例不少于 90%； 3. 劳务分包进场后，及时组织工期、技术、质量标准交底，进行安全教育培训等； 4. 施工中，定期组织工人素质考核、再教育
3	劳动力组织安排	1. 为保证实现工程进度计划目标及管理生产目标，本单位将充分配备项目管理人员，做到岗位设置齐全以形成严格完整的管理层次。 2. 开工前提前组织好劳动力，挑选技术过硬、操作熟练的施工队伍，按照施工进度计划的安排，分批进场。分析施工过程中的用人高峰和详细的劳动力需求计划，拟订日程表，劳动力的进场应比相应计划提前，预留进场培训和技术交底时间。 3. 根据工程内容，由本单位人力资源及项目管理部门拟出一份合格劳务施工队名单，选择其中跟本单位合作过多年的劳务队，通过综合比较，挑选技术过硬、操作熟练、体力充沛、实力强善打硬仗的施工队伍。 4. 做好后勤保障工作，安排好工人生活休息环境和保证伙食质量，尤其安排好夜班工人的休息环境，休息好才能工作好，保证工人有充沛的体力更好地完成施工任务。 5. 精装修阶段由于专业分包较多，作为总承包，将要求各专业承包在开工前列出详细人员计划表，只有各工种施工人员都到位的情况下，才可以大面积开工。 6. 在确保现场劳动力充足前提下，还要计划储备一定数量劳动力，作为资源保障措施
4	人员劳动力合理调配	1. 做好劳动力的动态调配工作，抓关键工序，在关键工序延期时，可以抽调精干力量，集中突击施工，确保关键线路按期完成。 2. 每道工序施工完成后，及时组织工人退场，给下道工序工人操作提供作业面，做到所有工作面均有人施工；根据进度计划、工程量和流水段划分合理安排劳动力和投入生产设备，保证按照进度计划的要求完成任务。 3. 加强班组建设，做到分工和人员搭配合理，提高工效，既要做到不停工待料，又要调整好人员的安排，不出现窝工现象。 4. 合理调配劳动力，如钢筋工在绑扎钢筋的间歇，投入钢筋的制作成形工作以及钢筋的场内二次倒运；混凝土工在绑扎钢筋和支设模板时，作为壮工配合使用

续表 3-12

序号	类别	措施内容
5	制订劳动力计划	1. 本单位将对劳务作业层实行专业化组织，穿透性动态管理，以保证本工程各项管理目标的实现。各专业主要工种人员的配备详见劳动力动态表。 2. 对于整个项目施工，保证劳动力需求配置计划按时实现。对于业主指定专业施工，本单位将根据实际需要严格控制其人力资源的投入量以及投入时间，以保证整体施工进度

(2) 主要机械设备投入计划

主要机械设备投入计划如表 3-13 所示。

表 3-13 主要机械设备投入计划表

序号	措 施	具体内容
1	数量保障	1. 调集：发挥企业在经营布局方面雄厚的综合实力优势，迅速在××市内或周边地区调集能满足施工需要的各类机械设备及器具。 2. 新购或租赁：必要时就地采购或租赁设备。 3. 配备足够的机械设备和必需的备用设备，如发电机等，以保证连续施工
2	机械计划	精心编制详细准确的机械计划，明确机械名称、型号、数量、能力及进场时间等，并严格落实计划
3	机械进场	分区开挖至基坑底后立即组织塔吊基础施工和安装，确保塔吊在底板施工前投入使用
4	性能维护	1. 设备进场验收：对所有投入使用的施工机械设备或器具，在进场时严格按照企业有关管理程序，结合工程实际情况进行性能验收，对不符合要求的设备及时采取维修或清退更换处理。 2. 施工中维护：根据“专业、专人、专机”的“三专”原则，安排专业维护人员对机械实施全天候跟班维护作业，确保其始终处在最佳性能状态。 3. 检定：对测量器具等精密仪器，按国家或企业相关规定，定期送检

(3) 材料供应的保障措施

材料供应的保障措施如表 3-14 所示。

表 3-14 材料供应的保障措施表

序号	材料类别	供应保障措施
1	周转材料	1. 根据项目生产进度对各项材料的需求，选择几家交通便利的周转材料租赁公司作为储备，在周转材料出现问题时及时进行租赁调配，保证不耽误施工生产进度。 2. 根据周转材料投入总计划和工程进度计划，结合工程实际情况，编制切实可行的周转材料供应计划，按计划组织分批进场，确保周转材料供应及时、适量

续表 3-14

序号	材料类别	供应保障措施
2	非周转材料	1. 项目自购材料 (1) 在全国各地建立大宗材料信息网络，不断充实更新材料供应商档案。 (2) 随施工进度不断完善材料需用计划。 (3) 在保证质量的前提下，按照“就近采购”的原则选择供应商，尽量缩短运输时间，确保短期内完成大宗材料的采购进场。 (4) 严把材料采购过程、进场验收的质量关，避免因材料质量问题影响工期。 2. 业主提供材料、设备及分包商采购材料 (1) 协助业主、分包商超前编制准确的甲供材料、设备计划，明确细化进场时间、质量标准等，必要时提供供货厂家和价格供业主参考。 (2) 及时细致做好业主提供或分包商采购材料、设备的质量验收工作，填写开箱记录，办理交接手续。 (3) 做好甲供材料、设备的保管工作，对于露天堆放的材料、设备采取遮盖、搭棚等保护措施

3.4.6 夜间、农忙、节假日施工安排

(1) 夜间施工安排

夜间施工安排如表 3-15 所示。

表 3-15 夜间施工安排表

序号	措施名称	具体内容
1	监督管理	现场安排一名项目领导(项目经理或项目生产经理或项目总工程师等)值班，协调处理夜间施工工作；项目经理部设置夜间施工监督员，对夜间施工进行巡视，确保夜间施工的工作效率和作业安全；项目部其他人员保持全天候的通信联络
2	扰民安抚	提前做好扰民安抚工作，现场围墙、门口、道口等显要位置张贴夜间施工告示
3	施工照明	1. 施工照明与施工机械设备用电采用各自的线路，防止大型施工机械因偶尔过载后跳闸导致施工照明不足。 2. 施工准备期间，分别在场地四周搭设大功率镝灯，用于整个施工现场夜间照明。 3. 结构施工期间，在每台塔吊支架处加设两台镝灯，用于施工作业层的夜间照明。 4. 同时配备足够的碘钨灯，作为零星照明不足的补充。 5. 现场必须有足够的照明。包括办公区到生产区的沿途；生产区到工作面沿途以及工作面都有足够的照明设施，满足夜间施工质量、安全等对照明的需求。 6. 在临边、洞口等事故易发位置，严格按照有关规定设置警戒灯，并由专职安全员负责维护，确保设施的完整性、有效性。 7. 配备足够的电工，及时配合施工对照明的需要进行处理，尤其是移动光源
4	安全防护	夜间施工时，加强安全设施管理，重点检查作业层四周安全围护、临边洞口防护等部位，确保夜间施工安全

续表 3-15

序号	措施名称	具体内容
5	后勤保障	做好后勤保障工作，尤其食堂等生活配套设施，必须满足夜间施工的要求；生活区建立严格的管理制度，为夜间施工人员创造良好的休息环境，使人员保持持续的夜间施工能力
6	验收计划	针对夜间施工中出现的中间验收，应提前制订验收计划，上报业主、监理单位，以便他们作出相应的工作安排
7	分包管理	但凡涉及夜间施工的其他相关单位如分包单位、商品混凝土供应商等，都要求他们作出相应的协作保证

(2) 节假日施工安排

根据总进度计划，本工程拟从20××年7月15开工，至20××年2月25日竣工，全过程跨越国庆、中秋、春节等节假日，为保证节假日期间的正常施工，拟采取措施如表3-16所示。

表 3-16 节假日施工安排表

序号	措施名称	具体内容
1	合同约束	1. 劳务分包合同：明确约定保证农忙、节假日连续施工条款，并从每月工程款中扣5%作为履约保证金，对考核达不到出勤率要求的每次扣除保证金20%，超过三次全部扣除。 2. 材料供货合同：明确约定保证农忙、节假日材料正常供应条款，并从每笔材料款中扣10%作为履约保证金，对考核达不到供应率要求的每次扣除保证金30%，超过两次全部扣除
2	超前计划	1. 在节假日前半个月，排定详细的施工进度计划，运用统筹安排的原理，有的放矢，未雨绸缪，为后续工作尽可能提供便利条件。 2. 提前半个月制订详细材料计划并同相关材料供应商沟通，确保落实。 3. 根据进度计划，提前与业主、监理、设计、质监等单位协调好诸如图纸疑问、分部分项验收等各项事宜，提前报送相关工作联系单
3	经济补偿	1. 严格按照国家劳动法对将在节假日中加班的项目部人员及工人发放相应报酬、补助，提高参建员工的工作积极性。 2. 农忙季节来临前，做好工人的思想工作，承诺对农忙季节坚守岗位的工人适当给予经济补偿
4	便利措施	1. 对农忙、节假日期间职工的娱乐生活等提供各项便利，确保工作积极性。 2. 针对春节后工人返程困难问题，本单位在春节前预订部分返程车票发放给工人；在春节后，派专人、专车前往工人原籍地接运工人，确保工人尽快返回工地

3.4.7 雨季施工保障措施

雨季施工保障措施如表3-17所示。

表 3-17 雨季施工保障措施一览表

序号	措施名称	具体内容
1	防汛领导小组	成立防汛领导小组，制订防汛计划和紧急措施。雨期施工主要以预防为主，采取防雨措施及加强排水手段，确保雨期施工生产不受季节性条件影响
2	值班人员	夜间设专职的值班人员，保证昼夜有人值班并做好值班记录，同时要设置天气预报员，负责收听和发布天气情况，防止暴雨突然袭击，合理安排每日的工作
3	排水设施	检查施工现场及生产生活基地的排水设施，疏通各种排水渠道，清理雨水排水口，保证雨天排水通畅
4	洞口	每层楼板特别是屋面板上的预留洞口或施工洞口，要在雨季来临之前封闭，避免雨水通过洞口流入下层
5	准备工作	做好施工人员雨期培训工作，组织相关人员定期全面检查施工现场的准备工作，包括临时设施、临时用电、机械设备防护等各项工作

3.4.8 外部环境保障措施

外部环境保障措施如表 3-18 所示。

表 3-18 外部环境保障措施一览表

序号	措施	供应保障措施
1	市场动态	密切关注相关资源的市场动态，尤其是材料市场，预见市场的供应能力，对消耗量大的材料，除现场有一定的储备外，还必须要求供应商第一时间供应保证
2	信息沟通	与业主、监理单位、设计单位以及政府相关部门建立有效的信息沟通渠道，确保各种信息在第一时间进行传输
3	周边协调	1. 设立独立的部门或者安排人员，专职负责外联工作，及时解决影响工程的各种事件(如交通路口和仓储等)。 2. 积极主动与当地街道办事处、派出所以及交通、环卫等政府主管部门协调联系，与他们交朋友，取得他们的支持理解，多为施工提供便利

习题与实训

1. 建筑施工有几种组织方式？其特点分别是什么？

2. 流水施工中的主要参数有哪些？

3. 某工程由 A、B、C 三个施工过程，每个施工过程均划分为四个施工段，已知流水节拍分别为 2 d、4 d 和 3 d，试分别计算依次施工、平行施工和流水施工的工期，并绘制各自的施工进度计划。

4. 网络计划同横道计划相比具有哪些优缺点。

5. 根据第1章案例的土的工程量，选定具体的分部工程量，再依据预算定额和工期定额推算工期。

6. 将例3-5所示的横道图转换成双代号网络计划图，并在采用图上计算法计算六个时间参数。

4 施工准备及资源配置计划

本章工作任务：

施工准备是为了保证工程顺利开工和施工活动正常进行而必须事先做好的各项工作，它贯穿于整个建设的全过程。施工准备包括技术准备、现场准备和资金准备。资源配置计划是对施工项目所需的人力、物资等生产要素进行组织和调配。施工进度计划确定后，即可着手编制资源配置计划，以便确定现场临时设施的规模，做好各项资源的供应、平衡、调度和落实。编制计划时应根据施工进度计划统计不同时间段所需的资源，按时间进度要求分别列表汇总。资源配置计划包括劳动力配置计划和物资配置计划。

4.1 施工准备

4.1.1 施工技术准备

(1) 施工图设计技术交底及图纸会审

施工图设计技术交底和图纸会审一般由项目业主主持会议，设计单位交底，施工单位、监理单位参加。一般而言，项目业主会事前与施工、监理单位落实详细的图纸会审计划(表 4-1)，对各专业施工图中存在的问题进行梳理、汇总后报设计单位，由设计单位统一进行回复。业主单位一般在项目现场或业主单位所在地主持图纸会审，并形成图纸会审纪要，项目各方会签后形成正式施工依据(表 4-2)，同时设计单位进行施工图设计技术交底(表 4-3)。

表 4-1 图纸会审计划

序号	内容	依据	参加人员	目标	实施日期
1	图纸初审	施工图纸及引用标准、施工规范	土建、给排水、暖通、电气专业人员	熟悉施工图纸、分专业列出图纸中不明确部位及问题	20××.06.10
2	内部会审	施工图纸及引用标准、施工规范	土建、给排水、暖通、电气专业人员	熟悉施工图纸，将专业问题汇总，找出专业交叉矛盾问题，列出图纸问题，填写“图纸审查记录”，并向设计院提供此记录	20××.06.15
3	图纸会审	施工图纸及引用标准、施工规范	土建、给排水、暖通、电气专业人员	向设计院说明提出的各项问题，了解设计意图，整理图纸会审会议纪要，填写“图纸会审记录”	20××.06.25

注：对于在图纸会审中未发现的问题，在施工中发现后应及时与设计院联系，并以“设计变更通知单”传达给建设单位及监理单位。

表 4-2 图纸会审纪要

序号	图别	会审问题
1	建施	建筑总说明中女儿墙采用蒸压加气块是否合适，因女儿墙长期处于雨水冲刷及潮湿环境中，可否改为同厚度水泥标砖？ 回复：按轻质空心砖，体积密度与原设计相同
2	建施	地下室淋浴间及⑪轴墙体无具体布置位置？ 回复：后补图
3	建施	挖孔桩配筋大样图中柱纵筋锚入桩内为 $35d$，而图中同时标有 $\geqslant 20d$，按哪个施工？ 回复：按 $35d$（$\geqslant 20d$ 为直锚长度）
4	建施	建筑设计总说明中±0.000 m 相当于 1237.45 m，而总布置图及结构说明中为 1239.07 m，按哪个施工？ 回复：按 1239.07m
5	建施	地下室隔墙采用蒸压加气块还是采用水泥标砖？ 回复：采用轻质空心砌块
6	建施	建施屋面检修梯无做法？ 回复：详西南 03J201 2/56
7	建施	建施 A-01 说明中食堂上部卫生间做同层排水，但 A-02 中食堂卫生间与包房卫生间标高 −0.300 m，高差 280 mm，不满足做同层排水？ 回复：结构高差按 400 mm 施工
8	结施	结构总说明中框架柱、梁配筋采用 11G101—1，但目前 11G101—1 已被 16G101—1 取代，是否可采用 16G101—1 回复：仍按 11G101—1
9	结施	结施 B-01 大样 1 和大样 2 底板标高为 −3.35 m。而结施 A-05 中底板标高：①～⑦轴和⑦～⑯轴两部分标高不同，大样中底板标高有误？ 回复：以结施 A-05 平面图中的底板标高为准
10	结施	结施 C-02 中 KL12（①～⑦轴段）梁截面高度不够？ 回复：按结构设计总说明相应构造施工
11	结施	屋面进出口雨篷标高为 25.31 m，按西南图集做法门洞高不足 2.1 m，如何处理？ 回复：将出屋面雨篷的梁上翻
12	结施	结施 A-03 中独立柱基及墙下条形基础高度标注 $>h$，如果基础深度超较多，如何处理？ 回复：独立柱基深度超过 3 m，按孔桩施工。条形基础用 C20 素混凝土浇到基底标高
13	电施	电施 B-06 中电源进线从①轴引入，该处为篮球场，可否该从 B/1-16 轴方向进入？ 回复：建设单位定
14	电施	消防弱电线管可否改为 PVC 管？ 回复：不可
15	电施	楼梯间采用什么灯？ 回复：采用声控吸顶灯，配电房由建设单位定
16	电施	预分支电缆是明装还是暗装？ 回复：采用桥架

注：本文件一式五份，项目业主单位两份，设计、施工、监理单位各一份。附参会签到表，此纪要需各方签认并盖各单位章，署以日期。

表 4-3　施工图设计交底书

工程名称	××学院学生活动中心	日期	20××.07.15
建设单位	××学院		
设计单位	××建筑设计有限公司(盖章)		
一、服务内容	我方参加基础检验,基础隐蔽工程与基础分部工程、主体结构分部工程和竣工验收,地下1层的隐蔽工程验收及工程质量处理。参加以上验收处理需提前2 d通知,通知方式为电话或传真。如遇工程质量事故需处理,我方将在收到建设单位通知后24 h内赶到事故现场		
二、设计文件组成部分	1. 施工图;2. 节能设计说明;3. 施工图引用的相关图集;4. 设计单位关于质检站审查意见的复函;5. 技术交底书;6. 施工图会审纪要;7. 设计变更通知单		
三、设计范围	1. 建筑、结构、给排水、电气、暖通;2. 本设计不含二次装修及景观设计、幕墙设计、雨篷设计		
四、交底内容	1. 建筑:包括工程地点、建筑耐久年限、建筑分类及耐火等级等。 2. 消防:包括耐火等级、防火分区、安全疏散等内容。 3. 结构:抗震等级、结构形式、安全等级、持力层情况、采用的平法图集、新型材料、砌体材料等。 4. 给排水:总排水口标高、室外给排水管网情况、管道防腐、预留孔洞等;露天管道保护措施、热水管道坡度及伸缩补偿装置。 5. 电气:配电房进线及气体灭火系统、防雷接地等。 6. 暖通:防排烟、配电房及泵房通风系统、厨房防排烟设备选型。 7. 施工中应注意的问题: (1) 工程材料及室内氡含量必须符合《民用建筑工程室内环境污染控制规范》。 (2) 窗与每层楼板及隔板的缝隙应采用不燃材料封堵严实。 (3) 外立面幕墙、钢结构应委托有资质单位设计。 (4) 外立面幕墙、钢结构、楼梯栏杆应设置预埋件。 (5) 施工前施工单位及监理单位应仔细阅读设计文件,注意细节与构造大样,凡涉及设计图存在的漏、缺、碰等问题,及时与设计单位联系解决,并以书面形式答复,方可继续施工。 (6) 施工中涉及影响工程造价的更改须征得业主书面认可方能施工。 (7) 审查意见与设计修改均作为施工图的一部分,应做好存档处理		
五、服务人员	设计单位各专业负责人及联系方式		
六、设计代表	设计代表及其联系方式		

注:本文件一式六份,主送项目业主单位,由项目业主单位分送施工、监理单位和监督机构。此表由设计单位代表签认并盖单位章,署以日期。

(2) 施工图深化设计

为了理顺各专业工序之间在平面及空间上的搭接关系,制定各专业结合部的处理方案及保证后期各种设备安装的预留空间,必须对设计图纸进行施工深化设计,为此,项目经理部成立以项目总工程师为首的技术力量负责此项工作,具体的深化设计内容见表4-4和表4-5。

表 4-4 土建装饰部分深化设计

序号	深化设计名称	完成时间	审核完成时间	备注
1	钢结构雨篷设计	20××.12.01	20××.12.20	总包单位实施
2	厨房深化设计	20××.11.20	20××.11.30	业主分包单位实施
3	玻璃幕墙二次设计	20××.11.25	20××.12.15	总包单位实施
4	外立面详细施工图设计	20××.11.25	20××.12.15	总包单位实施
5	餐厅、包房及超市二次设计	20××.12.15	20××.01.15	业主分包单位实施
6	室外环境设计	20××.01.15	20××.02.05	业主分包单位实施

表 4-5 安装部分深化设计

序号	深化设计名称	完成时间	审核完成时间	备注
1	厨房给排水及电气设计	20××.12.15	20××.01.15	业主分包单位实施
2	热水供应系统设计	20××.10.15	20××.11.15	总包单位实施

(3) 图纸、规范、标准、图集等

根据本工程的需求购买有关规范、规程、标准、图集，并建立图书目录。组织管理人员进行规范、规程、标准、图集的学习，使之熟悉规范，增强质量意识及提高技术水平。本工程所需的图纸、规范、标准、图集等详见第 1 章编制依据。

专业工长在熟悉规范的基础上对劳务作业队伍进行质量、安全、技术交底，逐步培养其质量意识与安全意识。

(4) 设备及器具

设备及器具见表 4-6 和表 4-7。

表 4-6 主要计量、试验、测量、检测设备一览表

序号	仪器设备名称	型号规格	数量	产地	制造年份	备注
1	全站仪	LeicaTC702	1	瑞士	20××	
2	精密水准仪	C32II	1	上海	20××	新购
3	电子经纬仪	ET-02	1	广东	20××	新购
4	钢卷尺	100 m/50 m	1/2	国产	20××	新购
5	混凝土试模	15 cm×15 cm×15 cm	6	国产	20××	新购
6	砂浆试模	7.07 cm×7.07 cm×7.07 cm	3	国产	20××	新购
7	混凝土抗渗试模		2	国产	20××	新购
8	坍落度筒		1	国产	20××	新购
9	振动泵		6	国产	20××	新购
10	温湿度两用计		2	国产	20××	新购

续表 4-6

序号	仪器设备名称	型号规格	数量	产地	制造年份	备注
11	兆欧表	ZC25-3　500 MΩ	1	国产	20××	新购
12	接地摇表	ZC-8　100 Ω	1	国产	20××	新购
13	万用表	920Z	1	国产	20××	新购
14	测温仪		1	国产	20××	新购
15	压力表	Y-100　1.6 MPa	4	国产	20××	新购

表 4-7　办公设备一览表

序号	设备名称	单位	数量	备注
1	办公桌椅	套	8	
2	电脑	台	3	网络联结
3	传真机	台	1	
4	打印复印一体机	台	1	惠普
6	对讲机	台	3	

(5) 测量基准交底、复测及验收

根据××建筑设计院有限公司提供的工程总平面布置图(总施-01),并根据××市城市规划局提供的普通测量成果建立平面控制网和高程控制网。办理好坐标控制点、高程控制点的移交及现场复核。本工程控制点为:K_1(2945547.040,366367.240,1240.981),K_2(2945591.310,366366.010,1239.062)。

(6) 技术工作计划

① 分项工程施工方案编制计划见表 4-8。

表 4-8　分项工程施工方案编制计划表

序号	施工方案内容	完成时间	编制人	审核人	审批单位
1	测量放线方案	20××.06.15			公司建设、质量、安全等管理部门
2	人工挖孔桩施工方案	20××.06.18			同上
3	浅基础施工方案	20××.06.30			同上
4	结构施工方案	20××.07.10			同上
5	脚手架施工方案	20××.08.15			同上
6	防水施工方案	20××.07.15			同上
7	装修施工方案	20××.11.05			同上
8	门窗施工方案	20××.10.30			同上
9	安装施工方案	20××.11.15			同上
10	冬雨季施工方案	20××.07.10			同上

其他由甲方指定分包的分项工程，应在总承包商的总体部署下，编制其分包工程的施工组织设计或施工方案，并报总承包商审批后方可据此组织施工。

② 混凝土强度及抗渗试验计划见表 4-9。

表 4-9 混凝土强度及抗渗试验计划

序号	取样的分层、分段部位	取样组数	见证取样组数	养护条件	龄期
1	桩基 C30	每一工作台班每 100 m^3 混凝土为一取样单位，不足 100 m^3 时也按一取样单位计算，每取样单位取两组试块	不少于总组数的 70%	一组为 28 d 强度试块（标准养护），另一组为与结构同地点、同条件养护	标准养护 28 d；同条件养护龄期不应小于 14 d，也不宜大于 60 d
2	垫层 C15	2 组	2	标准养护	28 d
3	筏板 C30 P6	抗压（标准养护）：1 组 抗压（同条件养护）1 组 抗渗（标准养护）：1 组 抗渗（同条件养护）：1 组	不少于总组数的 70%		标准养护 28 d；同条件养护龄期不应小于 14 d，也不宜大于 60 d
4	地下室外墙 C30 P6	抗压（标准养护）：1 组 抗压（同条件养护）1 组 抗渗（标准养护）：1 组 抗渗（同条件养护）：1 组	不少于总组数的 70%		标准养护 28 d；同条件养护龄期不应小于 14 d，也不宜大于 60 d
5	梁板及楼梯 C30、C35	抗压（标准养护）：10 组 抗压（同条件养护）10 组	不少于总组数的 70%		标准养护 28 d；同条件养护龄期不应小于 14 d，也不宜大于 60 d
6	柱	抗压（标准养护）：10 组 抗压（同条件养护）：10 组	不少于总组数的 70%		标准养护 28 d；同条件养护龄期不应小于 14 d，也不宜大于 60 d

③ 钢筋接头试验计划见表 4-10。

表 4-10 钢筋接头试验计划

试验内容	取样批量	试验数量	备注	见证部位、数量
钢筋原材	非混合批≤60 t 混合批：3 个炉号，C 含量≤0.02%，Mn 含量≤0.15%，≤30 t	60 组		基础：15 次 主体：20 次
直螺纹	每 50 个接头	同一规格每一流水段 1 组	$d\geq 20$ mm	基础、主体：30% 见证

续表 4-10

试验内容	取样批量	试验数量	备注	见证部位、数量
电渣压力焊	每一楼层中以 300 个同类型接头为一批，不足 300 个时，仍作为一批		$d<20$ mm	30%见证
闪光对焊	以在同一班内、由同一焊工按同一焊接参数完成的 300 个同类型接头为一批			30%见证
气压焊	每一楼层中以 200 个同类型接头为一批			30%见证

④ 防水工程试验计划见表 4-11。

表 4-11 防水工程试验计划

序号	防水部位	试验方法	试验时长或次数
1	水池	蓄水	48 h
2	厨房、卫生间、阳台	蓄水	48 h
3	屋面	雨后或蓄水	2 次
4	地下室	观察	

⑤ 本工程所应用的有关新技术、新材料、新工艺、新方法见表 4-12。

表 4-12 新技术、新材料、新工艺、新方法应用表

序号	新技术名称	应用项目	应用部位
1	安装工程应用技术	避雷带支撑连接技术	避雷带
2	建筑节能和新型墙体运用技术	各种砌块施工中防止裂缝的控制技术	砌体
		挤塑型聚苯乙烯(板)保温系统	屋面
		中空微珠保温砂浆(Ⅰ型)	外墙
		中空钢化玻璃	门窗、幕墙
3	新型建筑防水	结构自防水＋BAC 双面自粘防水卷材	底板、地下室外墙
		BAC 自粘防水卷材	屋面
		BAC 双面自粘防水卷材	卫生间
		止水钢板	地下室外墙施工缝
4	施工过程监测和控制技术	全站仪坐标法放样技术	测量控制网布置
		大体积混凝土温度监测和控制	筏板基础
5	企业计算机运用与管理技术	使用计算机编制预算、施工进度计划、项目施工信息化管理等；视频监控技术	施工全过程

⑥ 样板计划。坚持样板引路，施工前确定操作要点及质量标准，用样板指导后续工程的施工(表 4-13)。

表 4-13 主要工序样板计划

序号	样板名称	样板部位	样板施工时间
1	底板防水	—	实施前 15 d
2	墙柱钢筋	地下 1 层①～⑯/Ⓐ～Ⓕ	实施前 15 d
3	墙柱模板		实施前 15 d
4	墙柱混凝土		实施前 15 d
5	地下室外墙防水	—	实施前 15 d
6	门窗安装	3 层	实施前 15 d
7	卫生间防水	3 层卫生间	实施前 15 d
8	屋面防水	⑦～㉞/Ⓐ～Ⓕ屋面	实施前 15 d
9	装修样板间	3 层	实施前 15 d
10	内外保温及墙砖	3 层	实施前 20 d

⑦ 工程验收计划见表 4-14。

表 4-14 工程验收计划

序号	验收部位	验收时间	资料备齐时间
1	基础结构验收	20××.09.05	20××.08.30
2	1～5 层结构验收	20××.11.05	20××.10.30
3	资料验收	20××.02.20	20××.02.15
4	竣工验收	20××.03.05	20××.02.28

⑧ QC 活动计划。成立以项目经理和项目总工为主的质量 QC 小组，通过开展 QC 活动(表 4-15)，实现对业主的承诺。

表 4-15 QC 活动计划表

序号	QC 小组课题	活动时间
1	建筑外立面尺寸及垂直度偏差控制	主体阶段
2	玻璃幕墙、设备基础等预埋件精度控制	主体阶段
3	门窗、装饰材料环保性的控制	装修阶段

⑨ 周边协调计划。在施工过程中，加强与地方政府部门和外部合作单位的沟通与协调(表 4-16)，取得政府部门及外部合作单位的支持。

表 4-16 周边协调计划表

序号	协调内容	政府部门
1	现场及周边环境安全	当地派出所
2	施工现场消防安全许可证	消防局
3	施工备案表	质监站
4	安全施工许可证	安监站
5	劳务人员就业证	劳动局
6	建设工程质量监督	质监站
7	环境保护申报表	环保局
8	场容、场貌，运输遗洒	城管执法大队
9	居民关系协调	街道办事处
10	食堂卫生许可证	卫生局

4.1.2 施工场地准备

施工现场是施工各参建方为实现有节奏、均衡、连续地施工的活动空间，是为项目创建有利的施工条件，保证工程按计划开工和顺利进行的重要环节。主要包括以下内容：

(1) 工程轴线控制网测量定位及控制桩、控制点的保护

将拟用于本工程施工测量的仪器设备送××技术监督局计量检测所进行检定，保证所有仪器设备都处于正常状态。

详细勘察现场的场容、场貌和周边环境特点，综合考虑这些因素对测量控制的影响，优化设计测量线路和控制网的布设。

仔细审阅总平面图，确定建筑物高程和平面相对定位关系。

本着先整体、后局部，高精度控制低精度的原则布设测量控制网。利用全站仪进行平面轴线的布设。在不受施工干扰且通视良好的位置设置轴线点的控制桩，同时在周边做好醒目标记。

在施工全过程中，对控制桩要妥加保护，用 200 mm×200 mm×10 mm 的钢板，加焊锚脚，埋入混凝土内，在板上刻画“十”字丝以确定点位，并在桩上搭设短钢管进行围护，做好醒目标记。

根据施工需要，依据主轴线进行轴线加密和细部放线，形成平面测量控制网。施工过程中要定期复查轴线和角度，确保测量精度。

根据城市规划部门提供的高程控制点，用精密水准仪进行闭合检查，布设高程控制网。场区内至少引测三个水准点，点间距离控制在 50m 左右，以此测设出建筑物高程控制网，闭合差控制在 3 mm 以内。建筑物平面、高程控制网的主要技术指标见表 4-17。

表 4-17 建筑物平面、高程控制网主要技术指标要求表

等级	测距相对中误差	测角中误差(″)	测站测定高差中误差(mm)	施工测定高程中误差(mm)
Ⅱ级	1/20000	5	1	6

(2) 施工场地准备的范围及各方职责

施工现场准备工作包括两个方面：一是建设单位应完成的现场准备；二是施工单位应完成的场地准备：

① 建设单位应完成的现场准备

A. 拆迁场地内一切障碍物、平整场地；

B. 将水电接入施工合同专用条款指定的地点；

C. 向承包人提供地下管线资料并对其真实性负责；

D. 办理施工许可证；

E. 确定水准点和坐标控制点，以书面形式交给承包人并现场交验；

F. 协调施工场地周围的地下管线、邻近建筑资料以及现场大树保护工作。

② 施工单位应完成的场地准备

A. 提供和维修夜间施工照明、围栏设施，并负责安全保卫；

B. 按专用条款向发包人和监理人提供办公和生活用房，费用由发包人承担；

C. 办理环保、环卫和噪声许可手续，费用由承包人承担；

D. 做好邻近建筑及大树保卫工作；

E. 负责施工场地周边由施工方引起的保洁和卫生问题；

F. 搭设现场生产和生活临时设施(这部分工作内容将在第 6 章详细阐述)。

4.1.3 资金准备

资金准备工作是在施工进度计划编制完成后，开工之前由施工组织设计编制人员会同合同签订人员、成本管理人员共同编制，确保各阶段分期目标和总目标的实现。以案例工程所给工程量清单和图纸，按照现行清单计价规范、定额和现行材料行情进行造价分析。

(1) 基础工程资金准备

土石方及基础工程造价编制部门编制的单位工程造价汇总表、分部分项工程和单价措施项目清单与计价见表 4-18、表 4-19。

表 4-18 土石方及基础工程造价汇总表

序号	汇总内容	金额(元)	其中：暂估价(元)
1	分部分项工程费合计	524193.57	
2	措施项目费	31758.77	
2.1	其中：安全文明施工费	15936.38	
3	其他项目费		—
3.1	暂列金额		—
3.2	专业工程暂估价		—
3.3	计日工		—
3.4	总承包服务费		—
4	规费	43802.84	—

续表 4-18

序号	汇总内容	金额(元)	其中:暂估价(元)
5	税前工程造价	599755.18	
6	增值税	59975.52	—
合计=1+2+3+4+6		659730.70	

表 4-19 土石方及基础工程和单价措施项目清单与计价表

序号	项目编码	项目名称	项目特征描述	计量单位	工程量	金额(元)		
						综合单价	合价	其中 暂估价
1	010101001001	平整场地	1. 土壤类别:三、四类土 2. 根据场地情况就地平整,自行报价。 详见施工图	m^2	2112.35	3.15	6653.9	
2	010101002001	挖一般土方	1. 土壤类别:三、四类土 2. 挖土深度:4.0 m 以内 3. 弃土运距:8 km 地下室大开挖 详见施工图及地勘资料	m^3	1253.56	19.76	24770.35	
3	010101003001	挖沟槽土方	1. 土壤类别:三、四类土 2. 挖土深度:2.0 m 以内 3. 弃土运距:8 km 地梁、条形基础 详见施工图	m^3	24.48	68.86	1685.69	
4	010101004001	挖基坑土方	1. 土壤类别:独立柱基 2. 挖土深度:2.0 m 以内 3. 弃土运距:8 km 详见施工图	m^3	12.56	68.86	864.88	
5	010102001001	挖一般石方	1. 岩石类别:软质岩 2. 开凿深度:4.0 m 以内 3. 弃渣运距:8 km 地下室大开挖 详见施工图及地勘资料	m^3	835.7	76.15	63638.56	
6	010102002001	挖沟槽石方	1. 岩石类别:软质岩 2. 开凿深度:2.0 m 以内 3. 弃渣运距:8 km 带形基础、地梁 详见施工图	m^3	36.44	151.41	5517.38	

续表 4-19

序号	项目编码	项目名称	项目特征描述	计量单位	工程量	金额(元)		
						综合单价	合价	其中 暂估价
7	010102003001	挖基坑石方	1. 岩石类别:软质岩 2. 开凿深度:2.0 m以内 3. 弃渣运距:8 km 详见施工图	m^3	8.37	151.41	1267.3	
8	010103001001	回填土方	1. 密实度要求:0.94 2. 填方材料品种:回填余土 3. 填方粒径要求:天然颗粒 4. 填方来源、运距:投标人根据现场情况自行确定	m^3	31.65	23.64	748.21	
9	010302004001	挖孔桩土方	1. 地层情况:三、四类土 2. 挖孔深度:8.0 m以内 3. 弃土(石)运距:8 km 详见施工图	m^3	55.08	163.63	9012.74	
10	010302004002	挖孔桩石方	1. 地层情况:软质岩 2. 挖孔深度:8.0 m以内 3. 弃土(石)运距:8 km 详见施工图	m^3	36.73	241.54	8871.76	
11	010302004003	挖孔桩土方	1. 地层情况:三、四类土 2. 挖孔深度:8.0 m以内 3. 弃土(石)运距:8 km 详见施工图	m^3	16.58	193.91	3215.03	
12	010302004004	挖孔桩石方	1. 地层情况:软质岩 2. 挖孔深度:12.0 m以内 3. 弃土(石)运距:8 km 详见施工图	m^3	11.05	286.3	3163.62	
13	010302005001	人工挖孔灌注桩	1. 桩芯长度:3～12 m 2. 桩芯直径、扩底直径、扩底高度:1～1.1 m;1.4～1.9 m;0.5 m 3. 护壁厚度:150 mm 4. 护壁混凝土种类、强度等级:商品混凝土C25 5. 桩芯混凝土种类、强度等级:商品混凝土C25	m^3	93.88	768.29	72127.07	

续表 4-19

序号	项目编码	项目名称	项目特征描述	计量单位	工程量	金额(元)		
						综合单价	合价	其中 暂估价
14	010401001001	砖基础	1. 砖品种、规格、强度等级：MU10 水泥标准砖 2. 基础类型：砖胎模 3. 砂浆强度等级：M5	m^3	76.34	423.14	32302.51	
15	010501001001	垫层	1. 混凝土种类：泵送商品混凝土 2. 混凝土强度等级：C15	m^3	119.51	386.55	46196.59	
16	010501002001	条形基础	1. 混凝土种类：泵送商品混凝土 2. 混凝土强度等级：C30	m^3	33.37	418.9	13978.69	
17	010501003001	独立基础	1. 混凝土种类：泵送商品混凝土 2. 混凝土强度等级：C30	m^3	18.87	408.3	7704.62	
18	010501004001	满堂基础	1. 混凝土种类：泵送商品混凝土 2. 混凝土强度等级：C30	m^3	179.38	414.01	74265.11	
19	010503001001	基础梁	1. 混凝土种类：泵送商品混凝土 2. 混凝土强度等级：C30	m^3	49.43	413.25	20426.95	
20	010515001001	现浇构件钢筋	1. 钢筋种类、规格：ϕ10 以内圆钢	t	2.475	5484.98	13575.33	
21	010515001002	现浇构件钢筋	1. 钢筋种类、规格：ϕ25 以内，HRB400 级钢筋	t	7.641	4619.25	35295.69	
22	010515001003	现浇构件钢筋	1. 钢筋种类、规格：ϕ18 以内，HRB400 级钢筋	t	7.42	5001.12	37108.31	
23	010515004001	钢筋笼	1. 钢筋种类、规格：圆钢	t	0.68	5074.57	3450.71	
24	010515004002	钢筋笼	1. 钢筋种类、规格：HRB400 级钢筋	t	2.2	5157.99	11347.58	
25	011201004001	立面砂浆找平层	1. 基层类型：砖胎模 2. 找平层砂浆配合比：1:2.5 水泥砂浆	m^2	636.16	42.45	27004.99	
26	041102001001	护壁模板	1. 构件类型：护壁	m^2	254.18	49.98	12703.92	
合计							536897.49	

从表 4-18 和表 4-19 数据可知，本工程土石方及基础工程总的造价约为 66 万元，其中分部分项工程费合计约为 52 万元，措施项目费约为 3 万元。因措施项目费和分部分项工程费是直接用在工程上，由此可知本工程在 20××年 7～9 月的资金需要量约为 55 万元。结合施工进度计划合理安排编制土石方及基础工程的资金计划(表 4-20)。

表 4-20 土石方及基础工程资金准备计划

工程名称	单位	工程量	施工起止时间	需用资金(万元)	资金到位时间
土石方挖运	m^3	2322	7月1日～8月1日	14	7月15日
孔桩护壁(含模板)	m^3	5.304	7月1日～8月1日	4.7	7月15日
基础垫层	m^3	125	7月20日～8月15日	4.6	8月5日
填芯、基础混凝土	m^3	325	8月1日～8月25日	15	8月10日
钢筋制安	t	21	7月20日～8月20日	9	7月25日
砖胎膜(含抹灰)	m^3	76	7月25日～8月18日	5	8月5日
合计				52.3	

注：表中所有工程已包含人工费。

按照本工程合同条款，按实际完成进度的85%支付工程款，±0.000以下完成产值详见表4-18所示为66万元，可获得进度拨款66×85%＝56.1万元，仅够用于支付±0.000以下完成的实际应支付费用。但在实际运作过程中存在一定的信用或对生产链上的班组或供应商进行融资的行为，比如对土石方挖运属于一次性行为，需付清全部工程款项，而对在后续工程中继续作业的供应商或班组签订合同时按其完成工作量的70%支付，这将产生结余约10万元。

(2) －1层及1层资金准备

按照进度计划安排9月份因完成－1层结构和1层结构，在1层结构完成时还需完成外架搭设。按照这个要求，造价编制部门编制完成9月份工程造价汇总表和分部分项工程单位措施项目清单与计价表。见表4-21和表4-22。

表 4-21 －1层和1层结构工程造价汇总表

序号	汇总内容	金额(元)	其中：暂估价(元)
1	分部分项工程费合计	790118.88	
2	措施项目费	463145.79	
2.1	其中：安全文明施工费	40080.83	
3	其他项目费		—
3.1	暂列金额		—
3.2	专业工程暂估价		—
3.3	计日工		—
3.4	总承包服务费		—
4	规费	110166.46	—
5	税前工程造价	1363431.13	
6	增值税	136343.11	—
合计＝1＋2＋3＋4＋6		1499774.24	0

表 4-22　-1 层和 1 层结构工程和单价措施项目清单与计价表

序号	项目编码	项目名称	项目特征描述	计量单位	工程量	金额(元)		
						综合单价	合价	其中 暂估价
1	010502001001	矩形柱	1. 混凝土种类:泵送商品混凝土 2. 混凝土强度等级:C30	m^3	90.81	481.29	43705.94	
2	010504001001	直形墙	1. 混凝土种类:泵送商品混凝土 2. 混凝土强度等级:C30	m^3	74.87	427.92	32038.37	
3	010505001001	有梁板	1. 混凝土种类:泵送商品混凝土 2. 混凝土强度等级:C30	m^3	482.61	417.44	201460.72	
4	010515001001	现浇构件钢筋	1. 钢筋种类、规格:ϕ10 以内圆钢	t	16.975	5484.98	93107.54	
5	010515001002	现浇构件钢筋	1. 钢筋种类、规格:ϕ25 以内,HRB400 级钢筋	t	41.909	4619.25	193588.15	
6	010515001003	现浇构件钢筋	1. 钢筋种类、规格:ϕ18 以内,HRB400 级钢筋	t	42.98	5001.12	214948.14	
7	010506001001	直形楼梯	1. 混凝土种类:泵送商品混凝土 2. 混凝土强度等级:C35	m^2	129.6	86.96	11270.02	
8	011702002001	矩形柱	柱模板 含板及支撑制作、安装、拆除、堆放、运输及清理模内杂物、刷隔离剂等	m^2	524.7	57.82	30338.15	
9	011702011001	直形墙	墙模板 含板及支撑制作、安装、拆除、堆放、运输及清理模内杂物、刷隔离剂等	m^2	601.92	51.08	30746.07	
10	011702024001	楼梯	直行楼梯模板 含板及支撑制作、安装、拆除、堆放、运输及清理模内杂物、刷隔离剂等	m^2	120	141.49	16978.8	
11	011702014001	有梁板	有梁板模板 含板及支撑制作、安装、拆除、堆放、运输及清理模内杂物、刷隔离剂等	m^2	3154.99	54.08	170621.86	
12	011701001001	综合脚手架	1. 建筑结构形式:框架 2. 檐口高度:22.5 m	m^2	2337.93	50.33	117668.02	
13	011703001001	垂直运输	1. 建筑物建筑类型及结构形式:公建,框架(地上建筑) 2. 地下室建筑面积:578.93 m^2 3. 建筑物檐口高度、层数:22.5 m,5 层	m^2	1750	20.45	35787.5	
14	011703001002	地下室垂直运输	1. 建筑物建筑类型及结构形式:公建,框架(地下室) 2. 地下室建筑面积:578.93 m^2 3. 建筑物檐口高度、层数:22.5 m,5 层	m^2	587.93	22.25	13081.44	
合　计							1205340.72	

从表 4-21 和表 4-22 数据可知，本工程负一层和一层结构总的造价约为 150 万元，其中分部分项工程费合计约为 79 万元，措施项目费约为 46 万元。因措施项目费和分部分项工程费是直接用在工程上，由此可知本工程在 20××年 9 月的资金需要量约为 125 万元。结合施工进度计划合理安排编制－1 层和 1 层结构的资金计划（表 4-23）。

表 4-23　－1 层和 1 层结构资金准备计划

工程名称	单位	工程量	施工起止时间	需用资金（万元）	资金到位时间
钢筋制安	t	99	9 月 1 日～9 月 30 日	42	9 月 10 日
混凝土（含人工）	m^3	685	9 月 5 日～9 月 25 日	25	9 月 10 日
模板制安（含支架）	m^2	3000	9 月 1 日～9 月 22 日	37	9 月 10 日
脚手架租金	t	52	9 月 1 日～9 月 30 日	12	9 月 25 日
外脚手架搭设	m^2	105.72	9 月 22 日～9 月 30 日	1	9 月 25 日
塔吊租金	台	1	9 月 15 日～9 月 30 日	2	9 月 25 日
合计				119	

其他分部分项工程资金准备计划不再赘述。

4.2　资源配置计划

4.2.1　劳动力配置计划

劳动力配置计划应根据现行计价定额、工期定额和施工进度计划编制，由进度计划中的分阶段目标及其该阶段的工作量，按照现行计价定额中的人工消耗量定额计算出所需的劳动用工，根据该分目标的工期要求配置班组及其用工数（含技术工、普通用工），本节仅对土石方及基础工程、－1 层及 1 层结构作出劳动力配置计划（表 4-24）。

表 4-24　劳动力配置计划

序号	各种名称	需用总工日数	需用人数及时间									备注
			7 月			8 月			9 月			
			上	中	下	上	中	下	上	中	下	
1	普工	437	10	10	6							基础土方
2	抹灰工	114				8	3					胎模抹灰
3	钢筋工	110			4	8	12	12	12	12	12	
4	木 工	1055					8	14	26	26	20	
5	混凝土工	278			6		6	8	8	12	12	
6	砖工	84				4	4					砖胎模
7	水电工	30			1		2	2		2	6	水电预埋

4.2.2 物资配置计划

(1) 主要材料配置计划

主要材料配置计划应根据现行计价定额、消耗量定额和施工进度计划编制，主要反映施工中各种材料的需用量，作为备料、供料和确定仓储、堆场面积及运输的依据。编制计划时提出材料名称、规格、数量、使用时间等要求。本节仅根据案例项目的施工总体进度计划将土石方及基础工程、−1 层及 1 层结构的主要材料计划列于表 4-25。

表 4-25 主要材料配置计划

序号	材料名称	规格	需用量及使用时间											备注
			单位	合计数量	7月			8月			9月			
					上	中	下	上	中	下	上	中	下	
1	泵送商品混凝土	C15	m^3	40			40							基础垫层
2	泵送商品混凝土	C15	m^3	80					80					地梁垫层
3	泵送商品混凝土	C25	m^3	95			95							护壁填芯
4	泵送商品混凝土	C30	m^3	102					102					基础及地梁
5	泵送商品混凝土	C30	m^3	314							180	134		−1 层结构
6	泵送商品混凝土	C30	m^3	330									330	1 层结构
7	光圆钢筋	ϕ10 以内	t	20		4					4	12		前一周制作
8	带肋钢筋	ϕ18 以内	t	52				10			11	31		前一周制作
9	带肋钢	ϕ25 以内	t	49				8			11	30		前一周制作
10	木模板	综合	m^2	600							600			−1 层结构
11	木模板	综合	m^2	2400								2400		1 层结构
12	钢管架	$\phi48\times3.5$	t	15							15			−1 层满堂架
13	钢管架	$\phi48\times3.5$	t	25								25		1 层满堂架
14	钢管架	$\phi48\times3.5$	t	12									12	外架

(2) 施工机具配置计划

施工机具配置计划是根据施工方案及施工季度计划编制的，主要反映施工所需的主要机械和器具的名称、规格、数量及使用时间，作为落实机具来源、组织机具进场的依据(表 4-26)。

表 4-26 施工机具配置计划

序号	机具名称	规格	单位	需要数量	使用起止时间	功率(kW)
1	挖掘机	0.6 m^3	台	1	7 月 10 日～7 月 20 日	
2	挖掘机	0.3 m^3	台	1	8 月 15 日～8 月 22 日	
3	经纬仪	J2-JDA	台	1	7 月 1 日～12 月 30 日	

续表 4-26

序号	机具名称	规格	单位	需要数量	使用起止时间	功率(kW)
4	水准仪	DSZ2	台	1	7月1日～次年2月28日	
5	多级增压泵		台	1	9月30日～次年2月28日	5.0
6	污水泵	40WQ15-15	台	6	7月1日～10月20日	1.5
7	铁锹、手推车、风镐等			若干	7月1日～8月20日	
8	座式圆盘锯	DJ-235		2	7月10日～11月20日	6.0
9	木工圆锯	MJ104		4	7月10日～11月20日	3.0
10	插入式振动棒	LIR35		6	8月1日～11月20日	2.2
11	钢筋弯曲机	GW-40	台	1	7月20日～11月20日	3.0
12	交流电焊机	BX3-500-2		1	7月20日～11月20日	38.6
13	钢筋调直切断机	GT4-14		1	7月10日～11月20日	5.5
14	钢筋调直机	GT6-8		1	7月10日～11月20日	5.5
15	钢筋气压焊机			2	7月10日～11月20日	
16	砂浆搅拌机	JZC300A	台	2	8月1日～次年2月28日	4.0
17	物料提升机	SCD200A	台	1	11月30日～次年2月28日	7.5
18	塔 吊	QTZ40(4208)	台	1	9月15日～11月30日	28
19	混凝土输送泵		台	1	7月25日～11月	75

习题与实训

1. 找一份施工图详述施工准备工作各个阶段的主要内容。

2. 对于给定的施工图，根据个人的理解，列表拟出施工图各专业存在的问题。

3. 按照自己的理解，作为施工方场地准备需做好哪些工作？

4. 根据1.5节给定的工程量清单，以及第3章的施工总进度计划，列出二层结构的资金准备、劳动力及物资配置计划。

5 主要施工方案

本章工作任务：

根据工程特点，本项目主要编制了测量放线、人工挖孔桩、浅基础、结构工程、砌筑工程、脚手架、防水工程、装饰装修工程、门窗安装工程、安装工程、冬雨季等施工方案。

5.1 测量放线施工方案

5.1.1 施工测量准备

(1) 将拟用于本工程施工测量的仪器设备送技术监督局计量检测所进行检定，保证所有仪器设备都处于正常状态。

(2) 详细勘察现场的场容、场貌和周边环境特点，综合考虑这些因素对测量控制的影响，优化设计测量线路和控制网的布设。

(3) 仔细审阅总平面图，确定建筑物高程和平面相对定位关系。

(4) 复核城市规划部门提供的坐标控制点和水准点，复核施工完毕的桩位，确认无误后，布设测量控制网。

5.1.2 布设测量控制网

详见 4.1.2 节，此处不再赘述。

5.1.3 各阶段的施工测量

(1) 地下室施工测量

地下室施工阶段测量工作的重点为基础轴线和底板标高的控制。拟采用外控法进行基础平面轴线的控制，本工程在①、⑯、Ⓐ、Ⓕ轴延长线控制点向基坑内投测各条轴线。先在地下室垫层上引测建筑物轴线交点(图 5-1)，然后根据基础平面图弹出所有轴线及建筑物外边线。将轴线控制点外移至基坑外固定的建筑物或地标上，并在基坑内设置木桩作为地下结构的平面控制点。

(2) 地上部分施工测量

地上结构的测量重点为轴线的定位及建筑物垂直度的控制。拟采用内控法(如图 5-2 所示)进行平面轴线的控制，沿①、㉞、Ⓐ、Ⓕ轴向内平移 3.0 m 后，四条平移线的交点作为内控点，利用激光垂准仪在内控点 1～4 之间沿楼层进行竖向投点。在地下室顶板通视条件良好、便于观测控制的位置布设内控点。各点位预埋 200 mm×200 mm×10 mm 钢板，钢板上刻画

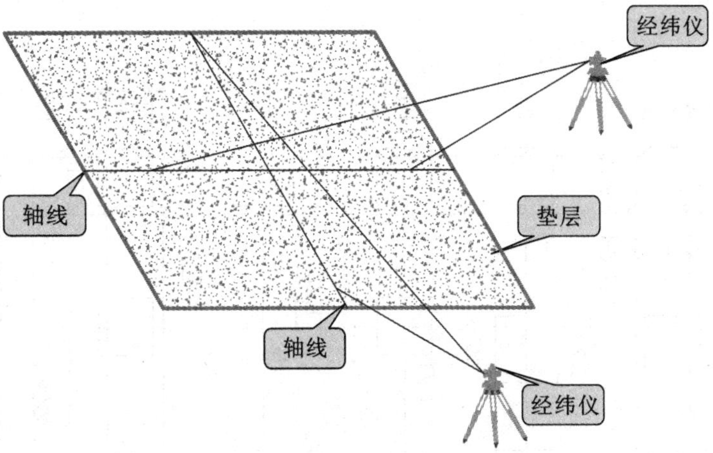

图 5-1　垫层轴线放样示意图

"十"字丝以精确定位，并采用方木框保护。从 2 层开始，每层各点位预留 200 mm×200 mm 洞口，以便激光通过，如图 5-3 所示。

确定控制点后，再通过控制点用 50 m 钢尺向各轴线进行分线，得到各轴线位置，最后根据柱子尺寸二次分线得到柱及墙的边线，即为砌墙和支模板的控制线。

在传递控制点的楼面预留孔上设置光靶，将控制点位用激光投测到施工层后，先复核距离和角度，确认无误后即可进行主轴线的引测。

高程传递可采用 50 m 钢钢尺沿外架向上传递，每层至少传递 3 个水准点以便相互校核，以其平均水准点引测水平线。抄平时，应尽量将水准仪安置在测点范围的中心位置，并进行一次精密定平。水平线标高的允许误差为±3 mm，垂直度和标高满足表 5-1 要求。每一层平面测量放线完成后，必须进行自检，自检合格后及时填写楼层放线记录表并报监理验线，以便能及时进行下道工序。

表 5-1　垂直度和标高控制指标

项目			允许偏差(mm)
垂直度	层高	≤5 m	8
		>5 m	10
	全高(*H*)		*H*/1000 且≤30
标高	层高		±10
	全高		±30

(3) 装修阶段施工测量

① 室内 0.5 m 控制线：校核结构施工时墙柱上的 0.5 m 线，误差在±3 mm 之内，取其平均值引测到内隔墙上，所有墙柱上的 0.5 m 线作为门窗洞口、玻璃幕墙、干挂石材、专业管线、地面等高度的控制基准。

② 外立面控制

外墙垂直轴线与高程均是由内控轴线和高程点引出后转移到外墙立面上，弹出的竖向、水

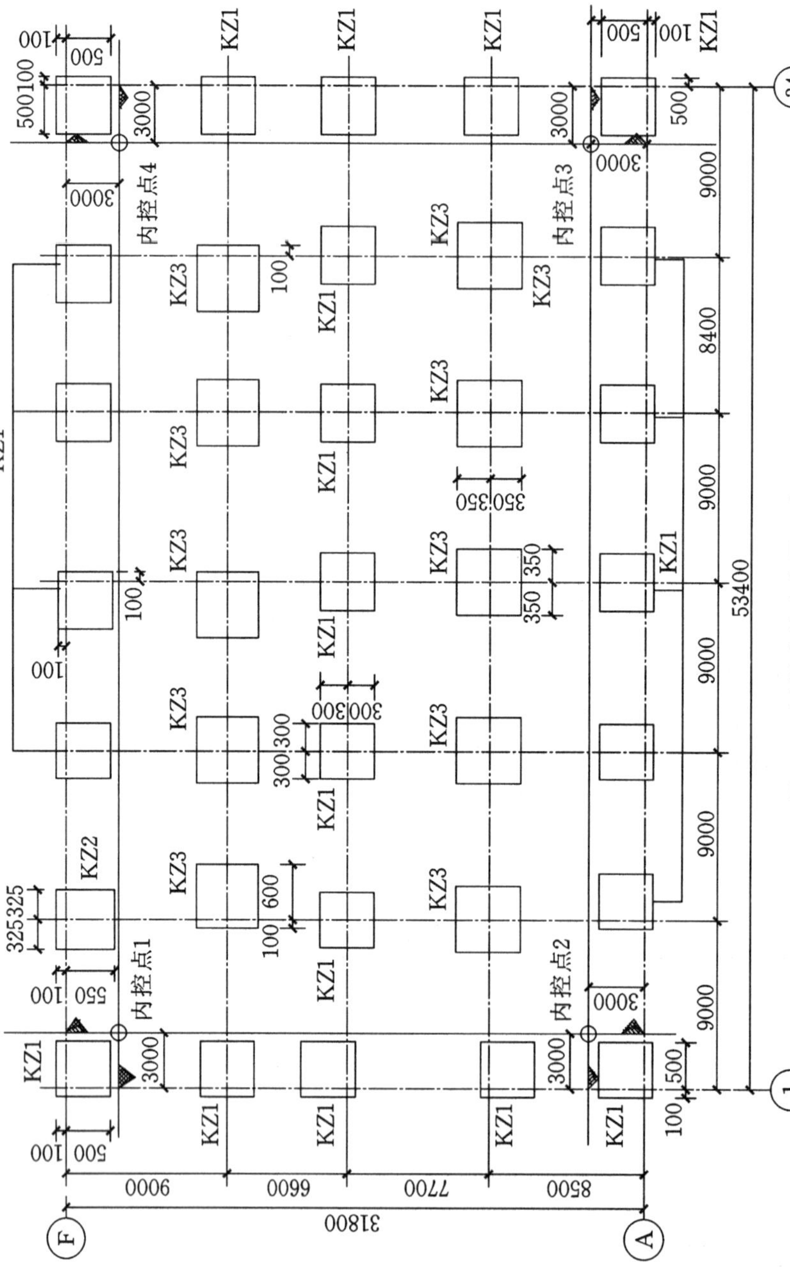

图 5-2 测量内控点布置示意图

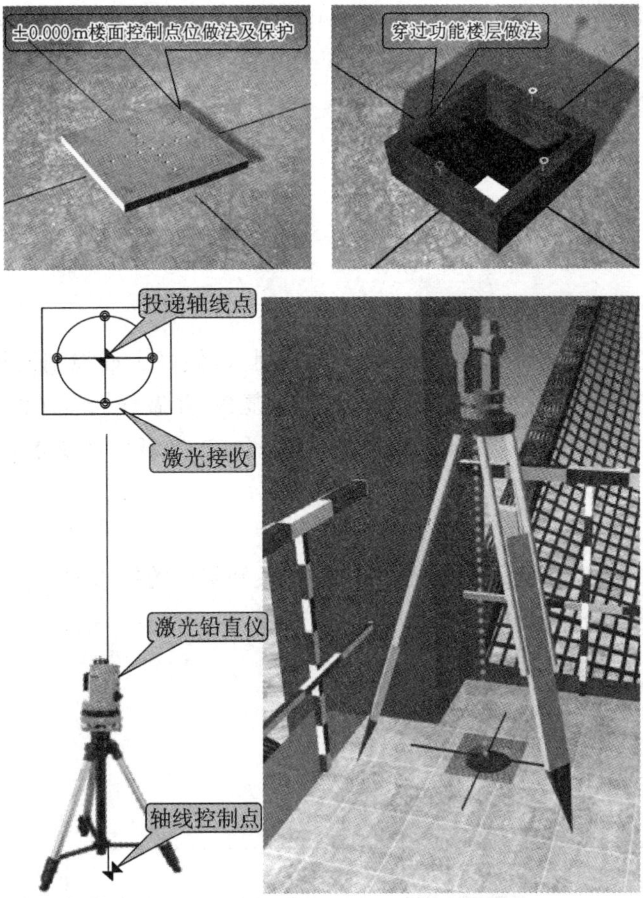

图 5-3 控制点引测接收示意图

平控制线，以便外墙装修。由于内控法是逐层实施的，而外墙垂直轴线是从上至下的通线，因此需要用电子经纬仪在外控点的辅助下，从上至下进行一次检测修正，从而达到外墙精确测量的效果。

5.1.4 测量人员配置

测量负责人由测量专业毕业的长期从事大型工程测量的工程师担任，全面负责测量工作质量、进度控制以及技术方案编制与实施；配备测量员 2 名，负责日常轴线测量、标高测量、沉降观测、基坑监测及内业资料整理等工作。

5.2 人工挖孔桩施工方案

5.2.1 工程概况

本工程基础为桩基础及天然独立基础，其中人工挖孔桩为端承桩，直径有 1.0 m、1.1 m 两种类型，桩端均有扩底，护壁混凝土强度同桩身强度。人工挖孔桩以中风化泥质白云岩做持力层，桩底进入中风化岩的全断面深度不小于 0.5 m，岩面倾斜时以最低处计算深度，持力层承载力特征值为 2000 kPa。

依据施工图纸统计，人工挖孔桩共计 16 根，结合地质勘查资料计算可知，本工程人工挖孔桩开挖深度在 3～12 m 之间。

5.2.2 施工准备

(1) 技术准备

① 熟悉施工图纸，对施工人员进行技术交底。

② 根据已建立的轴线控制网控制点和水准控制点，做好工程控制网桩的测量定位，同时做好定位桩的闭合复测工作，对轴线、桩位进行复测复核，并做好标志加以保护。

③ 进场材料及时做好原材料的复检工作，并按照施工图纸设计要求做好混凝土的配合比试验。

(2) 现场准备

保证施工现场的道路通畅，水、电等均已接通，做好基坑的挡水坎、排水沟、集水井、泥浆沉淀池等排水防水措施，防止降雨影响现场施工。

5.2.3 挖孔桩施工方法

(1) 施工工艺

挖孔桩施工工艺如图 5-4 所示。

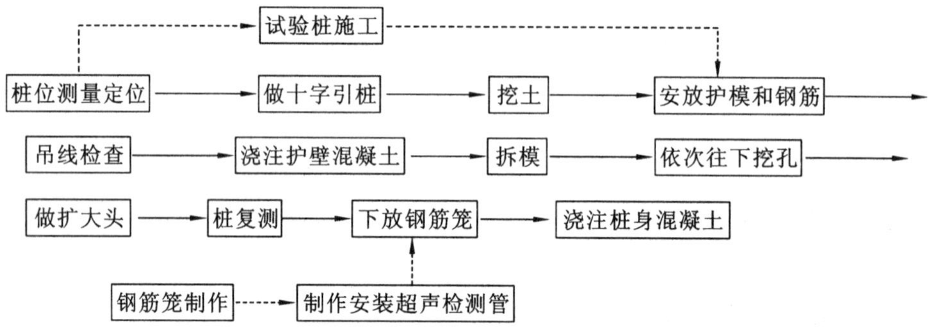

图 5-4 挖孔桩施工工艺

说明：主施工工序 ——→；同步施工工序 - - - - →

(2)人工挖孔桩土方开挖

① 挖孔技术要求和挖孔顺序

A. 技术要求

当桩净距小于 2 倍桩径且小于 2.5 m 时，采用间隔开挖。排桩先挖的最小施工净距不得小于 2.5 m，待第一批桩混凝土强度达到设计强度的 60%时，再开挖相邻的桩。

B. 挖孔顺序

按照现场实际情况、土方开挖方案以及灌注桩挖孔技术要求，拟采用从Ⓕ轴往Ⓑ轴、㉞轴向⑲轴方向进行开挖。

② 灌注桩挖孔及护壁施工

A. 人工挖孔桩开挖

根据现场实际情况，孔桩采用人工进行开挖。每根桩采用分段开挖，高度1.0 m为一施工段，每一施工段吊中一次，开挖范围为设计桩径加护壁厚度。挖土由人工从上到下逐段进行，同一段内挖土次序为先中间后周边；扩底部分采取先挖桩身圆柱体，再按扩底尺寸从上到下削土修成扩底形。在地下水位以下施工时，要及时用吊桶将泥水吊出，当遇到大量渗水时，在孔底一侧挖集水坑，用高扬程潜水泵将水排出，弃渣装入泥兜用电动辘轳运到井外。逐段做好护壁。当桩孔挖至持力层时，联系相关单位确认达到持力层后，再按照要求进行扩大头的施工。扩底部分采用人工风镐扩至设计桩底直径，桩底300 mm内也采用人工风镐凿打。

B. 护壁施工

按照设计要求，并结合现场地质情况，第一节护壁高出地面300 mm，同时做井口锁口。第一节护壁深1000 mm，定位后装护壁钢筋，支护壁模板，模板成型上口直径与设计桩径相同，下口直径大于上口100 mm。边开挖边修筑混凝土护壁，护壁的结构形式为斜阶梯形，护壁混凝土强度等级不小于C25。

5.2.4 挖孔桩成孔质量要求

(1) 挖孔桩成孔质量要求见表5-2。

表5-2 挖孔桩成孔要求

序号	成孔方法	桩位允许偏差(mm)	垂直允许偏差(%)
1	人工挖孔桩(混凝土护壁)	−20	<0.5

(2) 护壁质量要求：

① 井圈中心线与设计轴线的偏差不得大于20 mm；

② 上下节护壁的搭接长度不得小于50 mm；

③ 每节护壁应连续施工。

(3) 挖孔桩成孔安全措施：

① 孔内必须设置应急软爬梯，电动辘轳、吊笼等应安全可靠，并配自动卡紧保险装置。不得使用麻绳和尼龙绳吊挂或脚踏井壁边缘。

② 每日开工前必须检查井下是否存在有毒有害气体，并应有足够的安全防护措施。

③ 桩孔开挖深度超过10 m时，应设置向井下输风设备，风量不宜小于25 L/s。

④ 孔口应设置防护设施，严防人员或物件坠落孔内，孔内操作人员应佩戴安全帽。

⑤ 距离孔口1 m内不得堆放土及材料。

5.2.5 钢筋笼制作及安放

(1) 钢筋笼制作

① 每批进场的材料均经过严格验收，必须符合《混凝土结构工程施工质量验收规范》(GB 50204—2015)及《钢筋焊接及验收规范》(JGJ 18—2012)规定，按照规范取样送检，试验合格后

方可使用。

② 钢筋放样及加工：设专职技术员放样，钢筋配料单经审核无误后方可下料。按照钢筋配料单加工，竖向接长采用双面搭接焊，同一截面接头不得大于50%。

③ 钢筋笼的绑扎：先将主筋间距布置好，待固定架立筋后，再按设计要求绑扎箍筋。

值得注意的是：在钢筋笼主筋加工时，因本工程孔桩为暗承台（即承台外形尺寸与孔桩相同），承台高1.0 m，桩顶（即承台顶）标高为−0.5 m，主筋长度要充分考虑这一因素。

（2）钢筋笼及检测管安放

① 钢筋笼吊安入孔时，应对准桩孔中心，缓慢下放，当钢筋笼放入桩孔后，即用钢管支在孔口，然后按照设计保护层厚度要求安放保护层垫块。

② 需检测的每根桩安放3根检测管，以桩圆心为中心，成120°圆心角均匀摆放在圆周上。

（3）挖孔桩钢筋笼质量要求见表5-3。

表5-3 挖孔桩钢筋笼质量要求

项目	顺序	检查项目	允许偏差或允许值(mm)	检查方法
主控项目	1	主筋间距	±10	用钢尺检查
	2	长度	±100	用钢尺检查
一般项目	1	钢筋材质检验	设计要求	抽样送检
	2	箍筋间距	±20	用钢尺检查
	3	直径	±10	用钢尺检查

5.2.6 挖孔桩混凝土浇筑

（1）混凝土配合比

按照设计要求挖孔桩的混凝土强度为C25，应提前做好混凝土配合比设计。集料、掺合料、坍落度等应满足设计要求。

（2）挖孔桩混凝土浇筑

桩身混凝土采用商品混凝土，混凝土浇筑的落差大于2 m，桩孔深度超过12 m时，应采用溜槽、串桶或导管向桩孔内浇筑混凝土，使导管口距混凝土浇筑面的距离不大于2 m。浇筑混凝土时要连续进行，分层振捣密实。分层高度按振捣的工具而定，一般以不大于1.0 m为宜。混凝土浇筑到桩顶时，要适当超过桩顶设计标高，一般可为30～50 mm，以保证在剔除浮浆后，桩顶标高符合设计要求。具体的桩顶浇筑高度一般是在孔桩主筋上或在护壁上做好标记，以便准确控制。

（3）挖孔桩混凝土质量控制

① 混凝土搅拌前应加强对混凝土原材料的质量控制。

② 做好技术交底，按照技术交底的施工方法进行混凝土浇筑，避免混凝土产生离析、孔洞、不饱满等情况。

③ 浇筑混凝土时，每根桩做一组混凝土试块，并按照要求养护，达到龄期及时送检。

5.3 浅基础施工方案

5.3.1 浅基础概况

本工程浅基础为独立柱基、墙下条形基础，条形基础沿地下室周边外墙布置，即沿结施①～⑯/Ⓑ～Ⓕ轴布置，地基持力层为中风化泥质白云岩。除独立柱基和条形基础外，浅基础还有地梁、桩承台和集水坑土方开挖等工程。

根据设计图纸、地勘资料，独立柱基、条形基础、地梁土方开挖深度在 0.6～0.8 m 之间，集水坑、桩承台土方开挖深度为 1.6 m。

5.3.2 主要机械设备投入计划

一般机具有：铁锹（尖、平头两种）、手推车、小白线或 20 号铅丝、钢卷尺以及坡度尺、石灰粉等。

挖土机械有：挖土机、自卸汽车等。为了在施工过程中最大地利用机械化工作，确保工程质量，加快施工进度，计划进场机械设备见表 5-4。

表 5-4 计划进场机械设备一览表

序号	设备名称	型号	数量	备注
1	塔吊	QTZ40(4208)	1 台	
2	挖掘机		1 台	配合人工挖土、装车
3	自卸汽车	20 m^3	2 辆	场外运土
4	经纬仪	J2-JDA	1 台	
5	水准仪	DSZ2	1 台	
6	铁锹、手推车、风镐等		若干	

砖胎模砌筑工具：MU10 水泥标砖、M5.0 水泥砂浆、手推车、磅秤、塔吊、大铲、瓦刀、扁子、线坠、小白线、卷尺、铁水平尺、灰桶等。

5.3.3 土石方开挖总体顺序和方法

（1）开挖总体顺序

考虑土石方开挖对总工期的影响以及基坑开挖可能对现场道路的影响，应先开挖地下室独立柱基、条形基础、集水坑，再依次开挖地上独立柱、桩承台、地梁。

（2）开挖方法

本工程基坑的土石方采用人工分层开挖，分层厚度 600～1000 mm，挖至基坑底部设计标高并修边整平。

5.3.4 基础土石方开挖流程

测量放线定位→分层开挖→修边→除渣→整平、操平。

5.3.5 施工工艺

(1) 放线：测量工作是基础开挖的先导，施工前应对事前布设的测量控制网进行复核，确认无误后方能利用。开挖前，应先设置轴线桩、标桩，然后应按所需挖掘宽度放出灰线，轴线桩或标桩离坑边不得小于 1500 mm。

(2) 切线：对轴线、水准点及灰线应复核，然后顺着灰线切出土印，并一次切完。

(3) 分层开挖：因土自上而下由素填土、红黏土、泥质白云岩构成，基坑深度 $h \leqslant 3.5$ m 时素填土、红黏土、强风化泥质白云岩均按 1∶0.3 放坡，中风化泥质白云岩可直立壁垂直开挖，视情况放坡大样有所不同：当设计基础底标高低于持力层标高时放坡见图 5-5。

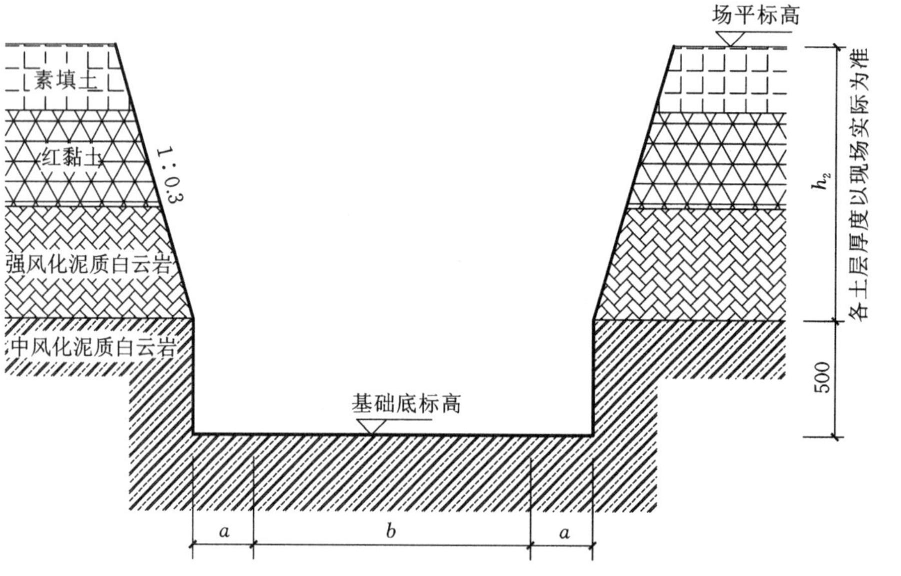

图 5-5 设计基础底标高低于持力层标高时放坡情况

说明：a=400 mm，表示砖胎模砌筑及防水施工空间；b—基础底边尺寸；h_2—素填土、红黏土、强风化泥质白云岩总厚度。

当基础底标高高于持力层标高时放坡见图 5-6。

(4) 修边：基坑每下挖 1000 mm 左右应修边一次。修边削平坑壁时应顺着坑边拉线进行宽度检查并矫正偏差。挖至坑底设计标高时，应进行一次找平，避免超挖。

(5) 坑底除松土找平：挖至设计标高时，应清理松土，使凹凸不得超过 −20～20 mm，并设整平标志，掌握下挖深度。

(6) 在施工过程中基坑边堆置土石方不应超过设计荷载。基坑的深度在 3 m 以外 5 m 以内，地质达到硬塑或密实状态时，弃土堆与边坡坡肩的距离不得小于 2 m，堆土高度不得大于 1.5 m。

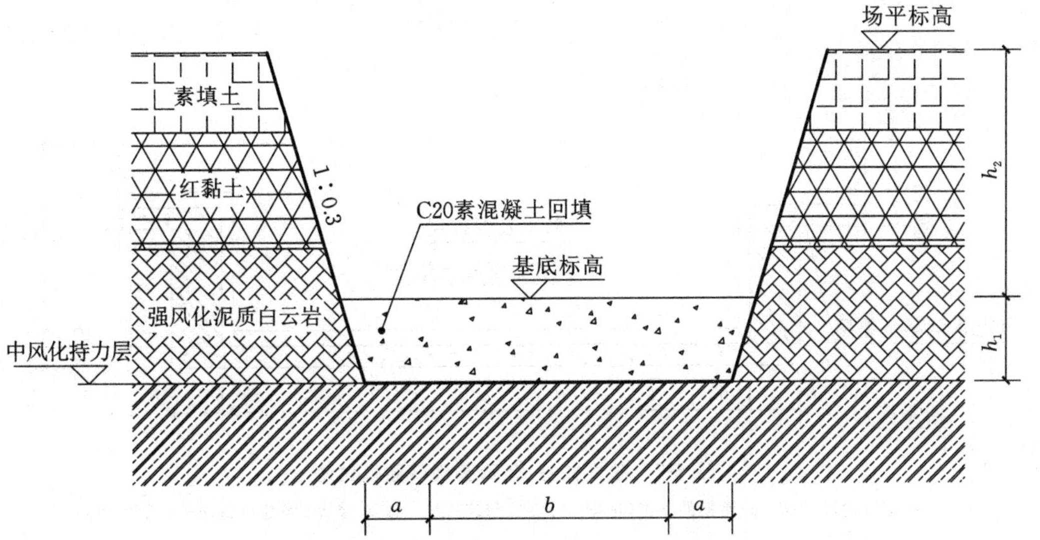

图 5-6 基础底标高高于持力层标高放坡情况

说明：a=400 mm，表示砖胎模砌筑及防水施工空间；b—基础底边尺寸；h_1—C20 素混凝土回填高度；h_2—场平标高到基底标高的高度。

(7) 在开挖过程中，应随时对基坑平面位置、水平标高和边坡坡度进行复测检查，深度大于 1.5 m 时，根据土质变化情况，应做好基坑或管沟的支撑准备，以防坍陷。

5.3.6 土石方的运输和堆放

开挖基坑(槽)的土石方，在场地有条件堆放时，一定留足回填需用的土；多余的土方，应外运至甲方指定地点(运距现场确定)。

场内堆土：基坑边缘堆置土石方和建筑材料，或沿挖方边缘移动运输工具和机械，一般应距基坑上部边缘不少于 2 m，堆置高度不应超过 1.5 m。在垂直的坑壁边，此安全距离还应适当加大，软土地区不宜在基坑边堆置弃土。

5.3.7 砖胎模施工

(1) 砖胎模的砌筑要求

对于本工程需要采用砖胎模的部位，砌筑砖胎模时应遵循如下要求：

① 本工程砖胎模采用 MU10 水泥标准砖、M5.0 水泥砂浆砌筑，砖墙厚有 120 mm、240 mm、370 mm 三种，按设计要求砖胎模内表面均需做 20 mm 厚 1∶2.5 水泥砂浆抹面，以便于做防水施工，防水层施工完成后，在砖胎模内侧壁需抹 30 mm 厚 1∶2.5 水泥砂浆保护层。

② 砖胎模砌筑净高(h)：A. 当 $h<600$ mm 时，采用 120 mm 厚砖胎模；B. 当 600 mm$\leqslant h<$2000 mm，采用 240 mm 厚砖胎模；C. 当 2000 mm$\leqslant h<$3000 mm，采用 370 mm 厚砖胎模。

(2) 砖胎模做法大样

① 独立柱基、条形基础砖胎模做法如图 5-7 所示。

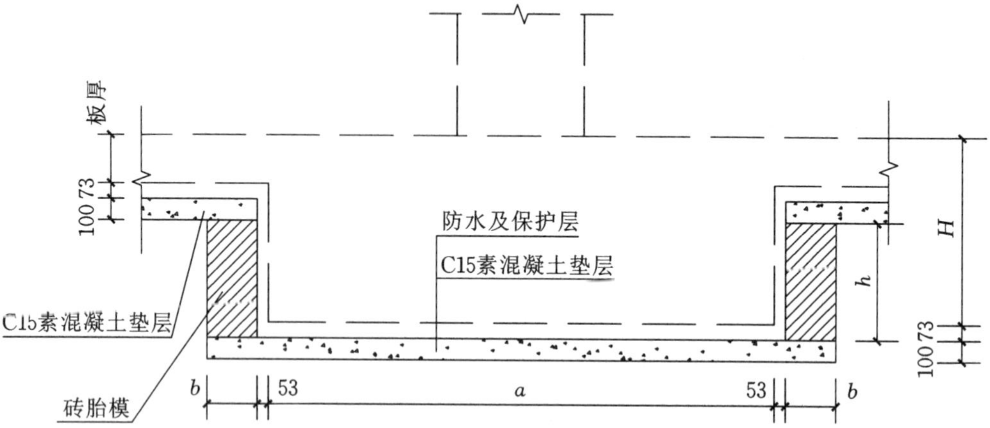

图 5-7 独立柱基、条形基础砖胎模做法

a—柱帽底边尺寸；*b*—砖胎模的厚度(依据 4∶1要求砌筑)；*H*—独基、条基、墙基净高；*h*—砖胎模净高

② 桩高出自然地坪砖胎模做法如图 5-8 所示。

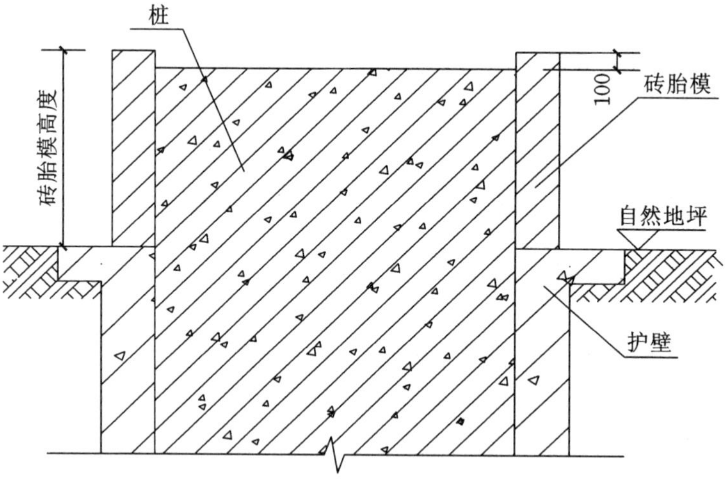

图 5-8 桩高出自然地坪砖胎模做法

③ 集水井砖胎模做法如图 5-9 所示。

④ 地下室地板降标高处砖胎模做法如图 5-10 所示。

砖胎模净高 $h \geqslant 3$ m 的核心筒、集水坑等部位，砖胎模厚度仍为 370 mm，当砖胎模长度大于 5 m 时需设置扶壁柱，上述部位应先浇筑混凝土，待混凝土浇筑完成达到一定龄期(不少于 3 d)方能回填、平整场地。浇筑上述部位混凝土时，混凝土施工缝设置在底板底部，且应分段浇筑，并控制好浇筑速度，避免浇筑速度较快，胀破砖胎模。

对于高度大于 2 m 的砖胎模砌筑时，应采用钢管搭设双排脚手架，架体宽 0.9 m，纵距 1.8 m，步距 1.8 m。

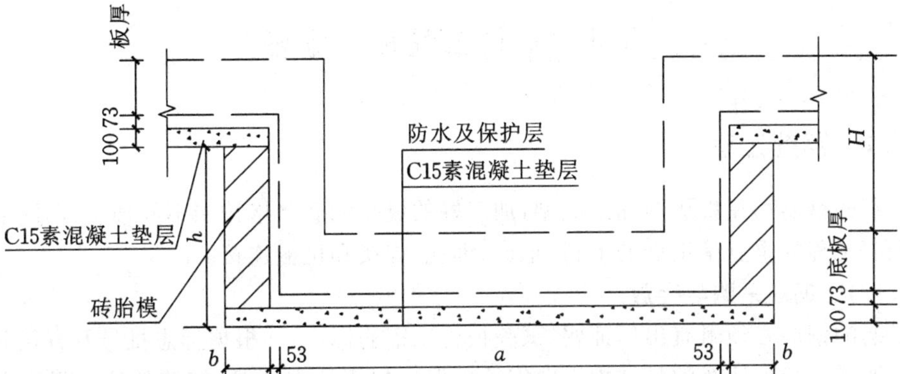

图 5-9 集水井砖胎模做法

a—集水井底边尺寸；h—砖胎模净高；b—砖胎模的厚度(依据 4∶1要求砌筑)；H—集水井、电梯井高度

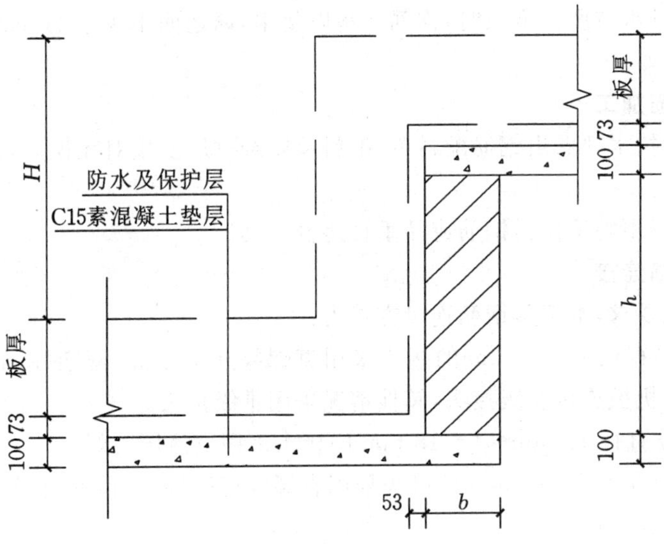

图 5-10 地下室地板降标高处砖胎模做法

h—砖胎模净高；H—底板高差；b—砖胎模的厚度(依据 4∶1要求砌筑)

5.3.8 土方回填

砖胎模净高 $h \geqslant 3$ m 的核心筒、集水坑等部位应先浇筑混凝土，待混凝土浇筑完成达到一定龄期(不少于 3 d)方能回填、平整场地；砖胎模净高 $h<3$ m 的独基、承台可在砖胎模砌筑完后回填土方，回填至混凝土垫层底标高，回填时采用基坑附近的土源回填，若附近土源不够，可以外运土方回填但务必使用土质好的原土回填(用手攥成团，落地松散)，并分层夯实，密实度满足设计要求，边角部位用人工辅助夯实。

5.4 结构工程施工方案

5.4.1 钢筋工程

本工程的钢筋均在现场内加工成型,加工好的成品钢筋严格按照不同楼层、不同部位分类堆放。钢筋工程的重点是钢筋的下料、定位、绑扎、焊接和机械连接。

5.4.1.1 钢筋采购与存放

所采购的钢筋必须附有出厂证明(试验报告)、钢筋标志,并根据标志批号及直径分批检验和做见证取样。特别注意的是结构纵向钢筋应保证二级抗震要求:钢筋的抗拉强度实测值与屈服强度实测值的比例不得小于 1.25;钢筋的屈服强度实测值与钢筋的强度标准值的比例不得大于 1.3。

钢筋成品进场后严格按楼层、部位、构件名称分类挂牌堆放,存放钢筋成品的场地应已经经过硬化,并设有排水坡度。堆放时,钢筋下垫以垫木,离地面不少于 20 cm,防止钢筋锈蚀和污染。

5.4.1.2 钢筋加工

钢筋加工前由技术部做出钢筋配料单,配料单要经过反复核对无误后,由项目技术负责人审批后进行下料加工。

场内运输:现场用塔吊作为钢筋成品垂直运输工具。

5.4.1.3 钢筋连接

根据设计图纸要求,本工程钢筋连接方式为:

① 纵向受力筋直径 $\phi \geq 18$ mm 的接头采用直螺纹连接接头;框架柱、底部加强部位剪力墙及暗柱钢筋采用机械连接Ⅱ级接头,其他情况采用Ⅲ级接头。

② 纵向受力筋直径 $12\ \text{mm} \leq \phi < 18$ mm 的接头采用电渣压力焊。

③ 梁水平钢筋直径 $\phi \geq 16$ mm 的接头采用直螺纹连接接头,钢筋直径 $\phi < 16$ mm 的接头采用闪光对焊或绑扎连接。

(1) 直螺纹连接施工

① 施工方法:

钢筋下料用钢筋切断机或砂轮锯,严禁使用气割下料;为确保钢筋连接质量,操作人员必须持证上岗作业,在施工过程中逐个检查丝头的加工质量,达到质量要求的丝头,拧上塑料保护帽或拧上连接套,做好记录。连接前先回收钢筋连接端的塑料保护帽,检查丝扣牙形是否完好无损、钢筋规格与被连接规格是否一致。确认无误后把一头已拧上连接套的钢筋拧在被连接钢筋上,并用管钳拧紧。

② 工艺流程:

预接:钢筋端面平头→剥肋滚压螺纹→丝头质量检验→利用套筒连接→接头检验;

现场连接:钢筋就位→拧下钢筋保护帽和套筒保护帽→接头拧紧→作标记→质量检验。

③ 钢筋丝头加工:

A. 按钢筋规格所需的调整试棒调整好丝头内孔最小尺寸。

B. 按钢筋规格更换涨刀环，并按规定的丝头加工尺寸调整好剥肋直径尺寸。

C. 调整剥肋挡块及滚压行程开关位置，保证剥肋及滚压螺纹的长度符合丝头加工尺寸的规定。

④ 钢筋丝头加工完成、检验合格后，要用专用的钢筋丝头保护帽或连接套筒对钢筋丝头进行保护，以防螺纹在钢筋搬动或运输过程中被损坏或污染。

⑤ 使用扳手或管钳对钢筋接头拧紧时，只要达到力矩扳手调定的力矩值即可。

⑥ 钢筋端部平头使用台式砂轮片切割机进行切割。

⑦ 连接钢筋注意事项：

A. 钢筋丝头经检验合格后应保持干净无损伤。

B. 所连钢筋规格必须与连接套规格一致。

C. 连接水平钢筋时，必须从一头往另一头依次连接，不得从两头往中间或中间往两端连接。

D. 连接钢筋时，一定要先将待连接钢筋丝头拧入同规格的连接套之后，再用力矩扳手拧紧钢筋接头；连接成型后用红油漆作出标记，以防遗漏。

E. 力矩扳手不使用时，将其力矩值调为零，以保证其精度。

⑧ 检查钢筋连接质量：

A. 检查接头外观质量应无完整丝扣外露，钢筋与连接套之间无间隙。如发现有一个完整丝扣外露，应重新拧紧，然后用检查用的扭矩扳手对接头质量进行抽检。

B. 用质检力矩扳手检查接头拧紧程度。

⑨ 直螺纹接头试验(图 5-11)。同一施工条件下，采用同一批材料的同等级、同型式、同规格接头，以 500 个为一验收批进行检验和验收，不足 500 个也为一验收批。每一验收批取 3 个试件做单向拉伸试验。

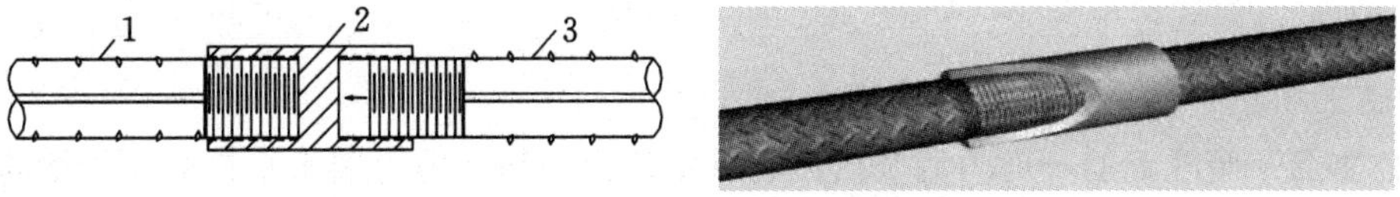

图 5-11 直螺纹接头示意图

1—已连接的钢筋；2—直螺纹套筒；3—未连接的钢筋

(2) 闪光对焊连接施工

钢筋闪光对焊采取预热闪光对焊；正式焊接之前，应试焊、做班前试件，应按选择的焊接参数焊接 6 个试件，其中 3 个做拉力试验，3 个做冷弯试验。经试验合格后，方可按确定的焊接参数成批生产。

(3) 电渣压力焊连接施工

工艺流程：检查设备、电源→钢筋端头制备→安装焊接夹具和钢筋→安装焊剂罐、填装焊剂→施焊→回收焊剂→卸下夹具→质量检查。

(4) 绑扎连接施工

钢筋绑扎接头的搭接长度及接头位置应符合结构设计说明和规范规定。钢筋搭接长度的末端距钢筋弯折处不得小于钢筋直径的 10 倍，接头不宜位于构件最大弯矩处；钢筋搭接处，应在中心和两端用铁丝扎牢；各受力钢筋之间的绑扎接头位置应相互错开。

5.4.1.4 各部位钢筋绑扎施工

(1) 基础底板钢筋施工

① 施工顺序

定位放线→地反梁钢筋骨架定位→下层横向钢筋→下层纵向钢筋→混凝土垫块固定→绑扎成网→柱子定位筋→马凳钢筋、梁钢筋→上层纵向钢筋→上层横向钢筋→柱子、剪力墙插筋。

② 施工方法

为了有效控制底板钢筋保护层厚度,采用70 mm×70 mm×50 mm C35豆石混凝土垫块,间距1.0 m×1.0 m梅花状布置(图5-12)。上、下层的钢筋之间用ϕ22铁马凳进行支撑,间距1.5~2 m排列。另外需特别注意电气接地的预埋穿插。钢筋接头位置:下层筋和上层筋在跨中1/3跨距内。在绑扎底板钢筋前,先在垫层上弹好钢筋摆放的位置线,绑扎时横向钢筋置于纵向钢筋之上。

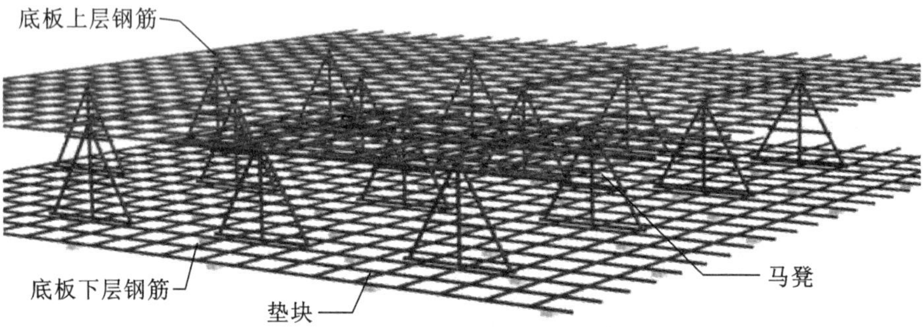

图5-12 垫块及底板马凳示意图

(2) 剪力墙钢筋施工

① 施工顺序

暗柱主筋→暗柱箍筋→剪力墙竖向钢筋→定位梯子筋→剪力墙水平钢筋→拉结筋→垫块固定。

② 修理预留伸出筋

根据所弹墙线,调整下层墙体伸出的搭接筋,使其位置正确。若下层墙体伸出钢筋位置偏差较大,应征求设计人员处理意见。一般按1:6的坡度调整,与钢筋网片搭接好。

③ 焊接、绑扎节点竖向钢筋

对暗柱、门窗洞口等边缘构件处的竖向受力筋宜采用焊接或机械连接,对三、四级抗震等级的建筑,当d<12 mm时,可采用非焊接的搭接接头。从经济和操作方便考虑,优先使用电渣压力焊。洞口周围加强钢筋的锚固长度应符合《混凝土结构施工图平面整体表示方法制图规则和构造详图》(16G101)的要求。

④ 墙体钢筋的绑扎

A. 现场钢筋的绑扎:先立2~4根竖筋,并画好横筋分挡标志,然后于下部及齐胸处绑两根横筋固定好位置,并在横筋上画好分挡标志,然后绑其余竖筋,最后绑其余横筋。钢筋绑扎完毕后,各种操作人员不准任意蹬踏钢筋。

B. 网片绑扎：网片立起后用木方临时支撑，然后逐根绑扎根部搭接，在钢筋搭接部分的中心和两端共绑三扣。

⑤ 钢筋网片的定位与连接

现浇剪力墙设计为双层钢筋，在两层钢筋之间要绑扎拉结筋和支撑筋，以保证钢筋的正确位置(图 5-13)。拉结筋为ϕ 6～ϕ 10 钢筋，绑扎时纵横间距不大于 600 mm。绑扎在纵横向钢筋的交叉点上，勾住外边筋。支撑筋采用ϕ 12 钢筋，间距 1000 mm 左右，两端刷防锈漆。另有一种梯形支撑筋，用两根竖筋(与墙体竖筋同直径同高度)与拉结筋焊接成形，绑在墙体网片之间起到撑、拉作用，间距 1200 mm。在横筋上绑扎砂浆垫块或塑料卡，来保证保护层的厚度，其间距不大于 1000 mm，也可以采用"梯子筋"来形成混凝土保护层。在墙筋绑扎完毕后，校正洞口节点的主筋位置以保证保护层的厚度，为防止洞口移位，用ϕ 12 钢筋在洞口墙体水平筋的附加筋上焊好上、中、下三道限位筋。墙体钢筋搭接接头绑扣不少于 3 道，绑丝扣应朝内。

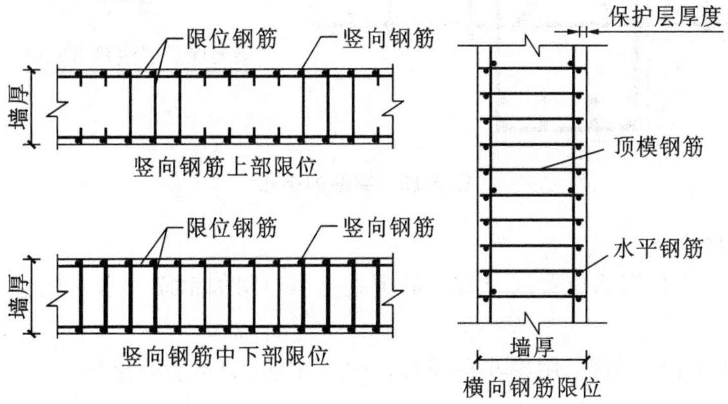

图 5-13　墙体钢筋限位示意

⑥ 修整

模板合模以后，对伸出的墙体钢筋进行修整，用水平向梯形架固定，以保证浇筑混凝土时钢筋的位置准确。浇筑混凝土时指定专人看管钢筋。

(3) 柱钢筋绑扎施工

① 施工顺序

立柱筋→套箍筋→连接柱筋→画箍筋间距→放定位筋→绑扎钢筋→绑扎垫块。

② 施工方法

用粉笔画好箍筋间距，箍筋面与主筋垂直绑扎，并保证箍筋弯钩在柱上四角相间布置。为防止柱筋在浇筑混凝土时偏位，在柱筋根部以及上、中、下部增设钢筋定位卡(图 5-14)。

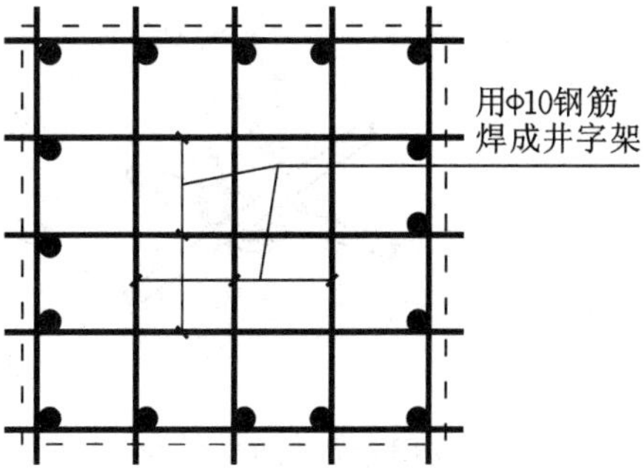

图 5-14　柱筋定位卡

钢筋接头按照接头率 50%错开相应距离；箍筋绑扎时开口方向间隔错开。在结构施工过程中，均充分考虑填充墙与结构的拉结问题，严格按结构设计说明或节点详图中所指定的做法进行预留预埋施工。

（4）梁钢筋施工

① 施工顺序

主梁主筋→主梁定位箍→主梁箍筋→次梁主筋→次梁定位箍→次梁箍筋→垫块固定。

② 施工方法

梁采用封闭箍筋。先在梁四角主筋上画箍筋分隔线，对箍筋接头进行连接，将四角主筋穿上箍筋，按分隔线将箍筋绑扎牢固（图 5-15），然后绑扎其他钢筋。钢筋的绑扎顺序均按规范进行。对于多排钢筋，采用纵横向钢筋相互支撑或附加撑铁，从而控制钢筋之间的排距。

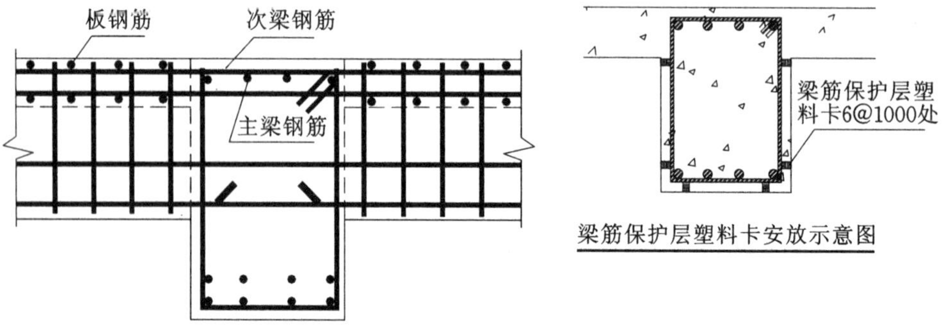

图 5-15　梁筋的绑扎

（5）板钢筋施工

① 施工顺序：弹板钢筋位置线→板下筋绑扎→洞口附加钢筋→水电配管→板上筋绑扎→垫块固定。

② 清理模板上面的杂物，用墨斗在模板上弹好主筋、分布筋间距线。

③ 按画好的间距，先摆放受力主筋，后摆放分布筋。预埋件、电线管、预留孔等及时配合安装。

④ 在现浇板中有板带梁时，应先绑板带梁钢筋，再摆放板钢筋。绑扎板筋时一般用顺扣或八字扣，除外围两根筋的相交点应全部绑扎外，其余各点可交错绑扎（双向板相交点须全部绑扎）（图 5-16）。

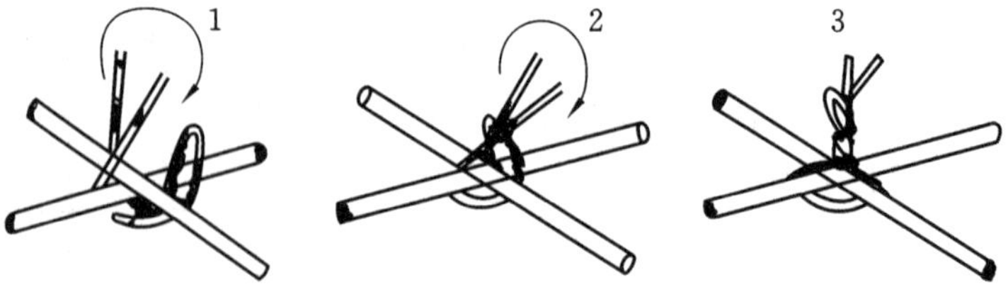

图 5-16　顺扣绑扎法

⑤ 板为双层钢筋，两层筋之间须加φ 12 钢筋撑铁（图 5-17），纵横间距 1.5 m，以确保上部钢筋的位置。负弯矩钢筋每个相交点均要绑扎。

⑥ 在钢筋的下面垫好砂浆垫块，间距 1.5 m。垫块的厚度等于保护层厚度，应满足设计要求。

（6）楼梯钢筋绑扎

① 在楼梯底板上画主筋和分布筋的位置线。

② 根据设计图纸中主筋、分布筋的方向，先绑扎主筋后绑扎分布筋，每个交点均应绑扎。如有楼梯梁时，先绑梁筋后绑板筋。板筋要锚固到梁内。

③ 底板筋绑完，待踏步模板支好后，再绑扎踏步钢筋。主筋接头数量和位置均要符合施工规范的规定。

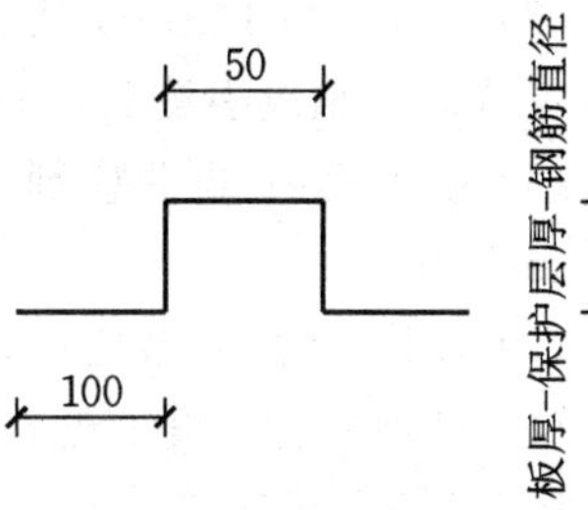

图 5-17 双层板筋撑铁示意

(7) 构造柱钢筋施工

根据建筑图中隔墙位置，按规范做好构造柱插筋的预留及拉结筋预埋件的预埋工作。混凝土施工完后做好保护。

(8) 预埋线盒

在结构开始施工之前，应着手进行预留预埋的统计工作，并编制详细的作业指导书指导施工。控制要点：

① 作为电气接地引下线的竖向钢筋必须标记清楚，焊接不但要满足导电要求，更要符合钢筋焊接质量要求。

② 在对所有竖向钢筋接头按规范检验合格并做好标志后方可开始绑扎，绑扎时要求所有受力筋与箍筋或水平筋绑牢，柱子角部主筋与角部箍筋绑牢。楼板负弯矩筋弯钩必须向下，不得平躺或朝上方向。

③ 保证拉结筋埋设数量及位置准确，以满足围护结构抗震设防要求。

④ 按照相应的布筋原则及规范进行钢筋施工，确保钢筋工程的施工质量，为工程的结构安全奠定基础。

5.4.2 模板工程

5.4.2.1 模板体系的选择

按照本单位质量目标承诺要求，混凝土结构需要达到清水混凝土效果，模板体系的选型是清水混凝土效果能否实现的重点，关系到本工程的施工进度和质量目标的实现。因此，根据工程结构特点和现场实际情况，对模板进行如下设计：

(1) 基础模板：基础承台、地反梁及筏板侧模均采用 240 mm 厚砖砌胎模。

(2) 柱模板：因柱截面尺寸比较统一，有利于模板的周转利用，拟采用 15 mm 厚双面覆膜木模板。

(3) 墙体模板：地下室外墙采用 18 mm 厚双面覆膜木模板，现场拼装成定型大模板，阴角配制阴角模，模板拼缝处做成企口，并粘贴密封条以防漏浆，利用塔吊吊装就位。主楼墙体采用 15 mm 厚双面覆膜木模板，ϕ48 mm 钢管作为龙骨。

(4) 梁、板及楼梯模板：采用满堂脚手架支撑体系，面板为 15 mm 厚双面覆膜木模板，主龙骨为 100 mm×100 mm 木枋，次龙骨为 50 mm×100 mm 木枋。

(5) 门窗洞口模板：采用木模板，以确保门窗洞口阴阳角线条顺直。

5.4.2.2 安装前准备工作

(1) 模板的堆放场地设置在塔吊工作半径范围内，便于直接调运。

(2) 技术交底：编制详细的施工方案，对施工班组进行技术交底。

(3) 测量放线：柱模安装之前，在楼层上依次弹出墙体、柱子轴线，柱模的安装位置线和门洞口位置线。轴线引测后，测量员复验。

(4) 刷脱模剂：刷脱模剂对于保护模板、延长模板寿命、保持混凝土表面的洁净和光滑起着重要作用。

(5) 柱模、梁模安装之前，钢筋绑扎完毕且验收合格，相关资料整理完毕。

(6) 已做好施工缝的处理。

5.4.2.3 基础模板施工

(1)砖胎模施工

① 工艺流程：放线 → 排砖 → 砌砖 → 外侧回填 → 内侧抹灰。

② 施工方法：

人工清槽并浇筑完垫层后，在垫层上放出砖胎模线(底板外轮廓＋防水层厚度＋抹灰层厚度)，然后立皮数杆按一顺一丁方式错缝砌筑。砖胎模采用灰砂砖、M5.0 砌筑砂浆砌筑，采用1∶3水泥砂浆抹面。阴阳角抹成 $R=50$ mm 的圆弧以方便防水施工。

(2) 混凝土导墙模板施工

本工程底板厚 250 mm，导墙顶标高设置在高出筏板顶面 500 mm 处。导墙处采用止水钢板进行防水处理，导墙模板为吊模，采用顶模棍和 U 型箍固定。其支撑示意如图 5-18 所示。

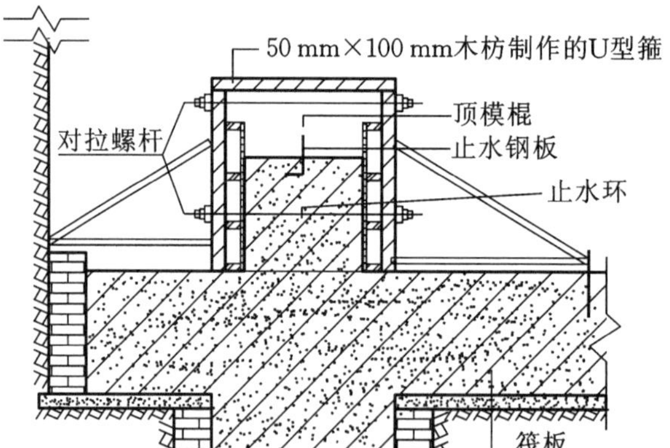

图 5-18 混凝土导墙模板示意

5.4.2.4 柱模板施工

柱模板采用 18 mm 厚胶合板，背楞采用 50 mm×100 mm 木枋，柱箍用 $\phi48\times3.5$ 钢管。模板根据柱截面尺寸进行配制，柱与梁接口处，采取柱模开槽，梁底及侧模与槽边相接，拼缝严密，并用木枋压紧，柱模板加固采用钢管抱箍，每 450 mm 一道。如图 5-19 所示。

5.4.2.5 墙体模板施工

本工程仅涉及地下室剪力墙木模板施工。

(1) 工艺流程

安装前准备→安装门窗口模板→一侧墙模板吊装就位→安装斜撑→插入穿墙螺栓及塑料套管→清扫墙内杂物→安装就位另一侧墙模板→安装斜撑→穿墙螺栓穿过另一侧墙模板→调

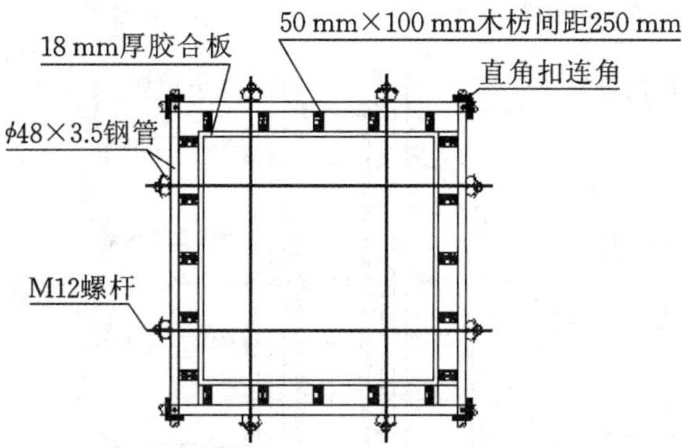

图 5-19 柱模板加固示意图

整模板位置→紧固穿墙螺栓→斜撑固定→与相邻模板连接。

(2) 施工方法

① 支设前模板底部板面应平整，沿墙体边线向外 3～5 mm 贴好海绵条，检查墙体模板编号是否正确，模板是否清理干净，门窗洞口模板及预埋件是否安装到位。

② 用塔吊将一侧大面墙模板按位置线吊装就位，安装斜撑调整至模板与地面呈 75°，使其稳定坐落于基准面上，并进行临时固定。

③ 安装穿墙或对拉螺栓和支固塑料套管，将模板内部清理干净。

④ 以同样的方法就位另一侧墙模板，使穿墙螺栓穿过模板并在螺栓杆端戴扣件和螺母，然后调整两块模板的位置和垂直度，与此同时调整斜撑角度，合格后，固定斜撑，紧固斜撑，紧固全部穿墙螺栓的螺母。

⑤ 采用同样的方法安装相邻模板及角模，模板安装完毕后，全面检查扣件、螺栓、斜撑是否紧固、稳定，模板拼缝及下口是否严密。

⑥ 模板采用钢管支撑体系(图 5-20)，地下室外墙对拉螺杆需在中间加焊 80 mm×80 mm×5 mm的止水钢板，止水钢板要满焊。为避免割除螺杆时在墙上留下的痕迹影响清水混凝土效果，封模时在螺杆两端穿上 40 mm×40 mm×18 mm 木塞子，木塞子净间距为墙厚至两倍木塞子厚，混凝土浇筑完后取出木塞子，墙上将会留下弧形凹坑，割除螺杆时将氧割伸入到凹坑内，螺杆割除完后用高强度等级的加微膨胀剂水泥砂浆填坑。

⑦支撑系统采用 ϕ48 mm 钢管加 U 型托斜撑，在斜撑钢管中部设横向钢管及反拉钢管一道。在楼(底)板上预埋 ϕ32 mm 地锚，斜撑钢管与地锚通过扫地杆相连。

5.4.2.6 梁、板模板施工

(1) 工艺流程

弹 1 m 线→搭设满堂脚手架(底部垫木枋)→调整梁底钢管标高→安装梁底模→安装顶撑并调平→安装梁侧模→墙边木方(贴密封条)就位→摆设主次龙骨→铺设楼板模板→支撑架加固(图 5-21、图 5-22)。

(2) 施工方法

① 楼板模板施工前应先弹 1 m 线，根据 1 m 线搭设满堂脚手架；满堂架立杆下垫好短木枋，放好梁位置线，采用吊线坠的方式将位置线引至钢管架上。

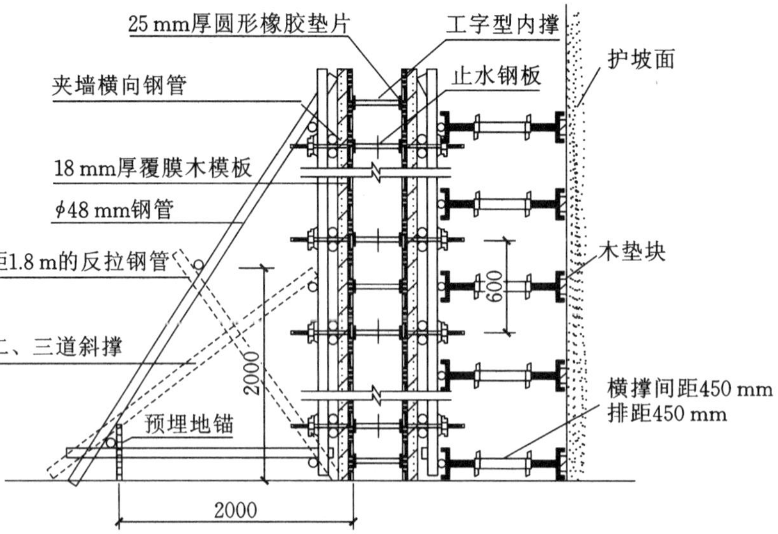

图 5-20　地下室墙模板支撑示意

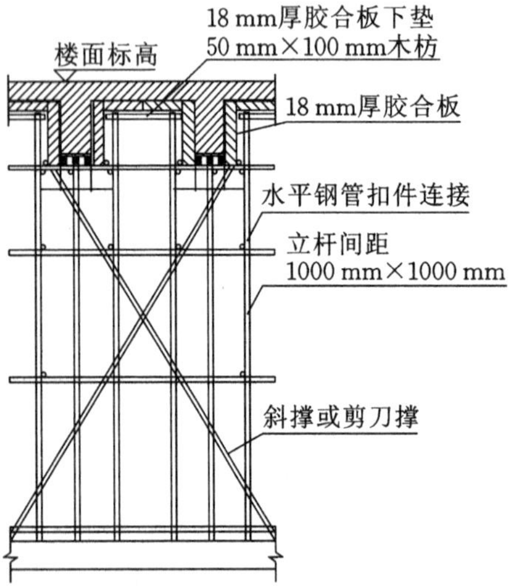

图 5-21　梁模板支撑系统示意

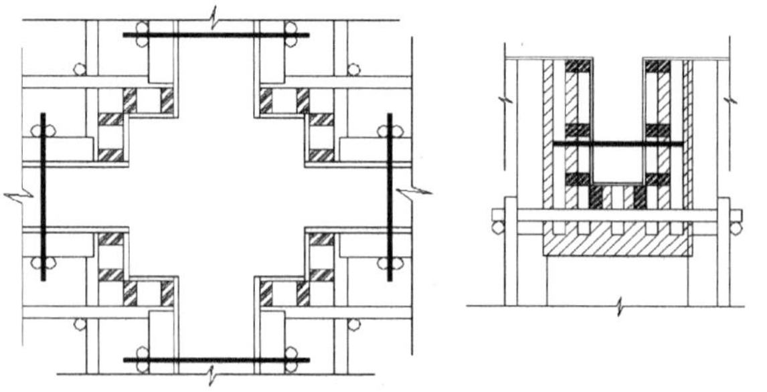

图 5-22　梁柱接头模板示意

② 调整梁底钢管标高，调平后铺设梁底模，梁底模两侧用扣件锁紧，防止梁底模跑位。

③ 梁钢筋绑扎完毕后，封梁侧模，梁侧模应落在梁底模上，同时安装 U 型托，调整板底脚手架高度以满足层高要求。

④ 铺设主次龙骨，按方案将模板摆放好，模板拼缝要严密，楼板模板压在梁侧模上。

⑤ 梁底模按照梁跨度的 1‰～3‰起拱。

⑥ 梁板模板支撑采用满堂脚手架，设三道水平连接杆件，立杆在梁的位置进行调整。梁侧模板采用“U 型箍”加固，“U 型箍”采用 100 mm×100 mm 短木枋制作，对拉螺杆穿过“U 型箍”进行加固，边梁梁侧加钢管三角斜撑。

⑦ 将主龙骨放在 U 型托上，主龙骨上铺间距 250 mm 的次龙骨，次龙骨接长时采用搭接形式，搭接长度不少于 500 mm。

5.4.2.7 楼梯模板施工

楼梯模板施工前根据实际层高放样，先支设平台模板，再支设楼梯底模板，然后支设楼梯侧板，底模板超出侧模 2～3 cm。先在侧板内侧弹出楼梯底板厚度线和侧板位置线，侧模、踢步模板和踏步模板按图加工成型(图 5-23)，现场组装。为了保证踏步板一次成型，踢步模板下口背枋倒 45 度角，便于铁抹子收光。

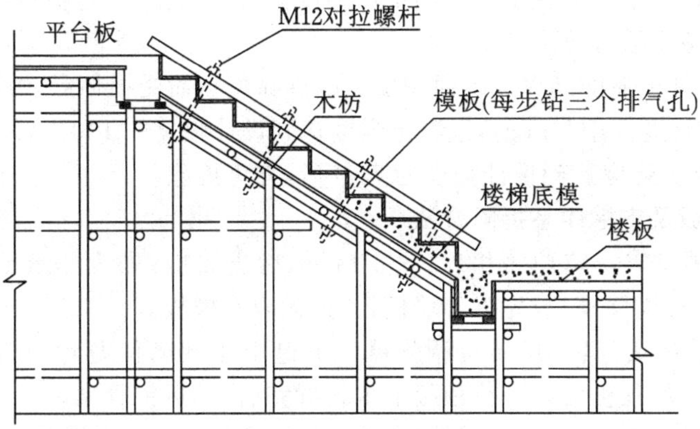

图 5-23 楼梯模板支设

为确保踏步尺寸的准确，踏步板的高度必须与楼梯踏步的高度一致，放样时，须预留出装修面层的厚度。楼梯模板支撑体系采用钢管加 U 型托斜撑，中间设横向拉杆一道。

5.4.2.8 门窗洞口模板施工

门窗洞口模板(图 5-24)采用定型钢木组合模板，门窗四周用活角铁夹组装，为加强刚度，内侧用木枋加固，施工时用 401 胶在门窗模两侧粘贴海棉条防止漏浆，确保棱角顺直美观。为保证窗下墙的混凝土质量，在窗模下侧板上钻 2～3 个透气孔，便于排出振捣时产生的气泡。为防止门窗模板纵向跑模，用短钢筋作为限位筋焊在附加筋上，以限制门窗模的位置。

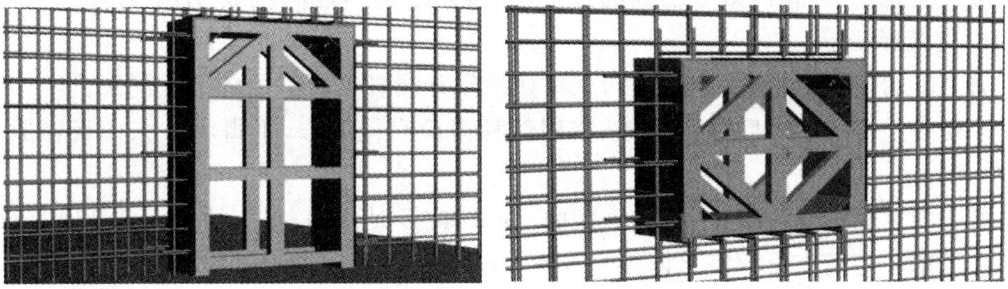

图 5-24 门窗洞口模板示意

5.4.2.9 特殊部位施工

(1) 地下室施工缝的留置及防水处理

地下室墙体施工缝设置位置为筏板面向上 500 mm 处及每层顶板梁底面往上 10 mm 左右处。地下室外墙水平施工缝防水采用止水钢板。

(2) 墙、柱根部处理

为确保墙、柱根部不烂根，在安装模板时，所有墙柱根部均需加砂浆找平层以防止混凝土浇筑时因漏浆而导致烂根。

(3) 梁柱接头处理

考虑到梁柱接头处阴阳角多,为确保线条顺直,要求模板接缝平整且缝隙小。模板边线平直,四角方正,接缝平整;梁底边、二次模板接头处和转角处均加垫 10 mm 厚海绵条以防止漏浆。

5.4.2.10 模板拆除规定

模板拆除均要以同条件混凝土试块的抗压强度报告为依据,填写拆模申请单,由项目工长和项目技术负责人签字后方可生效执行。

(1) 侧模:在混凝土强度能保证表面棱角不因拆除模板而受损坏后,方可拆除。

(2) 底模:构件跨度大于 8 m 的,混凝土强度达到设计强度的 100%后,方可拆除。构件跨度小于 8 m 的,混凝土强度达到设计强度的 75%后,方可拆除。

5.4.2.11 模板及支撑体系拆除方法

(1) 模板拆除顺序与安装顺序相反,先支后拆,后支先拆,先拆非承重模板,后拆承重模板,先拆纵墙模板后拆横墙模板,先拆外墙模板,再拆内墙模板。

(2) 板模板拆除方法为:将旋转可调支撑向下退 100 mm,使龙骨与模板脱离,先拆主龙骨,再拆次龙骨,最后取顶板模板。待顶板上木料拆完后,再拆钢管架。

(3) 拆除大跨度梁板模时,宜先从跨中开始,分别拆向两端。当局部有混凝土吸附或黏结模板时,可在模板下口接点处用撬棍松动,禁止敲击模板。

(4) 拆模时不要用力过猛,拆下来的材料要及时运走,整理拆下后的模板并及时清理干净,按规格分类堆放整齐。

(5) 后浇带模板及其支撑体系不得拆除。

5.4.2.12 模板管理与维护

(1) 模板的管理

① 墙、柱大模板及梁侧、梁底模板等预先制作的模板,应进行编号管理,模板分类堆放,以便于使用。

② 模板安装及拆除时,信号工到场指挥,起钩或落钩应轻起轻放,不准碰撞,不得使劲敲砸模板,以免模板变形。

③ 加工好的模板不得随意在上面开洞,如确需开洞必须经过主管工长同意。

④ 木模板根据尺寸不同分类堆放,需用何种模板直接拿取,不得将大张模板锯成小块模板使用。

⑤ 拆下的模板应及时清理,如发现翘曲、变形,应及时修理,损坏的板面应及时进行修补。

⑥ 水平结构模板支设后刷水溶性脱模剂。竖向结构采用覆膜木模板的,使用前刷水溶性脱模剂;采用大钢模支设的,使用前刷油性脱模剂。

(2) 木模板的维护

① 木模板应放在室内或干燥通风处,露天堆放时要加以覆盖,模板底层应设垫木,使空气流通,防止受潮。

② 拆除后的模板应将模板面上的混凝土清理干净,将留在上面的钉子起出,并分类堆码整齐。

5.4.3 混凝土工程

地下室抗渗防水混凝土保证不渗漏。确保混凝土密实、表面平整光滑,线条顺直,几何尺寸准确，色泽一致，无明显气泡，模板拼缝痕迹整齐且有规律，结构阴阳角方正顺直，上下楼层连接面平整，使混凝土工程最终达到“内坚外美”的技术要求。

本工程采用预拌混凝土，在地下室和地上施工阶段，均采用一台混凝土输送泵进行混凝土浇筑。

每次混凝土浇筑采用混凝土输送泵为主，塔吊浇筑为辅的方式进行施工。混凝土的浇筑方式为先竖向墙柱，后水平梁板。

5.4.3.1 对预拌混凝土搅拌站的要求

与预拌混凝土搅拌站签订供应合同，对原材、外加剂、混凝土坍落度、初凝时间、混凝土罐车在路上运输等作出严格要求。

(1) 对预拌混凝土坍落度的要求

混凝土搅拌站根据气温条件、运输时间、运输道路的距离、混凝土原材料(水泥品种、外加剂品种等)变化、混凝土坍落度损失等情况来适当地调整原配合比，确保混凝土浇筑时的坍落度能够满足施工生产需要，确保混凝土供应质量。

试验员对当天施工的混凝土坍落度实行抽测，如遇不符合要求的，退回搅拌站，严禁使用。

(2) 对混凝土初凝时间的要求

为了保证混凝土浇筑不出现冷缝，施工过程中根据现场实际情况和环境温度对预拌混凝土搅拌站提出具体的初凝时间要求。

5.4.3.2 混凝土的试验管理

(1) 试验工具：相应数量的混凝土抗压、抗渗试模，小型振动台和坍落度试验设备、标准养护箱等。

(2) 坍落度试验：测试坍落度前，要先将试验桶用水湿润，放在不吸水的刚性平板上，分层装入混凝土，每层用标准棒插捣数次，刮平顶层混凝土，按规定方法提桶、测量、记录。

(3) 混凝土试块制作：结构施工中按照每一施工段，同一浇筑日期的同一配合比混凝土制作试块，3 块为一组，同条件养护试块两组。试块振捣采用小型振捣台振实，抹平并应及时在试块表面临时写明工程部位、制作日期、强度等级标志，并及时填写试块试验表格，试块制作在浇筑地点进行。

(4) 试块养护：标准养护试块在拆模后 3 d 内及时送至检测站养护，同条件试块拆模后，注明标志，放置在与其代表结构部位的同样环境处，存放时放置在钢筋焊接的笼子内，并加锁保护，防止碰撞和丢失。采用与结构同条件养护并防止暴晒、风吹脱水，冬季要防冻。

5.4.3.3 各部位混凝土施工

(1) 垫层

验槽后，浇筑垫层，采用一次收平压光技术，具备防水施工条件。

(2) 底板混凝土施工

首先将独立柱基、地梁和底板混凝土一次性浇筑，浇筑方向沿着地下室底板的长度方向推进，待底板混凝土初凝前浇筑墙脚 0.5 m 高范围混凝土，注意在浇筑面留设凹槽，以安防膨胀墙内止水条(详见“筏板大体积混凝土施工”)。

(3) 剪力墙混凝土施工

剪力墙混凝土分层浇筑，首先在底部浇筑 50～100 mm 同配比的减石子水泥砂浆，用标尺杆控制分层高度，每层 500 mm。墙体混凝土分层连续浇筑到板底，且高出板底 3 cm(待拆模后，进行施工缝处理，剔凿掉 2 cm，使之露出石子为止)。墙体混凝土浇筑完后，将上口甩出的钢筋加以整理。地下室外墙水平施工缝处设置止水钢板。

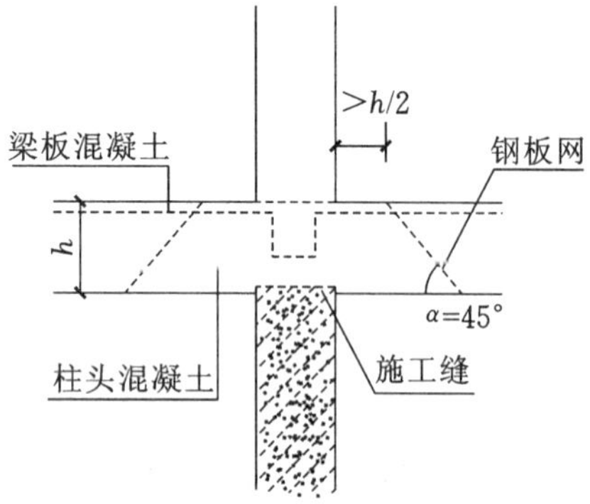

图 5-25　柱头混凝土浇筑

(4) 楼板混凝土施工

楼板混凝土要求随铺随振随压，并在浇筑完毕后，用木抹子抹平，并进行拉毛处理。

(5) 柱头混凝土浇筑

柱头水平施工缝留设在距梁底上 30 mm 处(待拆模后，剔凿掉 20 mm，使之露出石子为止，使结构施工完后，施工缝为不可见)。对于梁板、剪力墙混凝土与柱混凝土强度等级相差两级及以上的部位，需按图 5-25 方法施工。

(6) 楼梯混凝土施工

楼梯间墙混凝土随结构剪力墙(梁板)一起浇筑，一次成型。楼梯段自下而上浇筑，先振实底板混凝土，达到踏步位置时再与踏步混凝土一起浇捣，不断连续向上推进，并随时用木抹子将踏步上表面抹平。

(7) 施工缝处混凝土浇筑

施工缝处必须待已浇筑混凝土的抗压强度不小于 1.2 MPa 且不少于留置施工缝后 48 h，才允许继续浇筑。留置施工缝处的混凝土必须振捣密实，其表面不磨光，并一直保持湿润状态。在继续浇筑混凝土前，施工缝混凝土表面必须进行凿毛处理，剔除浮动石子，并彻底清除施工缝处的松散游离的物体，然后用压力水冲洗干净，充分湿润后，刷 1∶1水泥砂浆一道，浇筑之前先预铺同配比减石子水泥砂浆，再进行上层混凝土浇筑，混凝土下料时要避免靠近缝边，缝边人工插捣，使新旧混凝土结合密实。

5.4.3.4　混凝土养护

成立混凝土养护小组。夏季施工阶段的混凝土养护将采取楼板覆盖塑料薄膜进行养护，墙体涂刷养护液进行养护，柱涂刷养护液并包裹塑料薄膜进行养护。对处于冬季施工阶段的结构混凝土养护将采取覆盖塑料薄膜和阻燃草袋的方式进行保温。养护期一般不少于 7 d。

5.4.3.5　结构成品保护

混凝土浇筑之前，在预留钢筋上缠绕塑料膜防止钢筋被混凝土污染，柱墙拆模后用塑料护角条对柱、墙及门窗洞口处混凝土阳角部分进行成品保护；对楼梯踏步采用满铺竹胶模板进行保护。楼板浇筑完混凝土强度达到 1.2 MPa 以后，方可允许操作人员在上行走，进行一些轻便工作，但不得有冲击性操作。满堂架立杆下端垫木枋。利用结构做支撑支点时，支撑与结构间加垫木枋。

5.4.3.6　质量保证措施

(1) 混凝土工程严密组织施工，每一区段的混凝土保证连续浇筑，不得留置施工缝。

(2) 浇筑梁板混凝土时特别要注意板面以上的柱、墙钢筋的定位，浇筑中妥善保护，并进行必要的校正，保证柱墙轴线的准确，同时应采取合适的防污染措施，尽量减少对竖向钢筋的污染。

(3) 拉结筋、对拉螺杆等处的混凝土应小心剔凿，控制剔凿范围。对拉螺杆部位采用高一个强度等级并掺微膨胀剂的减石子砂浆修补，并保持与混凝土面色泽一致，同时，必须加强预留预埋的工作，限制在施工完毕后，进行如预埋线槽、线盒等的剔凿，以减少对清水混凝土外观的影响。

(4) 考虑到泵送需要，泵管垂直方向需采用钢管搭设成“井”字型进行固定(图 5-26)，泵管穿楼层时，采用木楔子四周固定，底排加一道扫地杆，扫地杆与楼面通过 $\phi14$ 螺纹预埋钢筋连接。为加强钢管架整体稳定性，可增加部分斜撑。

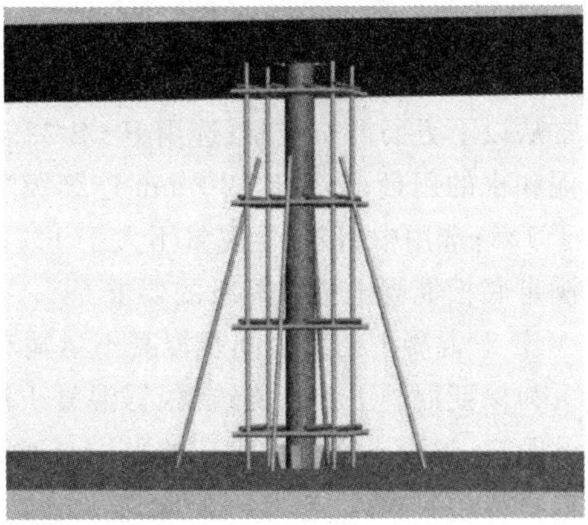

图 5-26　泵管加固示意图

5.4.3.7　筏板大体积混凝土施工

本工程筏板折算厚度为 384 mm，整个底板、地梁、条形基础和墙下部分 0.5 m 范围一次性整体浇筑，混凝土量约 230 m^3，属于大体积混凝土施工范畴。从施工质量方面考虑，底板混凝土施工将根据大体积混凝土的施工方法组织施工，主要从现场的平面布置、劳动力的组织、施工的技术准备、混凝土的运输组织、混凝土的浇筑、混凝土的养护等几个方面进行控制，以此来控制混凝土温度和收缩裂缝，保证底板抗渗混凝土质量。

(1) 施工部署

① 混凝土泵选择

根据底板流水段划分和混凝土量计算，为保证混凝土连续浇筑，避免底板混凝土出现施工冷缝，底板混凝土施工阶段在基坑边布置三台混凝土输送泵，并预留一台混凝土输送泵备用。在不同区段施工时，混凝土输送泵位置相应调整。

② 底板混凝土浇筑时的组织

底板混凝土浇筑时，施工作业面积较大、施工人员多、机械设备多，易出现混乱局面，并易发生质量和安全事故。因此，为确保底板混凝土浇筑时有条不紊，紧张有序，顺利完成底板混凝土施工，在浇筑前建立一个健全高效的底板混凝土施工组织机构。

底板混凝土分一个区进行浇筑，从北向南混凝土按局部分两层浇筑，其中独立柱基、地梁和底板为一层，底板顶标高以上 500 mm 墙为一层。

(2) 施工准备

① 材料准备

混凝土覆盖用的塑料薄膜、阻燃草袋等按计划进场。

② 机具准备

施工用各种机具按计划进场，并做好保养和维修工作，确保使用时运转正常；各类小型手工用具购置齐全；测温仪器提前购置并做好调试工作。

③ 技术准备

及时组织现场有关人员认真审图，了解设计意图，与业主、监理和设计单位共同对图纸会审，解决好施工中设计未明确的问题。

编制底板混凝土施工方案，经审核后向各相关人员(包括各工长和施工班组)进行技术交底。

④ 混凝土配合比要求

混凝土配合比对于混凝土质量是十分重要的，确定配合比时应考虑当时施工的气候条件，通常从以下方面严格控制：选用P·S 32.5低水化热的矿渣水泥和Ⅰ级粉煤灰，降低混凝土中水泥和水的用量；选用5～40 mm连续级配的石子，其针、片状颗粒含量不大于15%，含泥量不大于1%；选用中粗砂，含泥量不大于1%；在混凝土中掺加水泥用量8～12%的HEA防水剂，以满足底板混凝土抗渗等级的要求。

⑤ 对混凝土初凝时间及混凝土运输车数量的要求

为保证混凝土连续浇筑，根据混凝土浇筑需用量、混凝土输送泵实际输送能力、混凝土搅拌站距离、混凝土搅拌运输车的平均车速等参数，通过计算，对混凝土初凝时间及混凝土运输车数量提出要求。

A. 混凝土初凝时间要求

以地下室底板混凝土浇筑为例，混凝土浇筑折算（含独立基础、地梁、底板和局部墙体）厚度为0.384 m，最大长度为32.70 m，底板宽度为18.30 m，则浇筑所需混凝土方量为$0.384\times32.7\times18.30=230\ m^3$。按常规一台输送泵每小时混凝土浇筑量为25 m^3计算，则混凝土浇筑完所需时间为230/25=9.2 h。为确保底板混凝土浇筑时不出现冷缝，要求商品混凝土初凝时间不能小于10 h。

B. 混凝土运输车数量计算

底板一次性浇筑方量约为230 m^3，每辆搅拌车往返一次按90 min考虑，混凝土车按7 m^3计，混凝土输送泵1台每小时混凝土浇筑量为25 m^3，现场设置1台混凝土输送泵，按如下公式进行计算：

$$T=Q/(n\times N)$$

式中 T——浇筑时间(h)；

Q——混凝土总方量(m^3)；

N——每小时浇筑量(m^3/h)；

n——输送泵台数。

按照上述公式计算可得1台混凝土输送泵的工作时间$=230/(1\times25)=9.2$ h。

所需搅拌车数量$=[230\times(90/60)]/(9.2\times7)=5.35$辆。

为确保混凝土浇筑能连续进行，要求搅拌车数量需为6辆。

⑥ 预拌混凝土供应合同的签订

底板混凝土浇筑前与混凝土供应单位签订供应合同，在合同中明确所需混凝土的强度等级、性能、材质要求、供应量、供应时间和供应方式等。

⑦ 底板面标高控制

在底板纵横向每间距2 m附加一根ϕ10竖向短钢筋，短钢筋与底板上下层钢筋网绑牢，用水准仪将标高抄于短钢筋上，用红油漆标明。

(3) 混凝土浇筑

底板混凝土浇筑过程中的质量控制应从两个方面进行考虑：首先保证混凝土在浇筑运输期间不出现离析、分层和坍落度不稳等问题；其次避免因分层浇筑时间的间隔，而使前层混凝土凝结后，再浇筑次层混凝土造成施工冷缝，保证混凝土的均匀性和密实性。

① 底板浇筑方法:底板混凝土采用斜面浇筑法进行浇筑。浇筑工作从北端部开始逐渐向南推进,浇筑厚度通过事先设定的端钢筋头控制。夜间施工时,钢筋头附近要用手把灯进行照明。浇筑墙混凝土时,要在筏板混凝土初凝之前浇捣墙脚混凝土并插入下层混凝土 5cm,以避免墙脚与底板面混凝土之间产生冷缝,同时采取二次振捣法保持良好接槎,提高混凝土的密实度。底板混凝土浇筑至标高后,在终凝前用抹光机反复抹压收平。

② 采用插入式振捣棒振捣。配 3 个以上振捣棒,振捣手要认真负责,仔细振捣,防止过振或漏振。

③ 表面处理:由于泵送混凝土表面水泥浆较厚,浇筑后须在混凝土初凝前用刮尺抹面和木抹子打平,可使上部骨料均匀沉降,以提高表面密实度,减少塑性收缩变形,控制混凝土表面龟裂,也可减少混凝土表面水分蒸发,闭合收水裂缝,促进混凝土硬化。在终凝前再进行搓压,要求搓压三遍,最后一遍抹压要掌握好时间,以终凝前为准,终凝时间可用手压法把握。

(4) 底板混凝土的试验

在底板混凝土施工阶段,因混凝土连续浇筑方量小于 1000 m^3,同时满足抗渗试块以每 500 m^3 混凝土为取样单位的取样要求,所以取两组试块,每组 6 块,其中一组为标准养护试块,一组为同条件养护试块。

在混凝土施工时,对试块和坍落度的取样实行监理见证制,经监理见证的取样样品数量必须达同类所有样品的 30%以上。

(5) 混凝土的质量控制措施

第一批混凝土在进场前,其配合比需经项目技术负责人、业主和监理工程师审批后方可搅拌。

进场的预拌混凝土要随附预拌混凝土出厂合格证、水泥品种和强度等级、每立方米混凝土中的水泥用量、骨料的种类和最大粒径、外加剂、掺合料的品种及掺量、混凝土强度等级和坍落度、混凝土配合比和标准试件强度、原材料的温度、拌和温度的测量记录。

坍落度、和易性等混凝土施工性能的检验以到达现场入模前为准。在现场检查混凝土坍落度,要求的坍落度与实测的坍落度之间的偏差必须在规范规定的允许偏差值内。在性能达不到要求时,以退场处理。

在混凝土振动时,振动棒要快插慢拔,按 450 mm 间距成梅花形布置振动点。

在混凝土初凝前由抹灰工抹平混凝土面,随抹随拆除跳板。

在混凝土浇筑过程中由专人看模,认真观察模板、支架、钢筋预埋件和预留孔洞是否符合设计要求。

5.4.3.8 地下室外墙抗渗混凝土施工

本工程地下室底板及外墙抗渗混凝土抗渗等级为 P6。为保证结构自防水质量,需从原材料选择、试验、配合比设计和混凝土施工控制着手,优选出满足设计强度等级、抗渗等级和耐久性,且具有水化热相对较低、收缩小、泌水少、施工性能良好的防水混凝土,严格控制混凝土的搅拌、运输、浇筑及养护,从而保证混凝土内实外光,控制结构不出现温度收缩裂缝及钢筋和预埋件无渗水通道,保证结构具有良好的自防水功能。

(1) 墙体采用带止水钢板的对拉螺杆。施工缝、后浇带等部位采用止水钢板进行处理。

(2) 严格控制自防水混凝土的配合比设计,特别是水灰比必须小于 0.50,并确保 SY-G 防水外加剂掺量的准确性。

(3) 严格控制防水混凝土的坍落度，组织好施工程序，严格控制防水混凝土运输及停放时间。

(4) 加强防水混凝土同条件养护及标准养护试块工作，准确掌握地下室外墙模板拆模时间(混凝土养护时间不少于 14 d)。

5.5 砌筑工程施工方案

本工程的填充墙在±0.000 m 以下采用 200 mm 厚轻质砌块，M5 水泥砂浆砌筑；±0.000 m 以上部分采用 200 mm、100 mm 厚加气混凝土砌块，M5 水泥砂浆砌筑，厨房、厕所墙体采用轻质砌块砌筑。

5.5.1 施工流程

楼面清理→墙体放线、砌块湿水→制备砌筑砂浆→砌块排列→铺砂浆→砌块就位→校正→砌筑→竖缝灌砂浆→勾缝。

5.5.2 施工方法

(1) 砌墙前先弹出建筑物的主要轴线及砌体的控制边线，按砌块尺寸计算皮数和排数，编制排列图。按排列图从墙体转角处或定位砌块处开始砌筑。

(2) 砌块运至现场后在指定地点堆码整齐，堆码不宜过高，堆垛上设立标志。水泥进入现场时必须附有出厂检验报告和准用证，并按照规范进行复试。配制砂浆用洁净的中砂，过筛，且含泥量不超过 5%。根据所用材料委托有资质的试验室进行砌筑砂浆配合比试配工作。

(3) 根据墙体施工平面放线和设计图纸上的门、窗位置大小，层高，砌块错缝、搭接的构造要求和灰缝大小，在每片墙体砌筑前应按预先绘制好的墙面砌块排列图把各种规格的砌块进行排列摆放。

(4) 砌块宜提前 1～2 d 浇水湿润。表面有浮水时不得进行砌筑。砌筑前应根据砌体皮数制作皮数杆，并在墙体转角处及交接处竖立，皮数杆间距不得超过 15 m。

(5) 填充墙的施工根据规范及结构说明中所提供的构造做法进行施工。所有和屋面相邻的外填充墙砌筑前需先浇筑 300 mm 高同墙宽的 C20 细石混凝土墙基，所有卫生间和有水房间周围隔墙砌筑前需先浇筑 200 mm 高同墙宽的 C20 防水混凝土墙基。砌筑需遵守“反砌”原则，即砌块底面向上砌筑。上下皮应错缝搭砌，砖缝用砂浆填实。

(6) 水平灰缝应平直、厚度均匀，砂浆饱满，按净面积计算的砂浆饱满度不应低于 80%，缝宽一般应控制在 8～12 mm。应边砌边勾缝，不得出现通缝，严禁出现透亮缝。竖向灰缝应采用加浆方法，使其砂浆饱满。

(7) 填充墙砌体要由下而上逐层砌筑，每层砌至板底或梁底附近时，需待本层及上一层砌体沉实后(一般需 5 d)，再砌此部分墙体，并逐块敲紧砌实。

(8) 所有填充墙纵横交接及转角处均错缝搭砌，无构造柱处应用钢筋拉结。

(9) 每天砌筑高度不得超过 1.8 m，在砌筑砂浆终凝前后的时间，应将灰缝刮平。

(10) 专业管线的安装:专业管线的安装与砌筑施工协调配合,做好预留预埋。

(11) 所有填充墙与柱、混凝土墙连接,门窗过梁、配筋带配筋均按指定标准图集施工。当填充墙墙高超过 4 m 时,需在墙高的中部设置腰带,带高 200 mm,沿墙全长设纵向钢筋 4 ϕ 12,箍筋ϕ 6@200。填充墙构造柱按照规范及设计要求留设。

(12) 框架柱与填充墙、内隔墙及配筋带采用拉结筋拉结。拉结筋采用结构胶后植筋。填充墙与顶板及梁连接做法如图 5-27 所示。

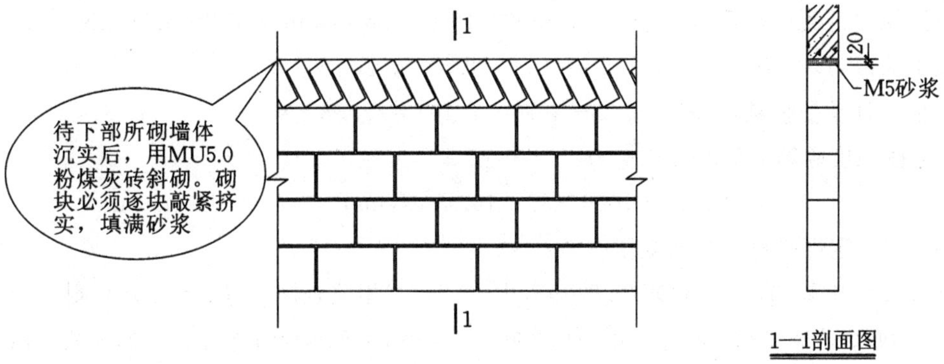

图 5-27 填充墙与顶板及梁连接做法

5.6 脚手架施工方案

5.6.1 满堂脚手架

5.6.1.1 基本要求

满堂支撑架由立杆、水平杆、剪刀撑以及连接它们的扣件组成。立杆、水平杆、剪刀撑均采用 $\phi 48\times3.5$ 普通焊接钢管,钢管长度宜为 4～6 m。扣件采用直角扣件,旋转扣件,对接扣件。

(1) 立杆

立杆从首层楼面起开始布置,间距 1200 mm×1200 mm,并在立杆底部布置可调底座或铺设木枋,木枋截面宜为 50 mm×100 mm。

(2) 水平杆

首先在满堂支撑架底部距楼面 300 mm 处纵横设一道扫地杆,然后按纵横两个方向布置水平杆,水平杆步距为 1500 mm,水平杆与立杆用扣件连接牢固。

(3) 剪刀撑

剪刀撑从临边位开始搭设,纵横排距为 3m,剪刀撑与水平面夹角应控制在 45°～60°之间。

(4) 材质要求

满堂脚手架立杆连接及立杆与水平杆、剪刀撑连接必须牢固、可靠,不得使用严重锈蚀及变形、断裂、脱焊的钢管和扣件。密目式安全网必须采用符合国家要求及××市有关规定的安全网。

5.6.1.2 满堂脚手架方案计算

模板施工采用搭满堂脚手架支撑,立杆间距为 1200 mm×1200 mm,步距为 1500 mm,建筑层高为 4.5 m,适当位置设剪刀撑。立杆采用扣件对接连接,荷载全部由立杆直接承受传给下层楼板。

(1) 钢管 $\phi48\times3.5$ 特性

$$A=4.89\ \mathrm{cm^2} \qquad i=1.58\ \mathrm{cm}$$

(2) 荷载计算

模板及支架自重:$1.2\ \mathrm{m}\times1.2\ \mathrm{m}\times4.5\ \mathrm{m}\times1\ \mathrm{kN/m^3}\times1.3=8.42\ \mathrm{kN}$

新浇钢筋混凝土自重:$1.2\ \mathrm{m}\times1.2\ \mathrm{m}\times0.18\ \mathrm{m}\times26\ \mathrm{kN/m^3}\times1.3=8.76\ \mathrm{kN}$

施工荷载:$1.2\ \mathrm{m}\times1.2\ \mathrm{m}\times2.5\ \mathrm{kN/m^2}\times1.5=5.40\ \mathrm{kN}$

每根立杆承受荷载:$0.9\times(8.42+8.76+5.40)=22.58\ \mathrm{kN}$

(3) 按强度验算立杆的受压应力:

$$\sigma=N/A=22.58\times1000/489=46.17\ \mathrm{N/mm^2}<[f]=215\ \mathrm{N/mm^2}$$

(4) 按稳定性验算立杆的受压应力:

立杆长细比 $\lambda=L/i=1500/15.8=95$,由 $\lambda=95$ 查相关表格可得 $\varphi=0.588$,则

$$\sigma=N/(\varphi A)=(22.58\times1000)/(0.588\times489)=78.53\mathrm{N/mm^2}<[f]=215\ \mathrm{N/mm^2}$$

立杆稳定性符合要求。

(5) 混凝土局部承压验算

楼板使用 C30 混凝土,其轴心抗压强度设计值 $f_c=14.30\ \mathrm{N/mm^2}$,则

$$\sigma_c=N/A=22.58\times1000/489=46.17\ \mathrm{N/mm^2}>f_c=19.5\ \mathrm{N/mm^2}$$

故钢管下部需垫设可调底座或木枋,可调底座规格为 150 mm×150 mm,则

$$\sigma_c=N/A=(22.58\times1000)/(150\times150)=1.0\ \mathrm{N/mm^2}<f_c=14.30\ \mathrm{N/mm^2}$$

故符合要求。

(6) 混凝土抗冲切验算

楼板混凝土为 C30,则 $f_t=1.43\ \mathrm{N/mm^2}$,$u_m=(150+150)\times4=1200\ \mathrm{mm}$,$h_0=80\ \mathrm{mm}$。

根据公式 $F_1\leqslant0.6f_tu_mh_0$,则

$$0.6f_tu_mh_0=0.6\times1.43\times1200\times80=82368\ \mathrm{N}>F_1=N=22580\ \mathrm{N}$$

故满足抗冲切能力。

5.6.2 落地式双排钢管脚手架

5.6.2.1 设计总体思路

本工程落地式双排脚手架采用规格不小于 $\phi48\times3.0$ 以上的钢管搭设,钢管、扣件等应符合《建筑施工扣件式钢管脚手架安全技术规范》(JGJ 130—2011)的规定,计算书应以实际取样的钢管壁厚进行计算。安全网采用密目式安全网,网目应满足 2000 目/100 cm²,做耐贯穿试验不穿透,1.6 m×1.8 m 的单张网重量在 3 kg 以上,本工程中的安全网应符合××市安全质量监督站的有关规定,统一选用草绿色密目式安全网。踢脚板统一按 180 mm 高设置,采用 18 mm厚的胶合板铺设,外刷黄黑相间颜色,踢脚板沿外架通长设置,操作层要设踢脚板。落地式双排脚手架搭设:立杆的纵距 1.50 m,立杆的横距 1.0 m,立杆的步距 1.80 m,架体内边离外墙

为 300 mm。连墙件采用 2 步 3 跨，即连墙件的竖向间距 3.60 m，水平间距 4.5 m，如图 5-28 所示。但由于本工程层高为 4.5 m，具体实施时应按 4.5 m×3.0 m 的间距计算连墙件，否则应在竖向采取加固措施。

5.6.2.2 搭设前的准备工作

(1) 项目技术主任工程师在脚手架搭设前应编制详细的脚手架施工方案，审批后，再逐级进行书面的技术安全交底工作。

(2) 搭设前应对进场的脚手架原材料进行检查和验收，不合格的构配件不得使用，经检验合格的构配件应按品种、规格分类堆放整齐，场地不能有积水。

(3) 进场的架子工应持有有效操作证，进场后应进行专项的进场教育和安全教育。

(4) 清除地面杂物，平整搭设场地，并使排水畅通。

5.6.2.3 脚手架搭设

脚手架搭设要求见表 5-5。

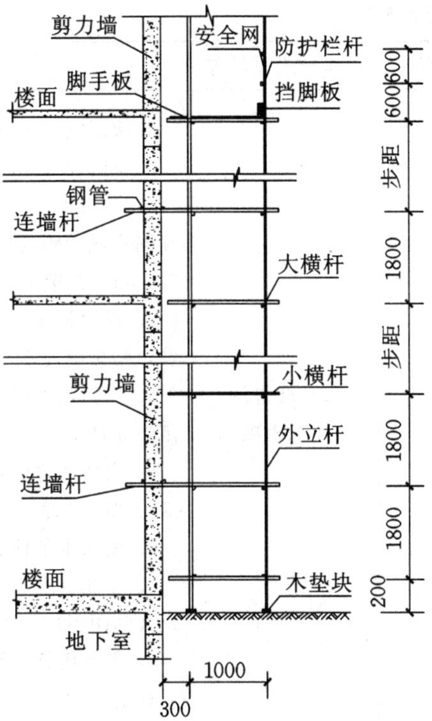

图 5-28 落地式脚手架示意图

表 5-5 脚手架搭设要求

序号	工作及工序名称	具体施工方法
1	地基处理与底座安装	1. 回填土地基应分层夯填密实，密实度应达到规范要求。 2. 地基表面采用 C20 素混凝土浇筑平整，外架底座边设置排水明沟。 3. 立杆垫板采用木枋，垫板铺放应平整，且不得悬空
2	立杆搭设注意事项	1. 脚手架必须设置纵、横向扫地杆。 2. 相邻立杆的对接扣件不得设在同一步距内，错开距离应符合规范要求。 3. 开始搭设立杆时，应每隔 6 跨设置一根抛撑，直至连墙件安装稳定后，方可拆除。 4. 当搭设到有连墙件的构造层时，搭设完该层的立柱、纵向水平杆和横向水平杆后，应立即设置连墙件。 5. 顶层立柱顶端应高出该层步架 1.5 m。 6. 立杆的接长除顶层顶步可采用搭接外，其余各层各步接头必须采用对接扣件连接，对接、搭接应符合下列规定： (1) 立杆的对接扣件应交错布置；两根相邻立杆的接头不应设置在同步内，同步隔一根立杆的两个相隔接头在高度方向错开的距离不宜小于 500 mm；各接头中心至主节点的距离不宜大于步距的 1/3。 (2) 搭接长度不应小于 1m，应采用不少于 2 个旋转扣件固定，端部扣件盖板的边缘至杆端距离不应小于 100 mm。 7. 严禁外径 48 mm 与 51 mm 的钢管混合使用

续表 5-5

序号	工作及工序名称	具体施工方法
3	水平杆搭设注意事项	1. 纵向水平杆宜设置在立杆内侧，其长度不宜小于 3 跨； 2. 同一步距内的纵向水平杆必须四周交圈，用直角扣件与内外柱固定牢固； 3. 纵向水平杆的对接扣件应交错布置：两根相邻纵向水平杆的接头不宜设置在同步或同跨内；不同步或不同跨两相邻接头在水平方向错开的距离不应小于 500 mm；各接头中心至最近主节点的距离不宜大于纵距的 1/3。 4. 搭设长度不应小于 1 m，应等间距设置 3 个旋转扣件固定，端部扣件盖板边缘至搭接纵向水平杆杆端的距离不应小于 100 mm； 5. 当使用竹串片脚手板时，纵向水平杆应作为横向水平杆的支座，用直角扣固定在立杆上。 6. 当使用竹笆脚手板时，纵向水平杆应采用直角扣件固定在横向水平杆上，并应等间距设置，间距不应大于 400 mm。 7. 横向水平杆靠墙端距外墙面应为 300 mm。 8. 作业层上非主节点处的横向水平杆，宜根据支承脚手板的需要等间距设置，最大间距不应大于纵距的 1/2。 9. 当使用竹笆脚手板时，双排脚手架的横向水平杆两端，应用直角扣件固定在立杆上
4	连墙件、剪刀撑搭设注意事项	1. 连墙件必须从第一步纵向水平杆处开始设置，当设置有困难时，应采取可靠措施进行固定。 2. 连墙件的垂直间距不应大于建筑物层高且不应超过 4.8 m；连墙件应水平且垂直于外墙面设置。 3. 每道剪刀撑跨越立柱的根数应在 5～7 根之间，每道剪刀撑宽度不应小于 4 跨，且不应小于 6 m，斜杆与地面的倾角应在 45°和 60°之间。 4. 24 m 以下的双排外架必须在外侧立面的两段各设一道剪刀撑，由底到顶连续设置，中间每道剪刀撑的净距不应大于 15 m。 5. 剪刀撑接头采用搭接，其搭接长度应符合要求。 6. 剪刀撑接头采用旋转扣件固定在与之相接的横向水平杆的伸出端或立柱上
5	扣件安装注意事项	1. 扣件螺栓的拧紧扭矩力不应小于 40 N·m，并不大于 65 N·m； 2. 对接扣件的开口应朝内；十字扣件的开口应朝上。 3. 各杆件端头伸出扣件盖板边缘的长度不应小于 100 mm。 4. 脚手板铺设注意事项： (1) 脚手板应满铺，且应采用铁丝扎牢； (2) 在拐角处的脚手板应与横向水平杆可靠连接，以防止滑动
6	栏杆和挡脚板搭设注意事项	1. 栏杆和挡脚板应搭设在外排立杆的内侧； 2. 各栏杆垂直间距为 600 mm； 3. 挡脚板高度不应小于 150 mm

5.6.3 悬挑工字钢外架

悬挑工字钢外架单段搭设高度不超过 20 m，因本工程①/Ⓐ～Ⓕ轴间为篮球场，故在其 4.5 m标高处挑出。

（1）工字钢

悬挑工字钢采用型号不小于 18 号工字钢，具体型号根据悬挑长度计算确定。工字钢在建筑物内锚固段长度为悬挑端长度的 1.5 倍（规范规定不得小于 1.25 倍）。普通悬挑工字钢间距与脚手架立杆纵距相同，但最大不大于 1800 mm。工字钢须在除锈后刷防锈漆及黄色面漆（同立杆、横杆、扣件、附墙杆钢管），工字钢端部超出外侧立杆的距离统一为 150 mm。

（2）钢丝绳

本工程钢丝绳采用 6×19 圆股钢丝绳，公称抗拉强度为 1770 MPa，直径为 14 mm，设置在悬挑端端头以内 100 mm。钢丝绳断丝数在一个节距内超过 10%、钢丝绳锈蚀或表面磨损达 40%以及有死弯、结构变形、绳芯挤出等情况时，应报废停止使用，绳卡及花篮调节螺杆规格必须与钢丝绳相匹配。

（3）预埋工字钢套环、钢丝绳吊环

工字钢套环、钢丝绳吊环都必须采用 ϕ20 圆钢，不得使用冷拉后的钢筋及螺纹钢，工字钢套环（锚点）的设置要求如下：

① 固定点：工字钢锚固端在边梁上设置固定点一个，用以固定工字钢的位置。

② 锚固点：悬挑梁锚固点应设置两个，尽可能锚固于梁上。

③ 当锚固点位于板上时，考虑板的承载力，两个锚点的间距按 200 mm 埋设。

④ 工字钢尾端超出锚固点长度不小于 20 cm。

⑤ 锚固端长度不小于悬挑端长度的 1.5 倍。

悬挑工字钢外架布置示意图如图 5-29 所示。

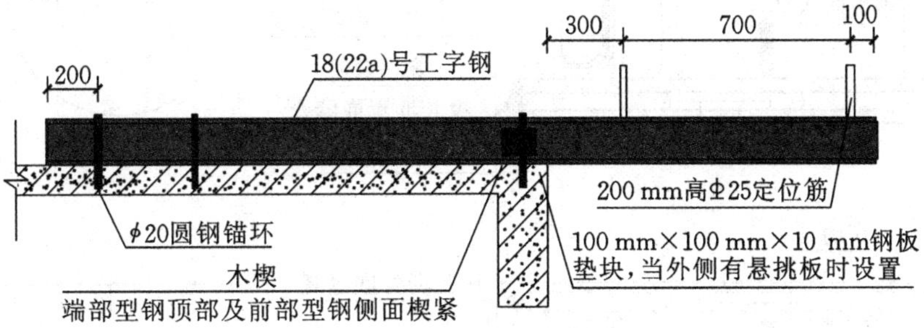

图 5-29 悬挑工字钢布置图

（4）搭设

悬挑工字钢外架搭设要求同落地式脚手架搭设。

5.7 防水工程施工方案

5.7.1 地下室防水

5.7.1.1 基本要求

根据设计要求,本工程地下室防水等级为Ⅰ级,底板、外墙和水池防水除结构采用 P6 级抗渗自防水混凝土外,在底板下、外墙采用一道 4 mm 厚 SBS 改性沥青防水卷材防水,如图 5-30 所示,穿墙部位做法见图 5-31。

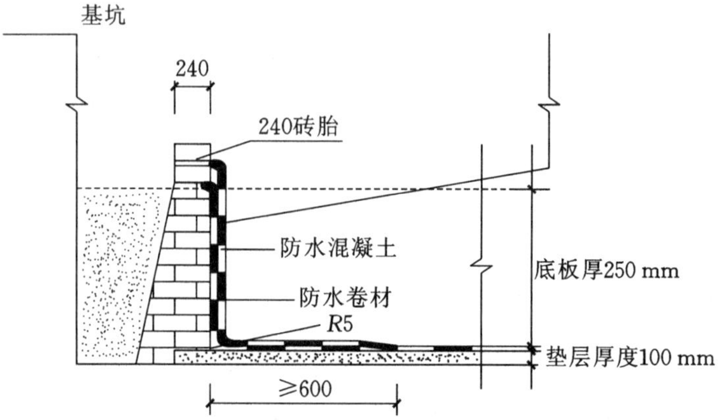

图 5-30 地下室防水大样

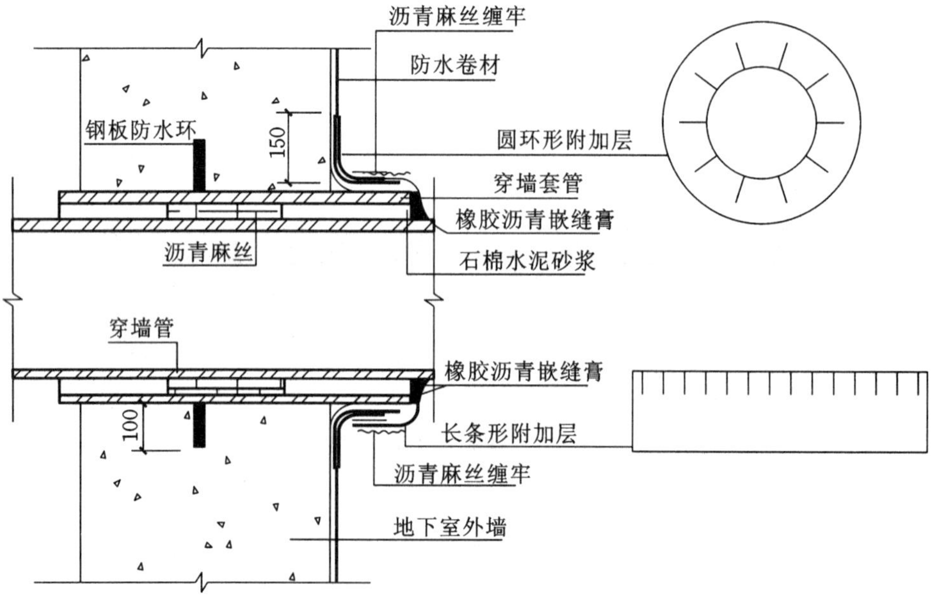

图 5-31 穿墙管铺贴卷材和附加卷材示意

5.7.1.2 施工程序

在地下室底板施工之前做好底板及部分侧壁预留搭接卷材防水层，并做好接头的保护，地下室结构施工完成，经验收合格后，即进行地下室外墙卷材防水施工。

地下室结构自防水施工除按混凝土方案中相关内容外，还必须遵循以下要求：

① 制定地下室施工单项技术措施，落实技术岗位责任制，做好技术交底，以及质量检验和评定的准备工作；

② 进行防水混凝土的试配工作，试验室可根据设计抗渗等级，提高一个等级进行试配，在此基础上选定施工配合比；

③ 做好基坑排水和降低地下水位的工作，要防止地面水流入基坑，保持地下水位在施工底面最低标高以下不小于 50 cm。

④ 穿墙套管一律采用钢管，中间加止水钢板。

5.7.1.3 地下室底板及外墙卷材防水

(1) 作业条件

① 垫层、外围砖胎模及其防水卷材的基层施工完毕。

② 施工前审核图纸，进行技术交底。

③ 施工人员证件齐全。

④ 基层按要求及时处理。

(2) 工艺流程

基层清理→涂刷基层处理剂→铺贴附加防水卷材层→大面积铺贴→保护层。

(3) SBS 改性沥青防水卷材施工

材料进场后要取样复试，同一品种、牌号和规格的卷材进行抽验，将抽验的卷材开卷进行规格和外观质量检验，要求全部指标达到标准规定。

① 基层清理：基层为水泥砂浆找平层，要求坚实、平整、光泽、无起砂起鼓现象。基层干燥。阴阳角做成圆弧形，阴角最小半径 50 mm，阳角最小半径 20 mm。

② 涂刷基层处理剂：在干燥的基层上涂刷基层处理剂，要求涂刷均匀、一次涂好、干燥 6 h（根据气温而定，以不粘脚为好）。

③ 施工工艺：

A. 先贴附加层。涂刷基层处理剂，转角、阴阳角、细部节点等部位铺贴 500 mm 宽 SBS 改性沥青防水卷材附加层，转角两侧各半。

B. 在基层上弹出卷材铺贴控制线，底板采用拉铺法铺贴大面卷材：将卷材黏结面向下平铺在基面上，从一端开始将隔离纸从背面缓缓撕开，同时将撕掉隔离纸的部分粘贴在基层上。在拉（挂）铺卷材时，应随时注意与基准线对齐，拉铺速度不宜过快，以免出现偏差。粘贴后随即用刮板向前、向外侧赶压，排出空气，使卷材牢固附贴在基层上，卷材搭接宽度长、短边均为 100 mm，搭接边要特别注意赶压黏结严密。第一道卷材施工完毕后，铺贴第二道卷材。

C. 底面与立面交接处卷材施工：垫层达到验收条件后便可进行防水卷材施工，并粘贴牢固，为保护砖胎模墙顶防水卷材不受破坏，在墙顶防水卷材上干砌一层临时保护墙进行保护。地下室外墙施工完后，去掉临时保护墙，修整卷材，进行地下室外墙防水施工。

④ 双层做法的施工工艺和单层做法的施工工艺基本相同，铺贴第二层时应与第一层卷材

接缝错开 0.3 m 左右，第二层 PET 卷材铺贴时直接在底层卷材上粘贴上层卷材，两层卷材间为满粘。

⑤ 防雷接地金属穿越防水层时其周围需用防水油膏密封。

⑥ 施工注意事项：

A. 底板所有防水部位均可采用空铺法施工，但永久性导墙、地下室底板局部立面（或可能存在的斜坡面）等部位为避免防水卷材下滑，在此部位采取满粘施工，以保证此部位卷材跟基层牢固粘贴。

B. 上下两层卷材的接缝和相邻两排卷材的短边接头应尽量相互错开 1/3 幅宽以上，以免多层接头重叠而使得卷材粘贴不平服。

C. 粘贴大面卷材时，不要将卷材背面搭接部位的隔离纸过早揭掉，以免污染黏结层或误粘。

D. 保护层尽量采用豆石（即卵石）混凝土，土建施工单位在浇筑混凝土过程中如发现不慎破坏了防水层，应及时报请防水施工单位进行修补。

⑦ 质量要求：

A. 卷材接缝严密，无破损、断裂、异状黏结等缺陷。

B. 节点部位加强处理，按规范要求施工。

C. 卷材搭接宽度的允许偏差为－10 mm。

5.7.2 卫生间防水

5.7.2.1 工艺流程

基层清理→配料→进行细部附加层处理→界面处理→第一遍防水施工→第二遍防水施工（十字交叉）→保护层。

5.7.2.2 施工要点

(1) 基层清理

基层表面凸起部分应铲平，凹陷处用聚合物砂浆（108 胶）填平，不得有空鼓、开裂及起砂、脱皮等缺陷。如沾有砂子、灰尘、油污应清除干净。

(2) 重点防水部位的处理

阴阳角、管道根部与混凝土的接缝等复杂部位，要先涂弹性防水涂料后，加贴玻璃丝布一道，再涂弹性防水涂料一遍。

裂缝要先加胎处理或用弹性防水涂料调成密封膏，做嵌缝处理，再涂一遍弹性防水涂料。

(3) 涂刷交底

在涂第一遍涂膜之前，应在立面、阴阳角、排水管或立管周围、混凝土接口和裂纹处等各种结合部位增补涂抹及铺贴增强材料，然后大面积平面涂刷。

(4) 大面积防水作业

除去基面所有影响黏结的杂质，找平层表面整理平整，不得有酥松、起砂、起皮现象。涂刷前进行现场试验，确保涂刷厚度。

将弹性涂膜防水涂料用水稀释后处理基层，使混凝土充分吸收防水涂料。配制的混合料要充分搅拌约 5 min，分散均匀后进行涂刷。涂刷采用“十”字交叉法，每道间隔 5～6 h。

在第一层涂膜固化 8 h 后，对所抹涂膜的空鼓、气孔、砂、卷进涂层的灰尘、涂层伤痕和固化不良等进行修补，之后刮涂第二遍涂料，刮涂的方向必须与第一层的涂刮的方向垂直。涂料总厚度按设计要求控制在 2 mm 厚。

涂刷完工后，涂刷工具必须及时用水冲洗干净。施工后剩余的防水剂必须密封保管好。在第一遍涂膜底胶基本干燥固化后，用塑料或橡皮刮板均匀涂刷一层涂料，涂刷时用力要均匀一致。第二遍涂膜固化后，经检验合格方可施工保护层。

(5) 涂层厚度控制试验及厚度检验

涂层厚度是影响涂膜防水质量的一个关键因素。手工操作要正确控制涂层厚度是比较困难的。因为涂刷时每个涂层要刷几道才能完成，而每道涂膜又不能太厚。如果涂膜过厚，就会出现涂膜表面已干燥成膜，而内部涂料的水分或溶剂的水分或溶剂却因不能蒸发或挥发，使涂膜难以干燥而形不成具有一定强度和防水能力的防水膜。涂刷过薄也会造成不必要的劳动力的浪费和工期的拖延。因此，涂膜防水施工前，必须根据设计要求的每平方米涂料用量、涂膜厚度及涂料材性，事先通过试验确定每道涂料涂刷的厚度。根据本单位以往的施工经验及通过计算，涂料总量宜控制在 2 kg/m^2，第一遍刮涂料为1 kg/m^2，第二遍刮涂料为 1 kg/m^2，通过准确的用料控制，才能准确地控制涂层的厚度，使每道涂料都能干燥，从而保证涂膜防水的施工质量。

防水涂膜总厚度检查可采取适当取样，用游标卡尺测量涂膜厚度，然后对取样处进行修补处理。

5.7.2.3 施工过程中的预防措施

当涂料黏度过大不易涂刷时，可加入少于固化剂用量 10%的稀释剂。当发生涂料固化太快，影响施工时，可加入少量磷酸或苯磺酰氯等缓凝剂，其加入量应大于主剂的 0.5%。当发生涂料固化太慢，影响施工时，可加入少量硅酸二丁基烯作促凝剂，其加入量应不大于主剂的 0.3%。

涂料有沉淀现象时，应搅拌均匀后再进行配制，否则会影响涂膜质量。材料应在贮存期内使用，如超期，则需检验合格后方能使用。

5.7.2.4 细部节点防水施工措施

卫生间内贯穿楼板的管道根部是极易出现渗漏的地方，是防水的重点，其详细施工措施如下：

(1) 管道预留孔的封堵

待管道安装完毕，固定并检查合格后，清洁预留孔壁混凝土，保持湿润，清除管外围的油污和漆膜。

制成定型(抱箍式)专用模板，固定托好。

用配合比为 1:2:2(水泥:砂:石子)的细石混凝土进行浇筑，要求水灰比不大于 0.5，并掺入水泥用量的 6%的防水剂。空隙内的混凝土表面应比楼板面低 10 mm，拍平压实抹光，隔 24 h 浇水养护，并检查缝底是否漏水。

(2) 管周防水处理

① 混凝土硬化干燥后，清除管道外壁 200 mm 范围内的灰浆、油污、灰疙瘩、杂物，按选定的防水材料，将 10 mm 的凹坑填平，并将管周的立面涂刷 300 mm 高的防水涂料。

② 试水：管根孔隙的防水材料固化后，试水合格方可进行下一工序施工。

(3) 地漏处周边防水处理

① 正确安装好地漏：地漏顶面标高要根据土建施工需要确定，一般要比完成地面低 0.5～1 cm。

② 地漏处浇筑：地漏位置固定好，周围的缝隙小于 20 mm，用 1∶3水泥砂浆加水泥用量6%防水剂填嵌密实；当缝隙大于 20 mm，用 1∶2∶2的细石混凝土填嵌密实。

③ 防水处理：为防止混凝土的干缩裂缝，造成渗漏通道，水沿地漏外围渗漏，必须在地漏上口外围 10～15 mm 范围内作凹槽，在凹槽中填嵌密封胶。

④ 试水：临时封堵地漏口，在地漏口四周用砂浆围成小坎，然后灌水进行试验，无渗漏现象方可进行下道工序施工。卫生间蓄水 48 h 不渗漏为合格。

5.7.2.5 成品保护

(1) 防水层部位预埋的管道，在施工中不得碰损和堵塞杂物。

(2) 防水层涂刷完成后，及时做好保护层，防止后续施工碰损。

5.7.2.6 注意事项

(1) 所有防水材料必须通过认证，其各项技术性能指标应符合标准规定和设计要求，并附有现场取样的质量检测报告。

(2) 防水材料进场后需妥善保管，存放在合格处所并由专人保管。

(3) 涂刷防水层的基面应将尘土、杂物清扫干净，表面残留的灰浆、硬块及突出部位应刮平、扫净，阴、阳角应抹成弧或钝角。

(4) 基层表面要求平整、牢固，不得有空鼓、开裂、起砂等缺陷。干燥基层应先用清水湿润，但不得有积水。

(5) 在阴阳角、排水口、管道周围等处做好附加增强处理。

(6) 注意对已施工完防水层的保护，防止尖锐构件对其损伤。

(7) 施工现场必须通风良好和严禁烟火，并备有消防器材。

(8) 防水层的施工必须在上道工序结束后进行，不得交叉施工。

(9) 冬季施工不得在 0 ℃以下作业。

5.7.3 屋面防水

屋面防水与地下室防水材料相同，施工方法与地下室防水施工类似。

5.7.3.1 对基层的要求

(1) 基层牢固，表面无大于 0.3 mm 的裂缝及麻面、起砂、起壳等缺陷。

(2)基层表面平整光滑，均匀一致，排水坡等符合设计要求。

(3) 基层必须干燥，以基层面泛白为准。测定方法是将 1 m^2 的卷材平摊干铺在基层面上，静置 3～4 h 后揭开检查，基层覆盖部位与卷材上未见水印即符合要求。

(4) 基层与突出屋面的女儿墙、电梯机房剪力墙、出屋面管道、檐沟、水落口等相连接的转角处，均做成均匀一致、光滑的圆弧形，圆弧半径为 50 mm。

5.7.3.2 卷材铺贴

风力大于 5 级、下雨等异常天气下不进行防水卷材施工。

(1) 基层清理

卷材施工前，须将基层上的垃圾、灰尘及撒落的砂浆等清理干净，以免影响卷材与基层的黏结强度。

(2) 刷基层处理剂

在干燥的基层上涂刷基层处理剂，涂刷要均匀一致，不留空白，操作要迅速，一次涂完，不得反复涂刷。

(3) 弹线

待基层处理剂干燥后，弹出卷材位置的基准线。

(4) 附加层及节点处理

在正式铺贴卷材前先对水落口、女儿墙、管道的屋面处、电梯机房剪力墙根等泛水处进行处理，增铺附加层。

(5) 卷材铺贴方向

逆排水坡向由低向高，长边平行于分水岭铺贴防水卷，长边的搭接缝为上层卷材盖住下层卷材。

(6) 卷材粘贴

将卷材黏结面向下平铺在基面上，从一端开始将隔离纸从背面缓缓撕开，同时将撕掉隔离纸的部分粘贴在基层上。在拉(挂)铺卷材时，应随时注意与基准线对齐，拉铺速度不宜过快，以免出现偏差。粘贴后随即用刮板向前、向外侧赶压，排出空气，使卷材牢固粘贴在基层上，卷材搭接宽度长、短边均为 100 mm，搭接边要特别注意赶压黏结严密。第一道卷材施工完毕后，铺贴第二道卷材。

(7) 卷材收头处理

为防止卷材末端剥落、渗水，卷材末端收头用硅酮密封膏封闭。封闭时须将卷材末端处的灰尘清理干净，以免影响密封效果。

(8) 蓄水试验

屋面防水卷材铺贴完毕并经验收合格后，进行蓄水试验。在屋面蓄水 48 h，经检查确认防水层无渗漏后，再施工 40 mm 厚 C20 细石混凝土保护层，保护层每 3000 mm 设置纵横分格缝，缝内嵌填密封油膏。

5.7.3.3 注意事项

(1) 干铺卷材及辅助材料运进施工现场后，存放在远离火源和干燥的室内。

(2) 掌握天气预报，雨天或雨后基层未干燥时，不能进行防水层施工。

(3) 施工人员要认真保护已完工的防水层，严防施工机具和建筑材料损坏防水层。

(4) 在施工过程中，必须严格避免基层处理剂、胶结剂和着色剂等材料污染已做好饰面的墙壁、门窗等。

(5) 水落口、排水沟等部位不允许有尘土杂物堵塞，以确保排水畅通。

(6) 防水层施工完毕后，应设专人保护，在防水层尚未固化前，不允许上人和置放物品。

(7) 防水层固化后，应防硬物件触碰；不得直接在防水层上推车，严禁木棍、钉子、砖头等掉在防水层上，以免损坏防水层。

5.7.3.4 成品保护

(1) 出屋面的预埋管道，在施工中不得碰损和堵塞杂物。

(2) 卷材防水层铺贴完成，蓄水试验合格后，及时做好保护层，并在保护层施工时必须注意不得损伤防水卷材层。

(3) 屋面防水层施工完毕后，保护层养护强度未达要求时严禁上人。

5.7.3.5 应注意的质量问题

(1) 卷材搭接不良：接头搭接形式以及长边、短边的搭接宽度偏小，接头处的黏结不密实，接槎损坏、空鼓；施工操作中应按程序弹标准线，使之与卷材规格相符，操作中齐线铺贴，使卷材接搭长边不小于 100 mm，短边不小于 100 mm。

(2) 空鼓：铺贴卷材的基层潮湿，不平整、不洁净、产生基层与卷材间窝气、空鼓；铺设时排气不彻底，窝住空气，也可使卷材间空鼓；施工时基层应充分干燥，卷材铺设应均匀压实。

(3) 管根处防水层粘贴不良：裁剪卷材与根部形状不符、压边不实等造成粘贴不良；施工时清理应彻底干净，注意操作，将卷材压实，不得有张嘴、翘边、折皱等现象。

(4) 渗漏：转角、管根处不易操作而渗漏。施工时附加层应仔细操作；保护好接槎卷材，搭接应满足宽度的要求，保证特殊部位的施工质量。

(5) 屋面卷材防水层施工完毕，经蓄水试验合格后，及时做好保护层。

5.7.3.6 节点处理

大面积防水施工前，应先对节点进行处理，进行密封材料嵌填、附加层铺设等。这有利于大面积防水层施工质量和整体质量的提高，对提高节点处防水密封性、防水层的适应变形能力等也非常有利。

(1) 檐口：将铺贴到檐口端头的卷材裁齐后压入凹槽内，然后将凹槽用密封材料嵌填密实。

(2) 檐沟及水落口：檐沟防水卷材铺贴前，应先对水落口进行密封处理。在水落口杯埋设时，水落口杯与竖管承插口的连接处用密封材料嵌填密实，防止该部位在暴雨时产生倒水现象，水落口周围直径 500 mm 范围内用密封材料涂封作为附加层，厚度不少于 2 mm。水落口杯与基础接触处留出宽 20 mm、深 20 mm 的凹槽，嵌填密封材料。

由于檐沟部位流水量较大，防水层经常受雨水冲刷或浸泡，因此在檐沟转角处先用密封材料涂封，每边宽度不少于 30 mm，干燥后再增铺一层防水卷材作为附加层。

檐沟铺贴防水卷材应从沟底开始，顺檐沟从水落口向分水岭方向铺贴，边铺边用刮板从沟底中心向两侧刮压，赶出气泡使防水卷材铺贴平整，粘贴密实。铺至水落口的各层防水卷材和附加层，均应粘贴在杯口上，用雨水罩的底盘将其压紧，底盘与防水卷材间应满涂胶结材料予以粘贴，底盘周围用密封材料填封。

(3) 泛水与压顶：这些部位结构变化大，容易受太阳曝晒，因此为了增强接头部位防水层的耐久性，需在这些部位加铺一层卷材作为附加层。卷材铺贴前，应先进行试铺，将立面卷材长度留足，先铺贴平面卷材至转角处，然后从下向上铺贴立面卷材。卷材铺贴完成后采用预留凹槽收头，将端头全部压入凹槽内，用压条钉压平服，再用密封材料封严，最后用水泥砂浆抹封凹槽。

(4) 伸出屋面管道：伸出屋面管道卷材铺贴应加铺两层附加层。防水层铺贴后，上端用密封材料密封。穿过防水层的管道分直接穿过和套管穿过两种。直接穿过防水层的管道四周找平层按设计要求放坡，与基层交接处必须预留 20 mm×20 mm 的槽，嵌填密封材料，再将管道四周除锈打光，然后加铺附加增强层。用套管穿过防水层时，套管与基层间的做法与直接穿管做法相同，穿管与套管之间先填弹性材料如沥青麻丝、泡沫塑料，每端留深 20 mm 以上凹槽嵌填密封防水材料，然后再做防水层。

(5) 阴阳角：阴阳角处的基层涂胶后，要用密封膏涂封距角每边 100 mm 宽度，再铺一层卷材附加层，铺贴后接缝处用密封膏封固。

(6) 分格缝：应按设计要求嵌填密封材料。分格缝位置要准确。先弹线后嵌分格木条，待砂浆或混凝土终凝后立即取出。分格缝两侧应做到顺直、平整、密实，否则应及时修补，以保证嵌缝材料黏结牢固。

5.7.4 防水工程质量保证技术措施

5.7.4.1 原材料的质量控制

(1) 所有防水材料的品种、牌号及配合比，必须符合设计要求和施工规范的规定。没有产品合格证及附使用说明书等文件的材料，不得采购和使用。

(2) 凡进场的材料都须按规定抽样检查，凡抽查不合格的产品，坚决不能使用。

(3) 加强计量管理工作，并按规定对计量器具进行检验、校正，保证计量器具的准确性。

(4) 防水施工完后必须做蓄水试验，外墙防水施工完后必须做淋水试验。

5.7.4.2 施工全过程的技术控制

(1) 审查好设备图纸并加强施工管理，认真制定详细的施工方案。

(2) 对防水施工队伍严格考核，确保施工人员的素质及作业水平。

(3) 施工过程中，层层把关，前一道工序验收合格后，方可施工后一道工序。

(4) 涂膜防水层及其变形缝、预埋管件等细部做法，必须符合设计和施工规范的规定。

(5) 涂膜防水层的基层应牢固，表面洁净、平整，阴阳角处呈弧形或钝角，涂刷均匀、无漏刷。

(6) 涂膜胶、附加层、涂刷方法、搭接和收头应符合施工规范规定，并应黏结牢固、紧密、接缝封严，无损伤、空鼓等缺陷。

(7) 防水涂膜防水层应涂刷均匀，且不允许出现露底情况，厚度最少达到设计要求。保护层和防水层黏结牢固、紧密，不得有损伤。

5.8 装饰装修施工方案

5.8.1 室内装饰

室内装饰工程，按从下往上的原则进行施工。每层各分项工程的施工顺序为："先天棚，后墙面，再地面"，各专业按照装修分项工程的施工进度配合施工，重点做好楼面花岗岩、地砖的铺装，确保表面光滑、分格条牢固。

5.8.2 室外装饰

室外装饰工程按从上至下的原则安排施工。本工程室外装饰工程有不同形式的幕墙，施工前应编制详细的作业指导书，使装饰分部工程质量评定达到本工程质量目标要求，并为保证工期创造条件。

5.8.3 主要装饰工程施工方法

5.8.3.1 抹灰工程

本工程外墙抹灰为 25 mm 厚中空微珠保温砂浆(Ⅰ型),其余墙面采用水泥砂浆抹灰。

工艺流程:基层处理 →吊直、套方、找规矩、贴灰饼→墙面冲筋(设置标筋)→抹底灰→抹罩面灰。

(1) 基层处理:将墙面表面灰尘、油垢清扫干净,剔除凸出部位,并于抹灰前一天浇水湿透墙面。

(2) 吊直、套方、找规矩、贴灰饼:根据基层表面平整、垂直情况,经检查后确定抹灰层厚度。贴灰饼采用线坠、方尺、拉通线等方法,用托线板找好垂直,灰饼用 1∶3水泥砂浆做成 50 mm见方,间距 1.5 m。

(3) 墙面冲筋(设置标筋):冲筋用 1∶3水泥砂浆,冲筋的根数根据房间的高度决定,筋宽 50 mm。

(4) 抹底灰:在墙面湿润时,先刷一道素水泥浆(内掺 108 胶),随刷随打底;底灰采用 1∶3 水泥砂浆,分层分边与所冲筋抹平,分层厚度 7～9 mm,每边厚度不超过 5 mm。后用大杠子刮平,后用木抹子搓平搓毛。

(5) 抹罩面灰:底灰抹好后第二天,将墙面湿润后即可抹罩面灰。罩面灰采用 1∶2.5 水泥砂浆,厚度不超过 9 mm。抹灰时先薄薄地刮一道,以增强罩面灰层与底灰层黏结力,随即抹第二遍至抹灰厚度,并用大杠子刮平找直,用铁抹子压实压光。

5.3.2.2 吊顶工程

本工程吊顶分项工程有轻钢龙骨铝扣板吊顶、复合硅钙板及纸面石膏板吊顶。

轻钢龙骨铝扣板吊顶的施工程序为:弹线→龙骨布置→固定吊筋→安装与调平龙骨架→安装铝扣板→修边封口。

(1) 弹线:根据地面 0.5 m 线或事先确定的地面基准点,按图纸设计的吊顶标高弹出高度点,然后用水注法打出吊顶平面标高线,并将标高线弹到墙面或柱面上。对于通透性等差迭级吊顶,要精确弹出等差尺寸标高及迭级位置线。水平允许偏差±5 mm。

(2) 龙骨布置:根据铝扣板的尺寸规格,以及吊顶面积尺寸来安排骨架的结构尺寸。要求板板组合的图案完整,并尽量减少接头。龙骨间距视格栅板而定,不大于 1200 mm。对通透性等差迭级吊顶,要布置、安排好迭级龙骨的位置、尺寸。

(3) 固定吊筋:根据图纸设计吊筋规格及龙骨布置,画出吊筋安装点位置。吊点分布要均匀。吊筋间距以 800～1200 mm 为宜。上人型吊顶的吊筋承载力不得小于 1000 N。

(4) 安装与调平龙骨架:先安主龙骨后安次龙骨,按设计好的间距安装龙骨。次龙骨应紧贴主龙骨安装。对于跨度(H)大于 4000 mm 的房间,龙骨中间部分应起拱,起拱高度不应小于 $H/200$(本项目因是铝合金面板,可小于此值)。明龙骨系列的横撑龙骨与通长次龙骨的接头不得在一条线上。吊筋距主龙骨端部距离不得超过 300 mm,否则应增设吊筋。

(5) 安装铝扣板:铝扣板在安装时应轻拿轻放。先将板的一端用力压入卡脚,再顺势将其余部分压入,采用推压法。由中间向四周安装,使龙骨均匀受力。

(6) 修边封口：对于边角部位做打磨修整，使缝隙严密、通直、饱满、均匀。阴阳角处用线条封口。

复合硅钙板：采用复合粘贴法安装，胶黏剂未完全固化前，板材不得受剧烈振动，安装时房间内湿度不宜过大，并保持室内通风。受污染、破损、变形、图案不全的板材不得使用。

5.8.3.3 涂料工程

本工程涂料工程为主体内墙乳胶漆墙面。

工艺流程：基层清理→填补缝隙、局部刮腻子→打磨→第一遍涂料→复补腻子→打磨(光)→第二遍涂料→打磨→第三遍涂料。

(1) 对于混凝土及抹灰墙面，涂料工程施工前必须除去面层油污及浮层，然后用腻子批嵌，将砂眼、水气泡孔不平之处刮平。第一遍腻子要满刮。然后用0～2号砂纸打磨。以后各遍以此类推。

(2) 施涂时一批或一桶涂料要一次用完，一面墙要一次涂完，以免色泽不一致。上下次、上下遍之间的接槎处要严。

(3) 抹灰墙面的含水率不得大于10%。阴阳角要修顺直。

(4) 滚涂法施工：使用排笔，先刷门窗处墙面，然后竖向、横向滚涂大面两遍，时间间隔2 h。上下涂层的接头要接好，流平性要好，颜色应均匀一致。

5.8.3.4 饰面砖工程

本工程包括地面防滑砖，墙面、地面花岗石，卫生间墙面、地面砖等施工。

(1) 地面砖施工

地面砖施工工序：地面清理→弹标高线→弹十字定位线→铺贴→养护→勾缝、清理。

① 地面清理：清除地面残留砂浆、浮尘等垃圾，清扫干净，检查垫层是否空鼓。施工前1～2 d浇水润湿。

② 弹标高线：根据0.5 m线，弹出面砖成活后的标高线。对于地面基层超高部位要凿除。注意每一层、每一个房间只用一个标高点，以免地面面层标高不交圈。

③ 弹十字定位线：房间面积较大时，要在房间中间弹定位线，其目的是使非整砖排在次要部位或阴角处，对于不规则房间，如多功能厅，必须要弹出十字定位线，同时要进行试排，尽量减少非整砖数量。

④ 铺贴：铺贴前先在地面上扫素水泥浆一道，然后满铺1∶3干硬性水泥砂浆20～40 mm厚。挑选地面砖，在其背面满刮加108胶水的素水泥浆，再将地面砖与地面铺贴，并用橡皮锤由中间向四周轻轻敲击，使其与地面压实，以免空鼓，并且高度与地面标高线吻合。每4～8块地面砖用水平靠尺一靠。铺贴时注意砖缝的通直、均匀、饱满。

⑤ 养护：地砖铺贴后，严禁踩踏，气温高空气干燥时浇适量水加以养护。

⑥ 勾缝：用水泥加颜料拌成腻子，将砖缝勾擦饱满，使砖缝颜色与地砖颜色一致。

(2) 墙面砖施工

墙面砖施工工序：弹线分格 →弹控制线→镶贴面砖→勾缝与擦缝。

① 弹线分格：根据图纸要求进行分段分格弹线，同时贴面层标准点，以控制面层出墙尺寸及垂直度、平整度。

② 镶贴面砖：外墙面砖镶贴应自上而下进行，采用1∶1水泥砂浆加水质量20%的108胶，

砂浆厚度为4～5 mm(要求砂浆用砂应过窗纱筛)。面砖镶贴后用灰铲柄轻轻敲打,使之附线,再用钢片开刀调整竖缝,并用小杠通过标准点调整平整度和垂直度;女儿墙、窗台平面镶贴,除流水坡度应符合要求外,应采取顶面面砖压立面面砖的做法,同时立面中最低一排砖必须压底平面面砖,并低于底平面面砖3～5 mm,以起滴水槽的作用。

③ 内墙面砖采用直缝排列自下而上、从左向右镶贴。先贴阳角后贴阴角。水泥浆加108胶水(水泥:108胶水:水=100:5:26),管道洞口处,先整砖后套割。

④ 勾缝与擦缝:外墙面砖横竖缝宽8 mm,拉缝时用1:1水泥砂浆先勾水平缝,再勾竖缝,要求勾好后凹进面砖外表面2～3 mm。内墙面砖缝宽为1～2 mm,镶贴完毕20～30 min后将其表面纸张揭开,若发现有歪斜、不正的缝子应拨正贴实,先横后竖。内墙面砖镶贴完毕后48 h,用颜色与面砖相同的水泥砂浆刮满缝并压实,再用麻丝和擦布将其表面擦净。

5.9 门窗安装工程施工方案

5.9.1 门窗安装概况

(1) 门窗材质:有防火要求的部位采用木质防火门,除防火门之外的外门为铁质防盗门,室内门除卫生间为实木套装门外其余为铁质防盗门。窗为铝合金中空钢化玻璃窗,大面积部分为铝合金中空钢化玻璃幕墙。

(2) 门窗安装位置:外窗立樘距墙边50 mm,内窗立樘于墙中;外门于墙中立樘;内门与开启方向墙齐平,卫生间、浴室、配窗、污水间离地300 mm。

(3) 安装预留量:门窗和幕墙尺寸均为洞口尺寸,制作安装时应扣除洞口周边预留安装缝隙,详见表5-6。

表5-6 门窗洞口周边预留缝

饰面材料	清水墙	涂料	面砖
预留缝隙(mm)	15	20	25

(4) 门窗性能要求:外门窗的抗风压性能、气密性、水密性等均符合表5-7要求。

表5-7 外门窗性能要求

<table>
<tr><th>性能</th><th colspan="2">性能要求</th><th>适用范围</th></tr>
<tr><td rowspan="2">抗风压</td><td colspan="2">5级</td><td>离地60 m以下</td></tr>
<tr><td colspan="2">最低性能3.8 kPa</td><td>离地100 m以下</td></tr>
<tr><td rowspan="2">气密性</td><td rowspan="2">4级</td><td>$0.5\sim1.5\ m^3/(m^2\cdot h)$</td><td rowspan="2">离地100 m以下</td></tr>
<tr><td>$1.5\sim4.5\ m^3/(m^2\cdot h)$</td></tr>
<tr><td>水密性</td><td>3级</td><td>250 Pa</td><td>离地60 m以下</td></tr>
</table>

5.9.2 门窗安装要求

(1) 凡推拉窗均加设防窗扇脱落的限位装置,防火门窗、防火卷帘均采用消防部门认可的合格产品。

(2) 防火墙和公共走廊上疏散用的平开防火门均设闭门器,双扇平开防火门均安装闭门器和顺序器,常开防火门需均安装信号控制关闭和反馈装置。

(3) 安装玻璃门窗、玻璃幕墙及干挂石材时均根据《建筑玻璃应用技术规程》(JGJ 113—2015)、《玻璃幕墙工程技术规范》(JGJ 102—2003)和《金属与石材幕墙工程技术规范》(JGJ 133—2001)的要求进行安装。

(4) 幕墙工程均满足防火墙两侧、窗间墙、窗槛墙的防火要求,同时满足外围护结构的各项物理、力学性能要求。

(5) 玻璃门窗、玻璃幕墙、玻璃隔断、玻璃栏板、天窗等,其中安全玻璃的使用范围应遵循《建筑安全玻璃管理规定》(发改运行号[2003]2116)。

(6) 门窗立樘位置:外门窗居墙中(注明者除外),内门与开启方向的墙面齐平,卫生间的门扇与楼地面留出 20 mm 间隙,管道井检修门与外墙面齐平,并应高出楼地面 150 mm,做 C15 混凝土门槛,宽同墙厚。

(7) 铝合金门窗使用的建筑型材壁厚:门结构型材 2.0 mm,窗结构型材 1.4 mm。

(8) 平开铝合金门窗采用不锈钢铰链,推拉铝合金门窗用不锈钢带轴承滑轮,并加设门窗扇不脱落的限位装置,平开或推拉门窗均采用橡胶密封条密封以便更换,铝合金百页的固定配件采用不锈钢。

(9) 与门窗相关的金属材料,铝合金型材,五金件,紧固件,密封材料等均符合有关国家或行业标准的规定,选用材料除不锈钢外,均经防腐及电腐处理,不允许与铝合金发生接触腐蚀。

(10) 临空的窗台低于 0.8 m 时(窗台外无阳台、平台、走廊等),设置安全防护栏,并确保从楼地面起计算的防护高度不小于 0.8 m,低窗台、凸窗等下部有能上人站立的窗台面时,贴窗护栏或固定窗的防护高度应从窗台面起计算。

(11) 人流密集的场所台阶高度超过 0.7 m 并侧面临空时,设防护栏杆。阳台、外廊、内天井、上人屋面及室外楼梯等临空处应设置护栏,护栏高 1.20 m,当采用垂直杆件做栏杆时,其杆件净距不大于 110 mm。

(12) 根据《建筑安全玻璃管理规定》,本工程下列部位须设安全玻璃:

① 7 层及 7 层以上建筑物外开窗。

② 面积>1.5 m^2 窗玻璃或玻璃底边离最终装饰面<500 mm 的落地窗。

③ 倾斜装配窗,各类天窗(含天棚、采光窗)吊顶。

④ 楼梯、阳台、平台走廊的栏板和中庭内栏板。

⑤ 建筑物的出入口、门厅等部位雨篷。

⑥ 易遭受撞击、冲击而造成人体伤害的其他部位。

5.9.3 门窗安装施工工艺

5.9.3.1 铝合金门窗安装

(1) 安装工艺及要点

① 铝合金窗制作在场外进行,窗框安装略提前于内、外墙涂料施工,以便涂料收头。

② 检查门窗框质量,附件是否齐全。

③ 画线定位:门窗的水平位置以楼层室内 0.5 m 为准向上量出窗下皮标高,弹线找直,每一层必须保持窗下皮标高一致。

④ 防腐处理:水泥砂浆对铝合金材料的腐蚀性极强,应切实避免两种材料直接接触。铝合金与墙体之间采用发泡剂填充;由于铝合金与一般墙体材料之间的热膨胀系数相差较大,所以必须采用具有良好弹性的密封胶密封,而且内外两侧都打密封胶,在抹灰前应严格控制窗边与墙体留缝的深度和宽度。

⑤ 门窗框安装就位:安装时吊垂线并进行对角线卡方,以保证框的位置准确及平整方正,在框与墙之间的缝隙中塞木楔临时固定,用水泥钉将周边的连接铁片固定于墙上。窗框缝按要求用填料嵌塞密实。

⑥ 铝合金门窗安装就位固定:墙体施工时预埋铁件,直接将铝合金门窗的铁脚与墙体上预埋的铁件焊接。

⑦ 门窗框与墙体间缝隙的处理:窗框缝采用矿棉或玻璃棉棉毡条分层填塞缝隙,嵌塞应密实,外表面留 5~8 mm 深槽口填嵌嵌缝油膏。

⑧ 门窗扇及门窗玻璃的安装:门窗扇及门窗玻璃在洞口墙体表面装饰完工后安装。

⑨ 安装五金配件:五金配件与门窗连接采用镀锌螺钉,安装五金配件应结实牢固,使用灵活。

(2) 质量要求

① 所有铝合金窗在施工完成后,均做压力喷水试验,无渗漏则表示铝合金窗防水合格。应着重检查其使用功能,开关灵活,密闭性良好,符合设计及规范要求。

② 铝合金门窗框安装后要采取防污染措施,采用工程胶带、分色纸对成品进行有效的保护。

5.9.3.2 玻璃幕墙安装

(1) 工艺流程

安装各楼层紧固铁件→横、竖龙骨装配→安装竖向主龙骨→安装横向次龙骨→安装镀锌钢板→安装保温防火矿棉→安装玻璃 → 安装盖口条及装饰压条。

(2) 安装各楼层紧固铁件

主体结构施工时预埋件预埋形式及紧固铁件与预埋件连接方法,有以下两种方式:

① 在主体结构的每层现浇混凝土楼板或梁内预埋铁件,角钢连接件与预埋件焊接,然后用螺栓(镀锌)再与竖向龙骨连接。

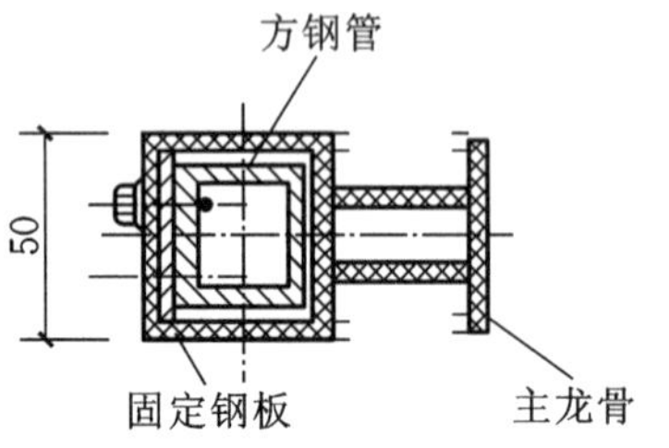

图 5-32 内套管示意图

② 主体结构的每层现浇混凝土楼板或梁架内预埋"T"形槽,角钢连接件与"T"形槽通过镀锌螺栓连接,即把螺栓预先穿入"T"形槽内,再与角钢连接件连接。

(3)横、竖龙骨装配

在龙骨安装就位之前,预先装配好以下连接件:

① 竖向主龙骨与紧固铁件之间的连接件。

② 竖向主龙骨之间接头的钢板内、外套管连接件(图 5-32)。

③ 横向次龙骨的连接件。

④ 主龙骨与次龙骨之间连接配件。

各结点的连接件的连接方法要符合设计图纸要求,连接必须牢固、横平竖直。

(4) 安装竖向主龙骨

主龙骨一般由下往上安装，每两层为一整根，每楼层通过连接紧固铁件与楼板连接。

① 先将主龙骨竖起，上、下两端的连接件对准紧固铁件的螺栓孔，初打螺栓。

② 主龙骨可通过紧固铁件和连接件的长螺栓孔上、下、左、右进行调整，左、右水平方向应与弹在楼板上的位置线相吻合，上、下对准楼层标高；前、后不得超出控制线，确保上下垂直，间距符合设计要求。

③ 主龙骨通过内套管竖向接长，为防止铝材受温度影响而变形，接头处应留适当宽度的伸缩孔隙，具体尺寸根据设计要求，接头处上下龙骨中心线要对齐。

④ 安装到最顶层之后，再用经纬仪进行垂直度校正，检查无误后，把所有竖向龙骨与结构连接的螺栓、螺母、垫圈拧紧、焊牢。所有焊缝重新加焊至设计要求，并将焊药皮砸掉，清理检查符合要求后，刷两道防锈漆。

(5) 安装横向次龙骨

安装好主龙骨后，进行垂直度、水平度、间距等项检查，符合要求后，便可进行次龙骨的安装。

① 安装前，将水平龙骨两端头套上防水橡胶垫。

② 用木支撑暂时将主龙骨撑开，接着装入横向次龙骨，然后取掉木支撑后，两端橡胶垫被压缩，起到较好的防水效果。

③ 大致水平后初拧连接件螺栓，然后用水准仪抄平，将横向次龙骨调平后，拧紧螺栓。

④ 安装过程中，要严格控制各横向次龙骨之间的中心距离及上下垂直度，同时要核对玻璃尺寸能否镶嵌合适。

(6) 安装楼层之间封闭镀锌钢板

由于幕墙挂在建筑外墙，各竖向龙骨之间的孔隙通向各楼层，为了隔音、防火，应把矿棉防火保温层镶铺在镀锌钢板上，将各楼层之间封闭。为使钢板与龙骨之间接缝严密，先将橡胶密封条套在钢板四周，将钢板插入吊顶龙骨内(或用胀管螺栓钉在混凝土底板上)。在钢板与龙骨的接缝处再粘贴沥青密封带，且应敷贴平整。最后在钢板上焊钢钉，钉距及规格符合设计要求。

(7) 安装保温防火矿棉

镀锌钢板安完之后，安装保温、防火矿棉。将矿棉保温层用胶黏剂粘在钢板上。用已焊的钢钉及不锈钢片固定保温层，矿棉应铺放平整，拼缝处不留缝隙。

(8) 安装玻璃

单、双层玻璃均由上向下，从一个方向起连续安装，预先将玻璃用电梯运至各楼层的指定地点，立式存放，并派专人看管。

① 将框内污物清理干净，在下框内塞垫橡胶定位块，垫块支持着玻璃的全部重量，要求其具有一定的硬度与耐久性。

② 将内侧橡胶条嵌入框格槽内(注意型号)，嵌胶条方法是先间隔分点嵌塞，然后再分边嵌塞。

③ 抬运玻璃(大玻璃应用机械真空吸盘抬运)，先将玻璃表面灰尘、污物擦拭干净。往框内安装时，注意正确判断内、外面，将玻璃安嵌在框槽内，嵌入深度四周要一致。

④ 将两侧橡胶垫块塞于竖向框两侧，然后固定玻璃，嵌入外密封橡胶条(也可用密封膏进行封缝处理)，镶嵌要平整。

(9) 安装盖口条和装饰压条

① 盖口条安装：玻璃外侧橡胶条(或密封膏)安装完之后，在玻璃与横框、水平框交接处均

要进行盖口处理，室外一侧安装外扣板，室内一侧安装压条（均为铝合金），其规格型式根据幕墙设计要求确定。

② 幕墙与屋面女儿墙顶交接处，应有铝合金压顶板，并有防水构造措施，防止雨水沿幕墙与女儿墙之间的空隙流入，操作时依据幕墙设计图施工。

(10) 擦洗玻璃

幕墙玻璃各组装件安装完毕后，在竣工验收前，利用擦窗机（或其他吊具）将玻璃擦洗一遍，达到表面洁净、明亮。

(11) 质量要求

① 金属骨架：色泽一致，表面洁净，无污染、麻点、凹坑、划痕，拼接缝严密、平整，横平竖直，无错台错位。连接幕墙与主体结构的连接件三个方向的安装允许偏差为±1 mm。

② 玻璃：玻璃安装朝向正确，表面洁净、平整、无翘曲，无污染，玻璃颜色一致，膜面层完好，反映外界影像无畸变。四边45°角倒磨光滑，线条交圈，外观晶莹美观，外观质量和性能符合国家现行有关标准和规定。

③ 压条及玻璃胶：压条扣扳平直，对口严密，安装牢固、整齐，密封条安装嵌塞严密，使用密封膏的部位必须干净，与被密封物黏结牢固，外表顺直，无错台错位，且光滑、严密、美观。胶缝以外无污渍。

④ 防火保温填充材料应符合以下要求：用料干燥，铺设厚度符合要求，均匀一致，无遗漏，铺贴牢固不下坠。

⑤ 玻璃幕墙收口、压条应符合以下规定：收口严密无缝，压条顺直，无错台错位，坡度准确，排水孔畅通。

⑥ 有关防雷接地的线路安装质量要符合电气安装规范要求。

5.9.3.3 木门安装

(1) 安装工艺及要点

① 工艺流程：弹线找规矩→决定门框安装位置→决定安装标高→掩扇、门框安装样板→门窗安装→门扇安装。

② 根据室内0.5 m线检查窗框安装的标高尺寸，对不符合要求的结构边棱进行处理。

③ 室内外门框应根据图纸位置和标高安装，为保证安装的牢固，应提前检查预埋木砖数量是否满足要求。

④ 木门框安装应在地面工程和墙面抹灰施工以前完成。

⑤ 采用预埋带木砖的混凝土块与门窗框和轻质隔断墙连接。

⑥ 弹线安装门窗框扇：应考虑抹灰层厚度，并根据门窗尺寸、标高、位置及开启方向，在墙上画出安装位置线。

(2) 木门扇的安装

① 先确定门的开启方向及小五金型号、安装位置，对开门扇扇口的裁口位置及开启方向，检查门口尺寸是否正确；边角是否方正，有无窜角。检查门口高度应量门的两个立边，检查门口宽度应量门口的上、中、下三点，并在扇的相应部位定点画线。

② 将门扇靠在框上画出相应的尺寸线，如果扇大，则应根据框的尺寸将大出的部分刨去，若扇小应绑木条，且木条应绑在装合页的一面，用胶粘牢并用钉子钉牢，钉帽要砸扁，顺木纹送入框内1～2 mm。

③ 安装对开扇时，应将门扇的宽度用尺量好，再确定中间对口缝的深度。

④ 五金安装应符合设计图纸的要求，不得遗漏，一般门锁、碰珠、拉手等距地高度为 95～100 cm，插销应在拉手下面。

⑤ 门扇开启后容易碰墙的，为固定门扇位置，需安装门碰头，对有特殊要求的关闭门，应安装门扇开启器。

(3) 质量要求

① 门框安装位置必须符合设计要求，检验方法：观察和尺量检查。

② 门框必须安装牢固，固定点符合设计要求和施工规范的规定，检验方法：观察和用手推拉检查。

③ 门扇安装：裁口光滑，开关灵活、稳定，无回弹和倒翘。

④ 门小五金安装位置适宜，槽深一致，边缘整齐，尺寸准确。

⑤ 门披水、盖口条、压缝条、密封条安装尺寸一致，平直光滑，与门结合牢固、严密，无缝隙。

5.9.4 成品保护

5.9.4.1 铝合金门及玻璃幕墙成品保护

(1) 铝合金门窗应入库存放，下边应垫起、垫平，码放整齐。对已装好披水的门窗，注意存放时支垫好，防止损坏披水。

(2) 门窗保护膜应检查完整无损后再进行安装，安装后应及时将门框两侧用木板条捆绑好，并禁止从窗口运送任何材料，防止碰撞损坏。

(3) 若采用低碱性水泥或豆石混凝土堵缝时，堵后应及时将水泥浮浆刷净，防止水泥固化后不好清理，并损坏表面的氧化膜。铝合金门窗在堵缝前，对与水泥砂浆接触面应涂刷防腐剂进行防腐处理。

(4) 抹灰前应将铝合金门窗用塑料薄膜保护好，在室内湿作业未完成前，任何工种不得损坏其保护膜，防止砂浆对其面层的侵蚀。

(5) 铝合金门窗的保护膜应在交工前撕去，要轻撕且不可用开刀铲，防止将表面划伤，影响美观。

(6) 铝合金门窗表面如有胶状物时，应使用棉丝沾专用溶剂擦拭干净，如发现局部划痕，可用小毛刷沾染色液进行涂染。

(7) 架子搭拆、室内外抹灰、轻钢龙骨安装，管道安装及建材运输等过程，严禁擦、砸、碰和损坏铝合金门窗樘料。

(8) 铝合金框料及各种附件，进场后分规格、分类码放在防雨的专用库房内，不得压放重物。运料时轻拿轻放，防止碰坏划伤。玻璃要防止日光暴晒，存放在库房内，分规格立放在专用木架上，设专人看管和运输，防止碰坏和划伤表面镀膜。

(9) 安装铝合金框架过程中，注意对铝框外膜的保护，不得划伤。搭设外架子时注意对玻璃的保护，防止撞破玻璃。

(10) 铝合金横、竖龙骨与各附件结合所用的螺栓孔，要预先用机械打好孔，不得用电焊烧孔。

(11) 在安装过程中，防止构件下落，因此要支搭安全网。

(12) 靠近玻璃幕墙的各道工序，在施工操作前对玻璃作好临时保护，如用纤维板遮挡。

5.9.4.2 木门成品保护

(1) 木门框安装后应用厚铁皮保护，其高度以手推车车轴中心为准，修刨门时应用木卡具将门垫卡牢，以免损坏门边。

(2) 门框进场后应妥善保管，入库存放，其门存放架下面应垫起，离地面 20～40 cm，并垫平，按其型号及使用的先后次序码放整齐，露天临时存放时上面应用苫布盖好，防止日晒、雨淋。

(3) 进场的木门框应将靠墙的一面刷木材防腐剂进行处理，其余各面应刷清油一道，防止受潮后变形。

(4) 安装门时应轻拿轻放，防止损坏成品；修整门时不能硬撬，以免损坏扇料和五金。

(5) 安装门扇时，注意防止碰撞抹灰口角和其他装饰好的成品面层。

(6) 已安装好的门扇如不能及时安装五金时，应派专人负责管理，防止刮风时损坏门窗及玻璃。

(7) 严禁将门框、门扇作为架子的支点使用，防止脚手板搬动时砸碰和损坏门框、扇。

(8) 小五金的安装型号及数量应符合图纸要求，安装后应注意成品保护，喷浆时应遮盖保护，以防污染。

(9) 门装好后不得在室内推车，防止破坏和砸碰门。

5.10 安装工程施工方案

5.10.1 给排水工程

5.10.1.1 给排水工程施工流程

给排水工程施工流程如图 5-33 所示。

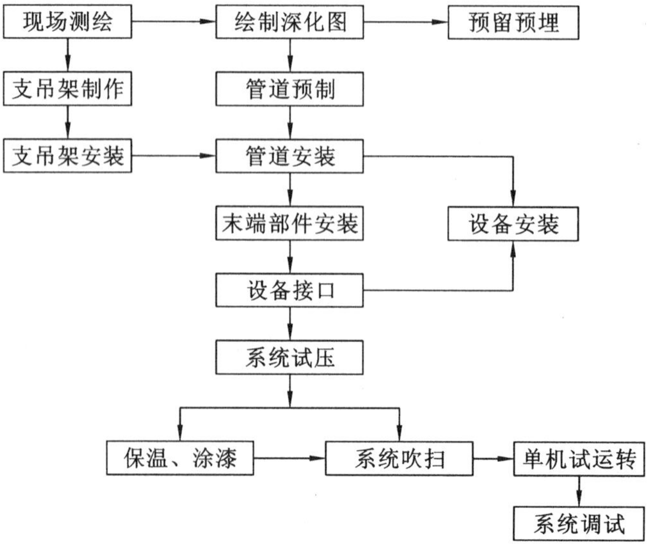

图 5-33 给排水工程施工流程

5.10.1.2 支架与管道制作安装方法

(1) 支架的制作安装

① 支架制作安装流程：

支架选型→确定尺寸→下料→支架制作→支架防腐、涂漆→支架安装。

② 支架选型见表 5-8。

表 5-8 支架选型表

管道类型	连接方式	管径(mm)	支架形式	设置间距
水平管	螺纹	≤50	圆钢吊架	不大于 2 m
		50～100	圆钢吊架	不大于 2 m
	沟槽或焊接	100	型钢支架	不大于 8 m
		≥150	型钢支架	不大于 8 m
垂直管	螺纹	≤75	型钢防震支架	每层一个
		75～100	型钢防震支架	每层一个
	沟槽卡箍	≥100	型钢防震支架	每层一个

③ 支架的安装：

管道支架加工制作前应根据管道的材质、管径大小等按标准图集进行选型。支架的高度应与其他专业进行协调后确定，防止施工过程中管道与其他专业的管线发生“碰撞”。

管道支架必须满足管道的稳定和安全要求，允许管道自由伸缩并符合安装高度要求。

临近阀门和其他大件管道须安装辅助支架，以防止过大的应力，临近泵接头处亦须安装支架以免设备受力。对于机房内压力管道及其他可把振动传给建筑物的压力管道，必须安装弹簧支架并垫橡胶垫圈以达到减震的目的。

垂直安装的总(干)管，其下端应设置承重固定支架，上部末端设置防晃支架固定。

管道的干管三通与管道弯头处应加设支架固定，管道支吊架应固定牢固。给水钢管管道支架的最大间距满足表 5-9 要求。

表 5-9 给水钢管管道支架的最大间距

公称直径(mm)		15	20	25	32	40	50	70	80	100	125	150	200	250	300
支架最大间距(m)	保温	2	2.5	2.5	2.5	3	3	4	4	4.5	6	7	7	8	8.5
	不保温	2.5	3	3.25	4	4.5	5	6	6	6.5	7	8	9.5	11	12

(3) 管道制作安装

本工程采用的管材及连接方式见表 5-10。

表 5-10 管材及连接方式选择

系统名称	采用管材	连接方式
自来水管	钢塑复合管	丝接
超纯水管	UPVC 管	黏结

续表 5-10

系统名称	采用管材	连接方式
饮用纯水管	不锈钢管	氩弧焊接
消火栓给水管	热浸镀锌钢管	法兰或沟槽连接
自动喷水给水管	热浸镀锌钢管	丝扣或沟槽连接
排水管	生活污水管:柔性接口离心球墨铸铁排水管	卡箍接口连接
	生产污水管:玻璃钢排水管	橡胶圈接口或承插
雨水管	UPVC 管	明装焊接、埋地承插

① 球墨铸铁排水管安装

球墨铸铁排水管为卡箍连接,其安装方法为:

将卡箍内橡胶圈取下,将卡箍套入下部管道→将橡胶圈套入下部管道一端→将上部管道套入橡胶圈→将卡箍套入橡胶圈→使用专用工具拧紧不锈钢卡箍。

注意:不要损坏橡胶圈,卡箍安装应与管道垂直,卡箍拧紧时掌握好力度。

② 热镀锌钢管安装

热镀锌钢管连接采用沟槽式连接,其安装方法为:清理对接的管口端面和表面→将沟槽卡箍专用接头在管端试连接,在管道上沟出沟槽痕迹,用专用工具在管端沟出沟槽→将需连接的两节直管道固定在支架上,留出沟槽缝隙,然后用沟槽卡箍专用接头连接。连接时,保证两节管道在同一条直线上。

工艺流程:安装准备→滚槽→ 防锈处理→检查管端→检查橡胶→安装橡胶密封圈→连接管端和外壳→插螺栓→紧螺母。

A. 安装准备

a. 准备待装管子(符合国家标准)、施工机具,安装脚手架等。

b. 按管路设计要求装好待装管子的支架、托架。

B. 滚槽

a. 滚槽机是在使用沟槽接头作为管道连接件时,对管子进行预处理的专用工具。操作原理是利用转动的压轮带动管子转动,管子的径向随压轮径向施加压力,从而利用压轮的结构在管子的固定位置冷压出一个规定的沟槽。

b. 滚槽机应放置在一块宽敞平整的地方,避免机器在滚槽时振动而影响压槽质量,如机器不水平,则可通过调节地脚螺丝进行调整,直到机器水平为止。

c. 根据管子大小制作好管子支架,要求能上下伸缩,且摆放平整,并能通过地脚螺丝调整水平,管子转动部位要安装轴承。

d. 压制管子时要调试油压,一般压制沟槽的时间控制见表 5-11。

表 5-11　管道沟槽压制直径与时间关系表

管道规格	*DN*80	*DN*100	*DN*125	*DN*150	*DN*200	*DN*250
压制时间(min)	2.5	2.5	3	3	4	5

e. 根据管子大小及压制的沟槽深浅调整限位,使压制沟槽深度在规定范围之内;如果压

制的管子规格变化时，需重新调整限位。

C. 滚槽操作

a. 用切管机将钢管按所需长度切割，切口应平整，切口处若有毛刺，应用砂轮机打磨平整。

b. 将需加工沟槽的钢管架设在滚槽机和滚槽机尾架上。

c. 用水平仪调整滚槽机尾架、滚槽机、钢管处于水平位置。

d. 将钢管端面与滚槽机下滚轮挡板端面贴紧，即钢管与滚槽机下滚轮挡板端面成90°。

e. 启动滚槽机电机。徐徐压下千斤顶，使上压轮均匀滚压钢管至预定的沟槽深度为止，停机。

f. 用游标卡尺、深度尺检查沟槽的深度和宽度等尺寸，确认符合标准要求。

g. 千斤顶卸荷、取出钢管。

D. 开孔机及其操作

开孔机是使用于开孔式连接系统的管子预加工工具，使用时将开孔固定于主管上，启动电源开关，通过环形钻锯在主管上开出所需要的孔。适用于安装开孔式接头(机械三通、机械四通)。

电源接通后，启动检查电机及相关部件是否转动灵活，是否有异样的声音，转速是否适当，如有要检查是否有杂物，同时加入适当的润滑剂。

根据需要开孔的管子和安装的管件，选用正确的开孔锯。开孔锯规格由开孔大小确定。

E. 检查管端

管道从末端至开槽的外部，必须无刻痕、凸起，无滚轮印记，刷防锈漆两道。保证内衬的防漏密封，检查橡胶密封圈是否损伤。

F. 安装橡胶密封圈

把橡胶密封圈放在管端上，保证密封圈凸缘不外伸管端，并在其凸缘和外侧均匀涂抹一层润滑剂。

安装必须遵循先装大口径、总管、立管，后装小口径、支管的原则。安装过程中不可跳装、分级装、必须按顺序连续安装，以免出现段与段之间连接困难和影响管路整体性能。

G. 连接管端和外壳

把管端集合在一起，在槽之间对准橡胶密封圈中心，保证管道中轴线保持一致，橡胶密封圈部分不应延伸到任何一个槽中。然后在接头螺孔位置穿上螺栓，并均匀轮换拧紧螺母，防止橡胶密封圈起皱。最后检查确认接头凸边全圆周卡进两管道的沟槽中。插入剩下的螺栓，使螺母容易上紧，保证螺栓头进入外壳的凹凸中。严禁用大扳手上紧小螺栓，以免上紧力过大，螺栓受损伤。

H. 开孔安装机械三通、四通

a. 安装机械三通、四通的钢管应在接头支管部位用开孔机开孔。

b. 用链条将开孔机固定于钢管预定开孔位置处，用水平仪调整至水平。

c. 启动电机转动钻头。

d. 转动设置在支柱顶部的手轮缓慢向下，并适量添加开孔钻头的润滑剂(以保护钻头)、完成钻头在钢管上开孔。

e. 清理钻落金属块和开孔部位残渣，孔洞有毛刺，需用砂轮机打磨光滑。刷防锈漆两道。

f. 将机械三通(机械四通)置于钢管孔洞上下，注意机械三通(机械四通)、橡胶密封圈与孔洞间隙均匀，紧固螺栓到位。

③ UPVC 管的连接

A. 黏结剂的性能要求及连接程序

性能要求：黏结力和内聚力强；易于涂在结合面上；固化时间短；不产生污染；强度满足要求。

连接程序：准备→清理工作面→试插→刷黏结剂→黏结→养护。

B. 操作方法

检查管材、管件质量，根据作业项目准备机具（表 5-12）。

表 5-12　管道作业项目与机具选择表

作业项目	工具种类
切管及坡口	细齿锯或割管机，倒角器
清理工作面	棉纱或干布，丙酮等清洗剂
黏结	毛刷、黏结剂

a. 清理工作面：管材或管件黏结前，应用棉纱或干布擦干净，保证无尘沙与水迹。当表面粘有油污时，需用棉纱蘸丙酮等清洁剂擦拭干净。

b. 试插：黏结前应将两管试插一次，使插入深度及配合情况符合要求，并在插入端表面画出插入承口深度标线。

c. 涂刷黏结剂：用毛刷将黏结剂迅速涂刷在插口外侧及承口内侧结合面上，宜先涂承口，后涂插口，宜轴向涂刷，涂刷均匀适量。

d. 黏结：承插口涂刷黏结剂后，应立即找正方向将管端插入承口，用力挤压，使管端插入深度至标线。

e. 养护：承插接口连接完毕后，应将挤出的黏结剂擦拭干净。黏结后，不得立即对结合部位强行加载。

C. 管道安装后，应按表 5-13 进行质量检验和评定，如不符要求，须进行整改。

表 5-13　管道检验评定指标

<table>
<tr><th>项次</th><th colspan="4">项目</th><th>允许偏差(mm)</th><th>检查方法</th></tr>
<tr><td rowspan="3">1</td><td rowspan="3">水平管道</td><td rowspan="2">纵横向弯曲</td><td>DN100 以内</td><td rowspan="2">每 10 m</td><td>5</td><td rowspan="6">用液体连通器、水平仪、直尺、吊垂、拉线和尺量检查</td></tr>
<tr><td>DN100 以上</td><td>10</td></tr>
<tr><td colspan="3">横向弯曲全长 25 m 以上</td><td>20</td></tr>
<tr><td rowspan="2">2</td><td colspan="2" rowspan="2">立管垂直度</td><td colspan="2">每 1 m</td><td>2</td></tr>
<tr><td colspan="2">全长 5 m 以上</td><td>8</td></tr>
<tr><td>3</td><td colspan="4">成排管段及成排阀门在同一平面上</td><td>3</td></tr>
</table>

④ 钢塑复合管安装

A. 管道施工工艺流程：安装准备→预制加工→干管安装→立管安装→支管安装→管道试压→管道冲洗→防腐保温。

B. 安装前应将表面的油污清洗干净。

C. 采用专用剪刀和热熔接器进行加工。

D. 管件与管道连接时,应保证管件与管道的中心线一致。

5.10.1.3 管道试压及冲洗

(1) 给水试压及冲洗

① 给水系统试压,用精度不低于 1.5 级,最大量程为试验压力的 1.3~1.5 倍的压力表,表盘的公称直径不应小于 150 mm,使用前经当地计量部门检测,在有效期内使用。

② 试验方法:先将管道内灌满水,然后缓慢加压至试验压力,在试验压力下,10 min 内压力降不大于 0.05MPa,然后将试验压力降至工作压力观察,无渗漏为合格。试压合格后将水泄净。

③ 管道试压合格后进行冲洗,冲洗水流速不小于 1.0 m/s,冲洗时间以出口处水的浊度、色度与入口处相同为准。

(2) 排水系统的灌水及通水试验

① 埋地的排水管道,在隐蔽前必须做灌水试验,灌水高度不低于底层地面高度,满水 15 min 后再灌满水,延续 5 min,液面不下降为合格。

② 排水管道施工完毕后进行闭水试验,注入高度以本层楼高为准,30 min 管道不渗漏为合格。

5.10.1.4 管道部件安装方法

(1) 阀门安装

① 阀门安装前,应做耐压强度试验。干管阀门须逐个试验,支管阀门抽查。强度和严密性试验压力应为阀门出厂规定的压力。做好阀门试验记录。

② 阀门安装时,应仔细核对阀件的型号与规格是否符合设计要求。阀体上标示箭头方向应与介质流动方向一致。阀门安装位置应符合设计要求,便于操作。

(2) 减压阀安装

① 减压阀可垂直或水平安装,安装中应注意进出水方向,不可颠倒。

② 减压阀前应设计和安装过滤器,以便保护减压阀,延长使用寿命。安装减压阀之前必须对管路系统进行冲洗清理,以防止焊渣、氧化皮等脏物流入阀门,影响阀门正常工作。

③ 减压阀前应设截止阀,一般安装在过滤器前,便于维修时切断水源。为保证产品的正常维护和不间断供水,应采用并联安装方式,此时减压阀前后都应设置截止阀。

④ 减压阀前后如设置压力表,压力表与减压阀门进口或出口端应保持 500 mm 以上距离。

⑤ 减压阀出水端可设置软接头,便于安装维修。

⑥ 减压阀内部为精密组件,运输及安装过程中切不可用力摔打。减压阀内部有橡胶材料,运输、存放及安装时均应远离炽热环境(如电气焊等),防止橡胶过早老化。

5.10.1.5 主要设备安装

(1) 水泵安装

安装流程:水泵找正→水泵找平→水泵及电机吊装→平垫铁安装→检测安装偏差→水泵试运行。

设备全部选定型后,进行设备基础的设计和施工,其施工流程为:水泵定位→基础位置、基础做法、基础尺寸、固定方法、地脚螺栓位置确定→画基础安装图→基础施工→水泵就位安装。

① 吊装就位

基础验收合格后,安装水泵,吊装采用三脚架或在楼板上设支架,利用手动葫芦作为起重工具。起吊时,钢丝绳只能系在吊环上。水泵就位后进行找正,包括中心线找正、水平找正和标高找正。

水泵找正找平后，向地脚螺栓孔和基础与水泵底座之间的空隙内灌注水泥砂浆，待水泥砂浆凝固后再拧紧地脚螺栓，并对水泵的位置进行复查，以免水泵在二次灌浆或拧紧地脚螺栓时发生位移。

在水泵二次灌浆混凝土强度达到75%以后，对水泵进行精校，进行配管安装。

管道与泵体连接时不得强行组合连接，水泵的吸水管及出水管应设支撑，避免重量加到泵体及连接处。

② 泵清洗

试车前，检查泵体内有无杂物，盘动转子应灵活无阻滞现象，无异常响声，否则应拆开检查，排除故障。拆检后，机械密封件需经清洗才能复装。

③ 试运转

A. 试运转前的检查

各紧固件连接部位不得松动，润滑状况良好。附属设备及管件干净，管路畅通，安全保护齐全正常，盘车灵活，声音正常。

B. 无负荷试车运转及标准

全开启入口阀门，全关闭出口阀门，排净吸入管内的空气，吸入管充满水，开启泵的传动装置，运行1～3 min停车。保证运转中没有不正常的声响，紧固件没有松动，轴承无明显升温。

C. 负荷试运转

会同设备厂家、建设单位专业技术人员一起进行负荷试运转，达到泵运转无杂音，泵体无泄漏，紧固件无松动，轴承温度不高，安装保护装置灵敏可靠。

(2) 水箱安装

水箱安装流程，如图5-34所示。

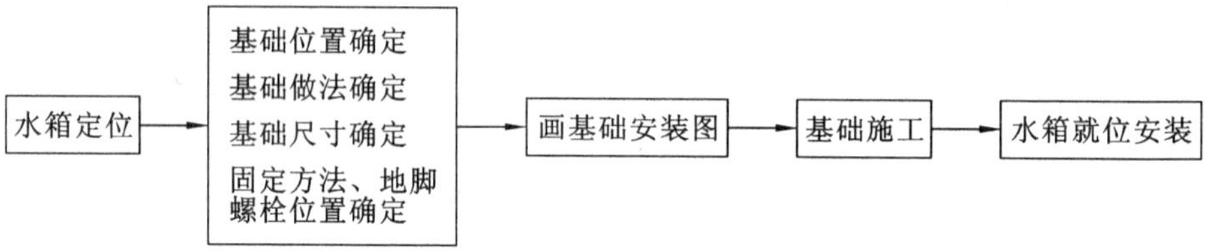

图5-34　水箱安装流程

① 施工准备

土建施工时，根据水箱型号规格及基础结构图筑注混凝土基础，水箱安装前对基础进行验收、测平。设备开箱检验，仔细核对装箱表，检查设备及配件是否齐全，设备有无损坏。

② 安装方法及要求

A. 拼装过程中水箱箱壁、箱底焊缝之间不允许有凸起、凹陷等现象，且不得与横向角钢重合。

B. 水箱底座要找平。底座内要预埋铁构件，用槽钢做支座，支座与底座要衔接紧密。

C. 槽钢支座要均匀受力，能使水箱水平放置。

D. 水箱安装好后用槽钢做加强支撑，避免水箱满水后膨胀变形。

E. 根据实际情况，如有必要可以在箱体周围用角钢制作抱箍进行加固，抱箍角钢间距为1 m。

F. 安装完的水箱必须符合设计要求且平整牢固。水箱坐标、标高、垂直度等偏差在允许范围内。水箱允许偏差见表5-14。

表 5-14 水箱允许偏差范围及检验方法

项目		允许偏差(mm)	检验方法
水箱	坐标	15	利用水准仪、直尺、拉线和尺量进行检查
	标高	±5	
	垂直度	1	

G. 水箱要进行盛水试验:将水箱完全充满水,2 h 后用小锤沿焊缝两侧约 150 mm 的地方轻敲,检查是否有渗漏。

水箱就位后,按图纸设计安装进水管、出水管、溢流管、排污管、水位信号管等,安装好后,进行水压试验和保温处理。

5.10.1.6 给排水系统调试

(1) 给水泵性能测试

自动和手动给水泵,应在规定时间内开始工作,并迅速达到设计要求。

(2) 给水设备试验

给水设备启动后,各项参数应满足设计要求,在运行过程中如发生异常,应立即进行处理。

(3) 系统联动试验

从各处返回的启泵信号能启动水泵,系统联动后各用水点的压力和流量应满足设计要求;各项控制装置运转正常,无卡塞和失灵现象;系统联动时,管道压力及流速应满足要求,阀门及器具无渗漏、损坏。

5.10.2 电气工程

5.10.2.1 工程概况

(1) 施工范围

① 电气工程包括低压配电系统,动力、照明系统,防雷接地系统,火灾自动报警系统。

② 有线电视、电话、网络等弱电系统由业主另行委托相关专业公司设计安装。

③ 厨房内照明及动力配电由专业公司二次设计安装(此次食堂厨房设计仅预留电源,灯具、插座布置仅供参考)。

(2)配电系统

① 本工程由校区电网引一路~380/220 V 电源至-1 层低压配电室,作为本工程的工作电源。另外再从附近大楼的柴油发电机房引~380/220 V 电源至本工程二级负荷双电源切换箱,作为二级负荷的备用电源。并在 1 层进线处设置开关箱。当工作电源故障时,柴油发电机在 15 s 内自启动。

② 在各层的配电箱内均设置电能计量表,供内部计量使用。

③ 本工程功率因数采用低压集中自动补偿,补偿后的功率因数大于 0.9;

④ 本工程低压采用 TN-S 系统配电。工作零线(N)与接地保护线(PE)自变配电低压开关柜开始分开,不再相连。配电采用放射式与树干式相结合的方式,对于单台容量较大的负荷或一级负荷采用放射式供电,主楼采用预制分支电缆供电。

(3) 等电位联结和防雷接地系统

① 本建筑在-1 层低压配电室设总等电位联结端子箱(MEB),所有进出本建筑的金属管

道、低压配电柜、PE母线及建筑物金属物（至少两点）均以—50×5镀锌扁钢连接于总等电位联结端子板。

② 在消防控制室及带淋浴的卫生间设置局部等电位联结（LEB），从接地装置引专用接地线与其相应的LEB联结。

③ 过电压保护：在配电房低压母线上装一级电涌保护器（SPD），二级配电箱内装二级电涌保护器，末端配电箱及弱电机房配电箱内装三级电涌保护器，网络电源系统、电信引入端设过电压保护装置。

（4）火灾自动报警系统

① 本工程按《火灾自动报警系统设计规范》（GB 50116—2013）属二级保护对象。

② 本工程采用集中报警系统，消防控制室设在1层，选用"JB-QG-GST500"二总线分布智能火灾报警联动一体控制系统。

A. 接通消防广播。其中消火栓按钮起报警作用。

B. 消防控制室对防排烟风机、排风机的启、停除自动控制外，还应能手动直接控制。

C. 消防控制室必须设置一部与当地公安消防部门直接联系的消防直拨电话。

D. 探测器与灯具的水平净距应大于0.2 m；与送风口边的水平净距应大于1.5 m；与多孔送风顶棚孔口或条形送风口的水平净距应大于0.5 m；与嵌入式扬声器的净距应大于0.1 m；与自动喷水头的净距应大于0.3 m；与墙或其他遮挡物的距离应大于0.5 m。现场安装若有冲突，施工方根据现场情况进行局部调整。

E. 在消火栓箱内设消火栓报警按钮。接线盒设在消火栓的开门侧，底距地1.5 m。

（5）电气节能

① 本工程所选灯具为节能灯（配置节能镇流器，自带电容补偿，$\cos\varphi>0.9$），采用高光效三基色T5管光源。

② 避免楼梯间公共走道灯具在无人的时候也常开，楼梯间公共走道灯具选用声光控灯，人走灯熄。

③ 室内灯具控制为分组控制，平时白天仅开启靠墙采光较弱区域上方的灯具，随着室外天色变暗逐步开启靠窗上方灯具，以达到照度标准。

④ 风机的电动机要求选用高效节能型电动机。

5.10.2.2 预留、预埋管、箱（盒）、导线敷设

（1）暗配管、箱（盒）

根据施工图及施工工艺标准和电气施工作业指导书的要求进行电气预埋管、箱（盒）的施工。认真熟悉电施设计施工图，找准部位，密切配合其他施工，做好预埋管、箱（盒）、预留孔洞的施工工作。预埋穿线用钢管在施工前应按要求对管道内壁进行除锈和防腐，对ϕ25以下的钢管可采用弯管器弯制，对大于ϕ32的钢管应采用液压弯管机弯制。钢管弯曲处不应出现凹凸和裂缝，弯扁程度不应大于管外径的10%，对于钢管的允许弯曲半径应符合表5-15的要求。

表5-15 钢管铺设允许弯曲半径

管线埋设	弯曲半径与钢管外径之比
暗配时	6
埋设于楼板内及地下	10

钢管的连接采用套筒焊接。套筒的长度为管外径的 1.5～3 倍。预埋钢管的混凝土保护层厚度不小于 20 mm。直埋于现浇混凝土内的阻燃塑料电线管，在浇捣混凝土时由专人看护，以防止管路发生机械损伤。施工完后应将管内穿好铁丝并用木塞将管口塞堵。考虑到开关、插座预埋成活率较低，因此在各开关插座盒位置预埋自制木盒，盒内用塑料泡沫填充，以保证工程施工质量。

(2) 明配管敷设

① 吊顶内配管一般采用吊架敷设，钢管采用螺纹连接，先放线定位安装好吊架，后将管子固定在吊架上，要求横平竖直。钢管管卡间的最大距离见表 5-16。

表 5-16 钢管管卡间的最大距离要求(m)

敷设方式	钢管直径(mm)		
	15～20	25～32	40～50
吊架、支架或沿墙敷设	1.5	2.0	2.5

② 管内无毛刺及杂物，管口平整光滑并与箱(盒)、线槽或桥架连接时，用锁紧螺母固定的管端螺纹宜外露锁紧螺母 2～3 扣。

③ 钢管接头及盒等处均采用 2.5 mm^2 的多股铜芯导线和专用接地线卡进行可靠的跨接接地。

④ 从接线盒、线槽等处引到探测器底座盒、控制设备盒、扬声器箱的线路均应加金属软管保护，金属软管在安装时应注意以下几点：

A. 金属软管不应退绞、松散，中间不应有接头；

B. 金属软管弯曲半径不应小于软管半径的 6 倍；

C. 金属软管应可靠接地，且不得作为电气设备的接地体。

⑤ 明敷的金属管和金属线槽应采取防火保护措施。

(3) 导线敷设

① 穿线前，将管内的积水及杂物清除干净，并穿好铁丝。

② 导线经检验合格后即可进行管内穿线，导线穿入钢管时，管口处应装设护口，以免穿线时损伤导线绝缘层，如管路较长、弯曲较多、穿线困难时，可用滑石粉润滑。

③ 相线、零线、控制线、保护线用 L、N、PE 国际标准的导线加以区分。

④ 同一交流回路的导线穿于同一钢管内，导线在管内不得有接头和扭结，接头应设在接线盒或箱内。

⑤ 截面面积为 10 mm^2 及以下的单股铜芯线直接与设备、器具的端子连接；截面面积为 10 mm^2 及以上的铜芯线采用压板压接式压接端子后再与设备、器具的端子连接。金属电线保护管及金属箱(盒)必须与保护地线(PE 线)有可靠电气连接。

⑥ 导线敷设完后，分回路进行相间、相地、相零绝缘测试，同时做好记录。

5.10.2.3 桥架及线槽安装

电缆桥架安装工艺流程：

桥架选择→外观检查→定位支吊架安装→桥架组装→电缆敷设→桥架接地→防火封堵→

线路检查→桥架盖板。

(1) 支架安装:安装支架时应结合其他专业深化设计,避开预应力钢筋,且须放线定位,确保不仅垂直度满足规范要求,而且外观成排成线、长短一致,支架间距均≤1.5 m。

(2) 桥架、线槽直线段长度超过 30 m 时,设伸缩节,桥架、线槽之间连接采用半圆头镀锌螺栓,螺栓的半圆头在桥架内侧,接口应平整、无扭曲、凸起和凹陷。

(3) 桥架、线槽转弯及分支处使用成品配件;弯曲半径由最大电缆的外径决定。

(4) 桥架、线槽之间应用软铜接地专用线将两段桥架的接地端子跨接。桥架穿越防火分区时需用防火材料填实。

(5) 桥架、线槽应平直整齐,直线段的水平和垂直允许偏差应不超过长度的2‰,全长允许偏差不超过 20 mm。

5.10.2.4 封闭母线槽安装

(1) 封闭母线槽安装应在对其安装的井道验收合格后方能进行,井道应装饰完毕,干净无杂物,井道口应有防水设施。

电气井道门已装好并上锁,同时标示"有电危险,严禁入内"。

(2) 封闭母线验收

建设单位、施工单位、厂方代表一起参与开箱验收,封闭母线型号规格均符合设计要求,外观无损伤,配件应齐全。

(3) 对井道内母线槽专用楼板洞,预留时要与土建专业密切配合,保证其在一条线上。安装前,井道内由上向下拉线测位,在通过楼板处进行承重支架安装,安装时要参阅厂家相关技术资料和母线安装标准图集,支架安装牢固可靠。

(4) 封闭母线本体安装

① 先将封闭母线利用外爬梯运输到各楼层,再用人力运到井道内,后由下往上逐节进行拼装。

② 安装前每节母线必须进行绝缘测试,要求绝缘电阻值不小于 20 MΩ,并做好记录;安装过程中每安装完一节后对其进行绝缘测试,发现绝缘不良立即整改;弹簧支座安装必须牢固,节与节连接相序正确,母线全长垂直不偏斜,连接过程中严禁损坏连接螺栓的绝缘层及绝缘板;应急封闭母线槽外皮涂防火漆;母线外壳应接地良好,每层一处用 10 mm^2 多股钢芯线与专用接地线连通,保证电气通路。

③ 插接箱插入母线后,用配套的卡箍可靠固定,以保证连接良好,插接箱底边距地坪 1.8 m。

(5) 试运行

封闭母线槽安装完后,用摇表对其进行相间、相地的绝缘电阻测试,同时做好记录,绝缘电阻值应不小于 0.5 MΩ,检验合格后送电空载运行 24 h 无异常现象办理验收手续。

5.10.2.5 配电箱、控制箱(柜)安装

(1) 暗装箱先对预留洞进行修整,修正后进行配电箱体安装,箱体固定就位后进行箱芯的安装,配电箱四周应无空隙,其面板周边应紧贴墙面。

(2) 墙上配装配电箱时,先画线定位,再用铁制膨胀螺栓将其固定在墙上,安装牢固可靠不歪斜。

(3) 配电箱落地安装时,先进行基础槽钢的制作安装,再用螺栓连接将其安装固定在基础槽钢上，安装牢固可靠，垂直不偏斜；成排安装时，正面在同一平面，相邻两柜接缝处偏差不大于 1 mm。

(4) 配电箱(柜)垂直偏差不应大于 3 mm，其箱体及箱盖，均必须采用 4 mm^2 的多股铜芯线进行可靠的接地；配电箱(柜)内进出线排列整齐，零线和保护线分别在汇流排上连接，不得绞缠，其回路名称标志齐全清晰。

(5) 箱(柜)体外观保持良好，油漆无损伤，内部元器件齐全。

(6) 用临时电进行通电试验，输入、输出回路电压应符合设计要求，开关、继电器等元器件动作应调整至正常。

5.10.2.6 电缆敷设

(1) 电缆敷设前应对电缆进行详细检查，规格、型号、截面、电压等级均要符合设计要求，外观无扭曲、损坏现象，施工前，应对电缆进行绝缘摇测或耐压试验，相间、相零、相地绝缘电阻大于 0.5 MΩ 并做好试验记录。

(2) 电缆盘选择时，应考虑实际长度是否与敷设长度相符，并绘制电缆排列图，减少电缆交叉。敷设电缆时，按先大后小、先长后短的原则进行，排列在底层的先敷设。

(3) 电缆沿支架、托盘、桥架敷设时应根据现场情况决定具体敷设方式，电缆敷设不应交叉，应排列整齐，敷设一根应及时固定一根。在支架上敷设时，支架间距不得大于 1.5 m，要绑扎牢固，托盘上安装要排列顺直。电缆终端头的引出线应保持固定位置，引出线和绝缘包扎长度不应小于 270 mm。敷设于电缆桥架内不同系统的线缆中间应加隔板。

(4) 垂直敷设时，采用由上到下的方法。

(5) 水平敷设时将电缆放置在转盘式放线架上，沿水平方向弯直并逐渐拉放出去，大规格较长的电缆敷设时，每隔适当距离在桥架上安装自制的滚轮和导向滑轮以减小电缆拖动的阻力。

(6) 无论水平敷设还是垂直敷设，视电缆截面大小，每 3～5 m 站一人，协助电缆敷设到位。采用机械法敷设电缆时应事先编制详细的施工方案。

(7) 电缆敷设应及时进行标记，标志牌规格应一致，并有防腐性，挂装应牢固；标志牌上应注明线路编号、电缆型号、规格、电压等级、起止点，电缆始端、终端、拐弯处、交叉处应挂标志牌，直线段每 20 m 设标志牌。

(8) 垂直电缆穿楼板保护管时，保护管的弯曲半径应当符合穿入电缆的规定，管口应胀成喇叭形状，管口磨光无毛刺。

(9) 电缆敷设完毕后，所有电缆通道口均可靠封堵以防鼠害。

(10) 电缆头制作及压接线端子：电缆头制作前先检查电缆的回路编号应与所接控制箱内柜内编号一致，然后用 500 MΩ 的绝缘摇表检测电缆绝缘电阻必须大于 0.5 MΩ。

① 剥电缆外层保护塑料，所剥长度应大于 270 mm。

② 分芯电缆外绕 PVC 相色带 2 层，到接线端子根部。

③ 在未剥电缆根部至已剥部位做防潮锥，其外径为相应部分外径加 8 mm。

④ 压接线端子根部做防潮锥。

5.10.2.7 开关、插座、灯具、按钮安装

(1) 灯具、开关安装前必须试验，合格后方能进行安装。

(2) 灯具安装先放线定位，确保单套灯具安装位置正确及成排灯具在同一直线上，中心偏差不应大于 5 mm，整齐美观。

(3) 嵌入顶棚的灯具安装时，灯具固定在专设的框架上，电源线不能贴近灯具外壳，灯线留一定余量，固定灯罩的边框边缘紧贴在顶棚上，带有金属隔栅的灯具其金属隔栅不能弯曲、扭斜。

(4) 吸顶或吸壁安装的灯具应紧贴楼板或墙壁，其灯具应横平竖直，不歪斜。

(5) 灯具外观应无损伤，整洁光亮。

(6) 开关、插座安装前，先将盒内杂物清理干净，正确连接好导线即可安装就位，面板需紧贴墙面，平整、不歪斜，成排安装的同型号开关插座应整齐美观，高度差不应大于 1 mm，同一室内高度差不应大于 5 mm，开关边缘距门框的距离宜为 15～20 cm。

(7) 通电对开关、插座、灯具进行试验，开关的通断设置应一致，且操作灵活，接触可靠；插座左零、右火，上保护应无错接、漏接；灯具开启工作正常。

5.10.2.8 防雷接地

本建筑按三级防雷考虑，要求接地电阻≤1 Ω。

根据图纸设计要求，将所有需要预留保安接地的地方做好记录，在焊接防雷接地网的同时预留圆钢或—40×5 扁钢，圆钢焊接长度为钢筋直径的 6 倍，扁钢焊接长度为其宽度的 2 倍，且至少三面焊接。

主体施工时，在作为防雷接地引下线的钢筋上用黄绿油漆做标记并编号，防止漏焊，在土建主体钢筋隐蔽前，做好防雷接地的隐蔽验收工作。

每层外围框架梁内的主筋在交接处应焊接成闭合的电气环路，且每层闭合环内的钢筋网在建筑物外缘引下线处进行焊接连通，并将金属窗户预留扁钢(圆钢)焊接到接地装置上来，预留的扁钢应及时清理并用黄绿相间油漆作标记，并写上“接地点，请保留”字样，防止土建清理地面或墙体时误割。

施工主体第 5 层时，用—25×4 镀锌扁钢引出防雷引下线以便连接到屋面避雷网，屋面避雷网采用ф12 热镀锌圆钢焊接，沿机房屋面及女儿墙敷设ф12 热镀锌圆钢避雷带，形成闭合的环路，并与所有的避雷引下线焊接连通。

在屋面防水施工之前，一定要将屋面的所有金属构件与避雷网连接至少两处，形成闭合环路。

在防雷接地施工的同时，做好等电位连接的工作。所有进户管线、风管、水管均应和等电位连接母线连接，施工严格按照中国建筑标准设计图集 14D504 进行。

5.10.3 暖通工程

5.10.3.1 工程概况

(1) 防排烟系统、通风系统

① P(Y)/B1/01：该系统负担地下室各房间排风兼走道、配电室排烟，平时排风按房间体积换气次数：设备房 6 次/h、浴室 8 次/h、更衣室 6 次/h、卫生间 10 次/h、售票处 6 次/h。当发生火灾时，走道排烟按 60 $m^3/(h \cdot m^2)$排烟，风机选用双速风机。

② S/B1/01：该系统负担地下室送风兼排烟送风。平时送风按房间体积换气次数：设备房 6 次/h、浴室 7 次/h、更衣室 6 次/h、售票处 6 次/h。当发生火灾时，走道排烟补风量按不小于

排烟量的 50%送风，风机选用单速风机。系统进风口管道上设置 70 ℃电动防火阀。

③ P/01/01：该系统负担 1 层餐厅厨房及其辅助用房机械排风，有灶房间 25 次/h 换气；洗碗间按 500 m^3/h 换气；其余需换气房间按 6 次/h 换气确定。各房间送风依靠窗口及走道门缝自然进风。

④ P/02/01、P/02/02：两系统分区负担 2 层餐厅厨房及其辅助用房机械排风系统，有灶房间按 25 次/h 换气；洗碗间按 500 m^3/h 换气；其余需换气房间按 6 次/h 换气确定。各房间送风依靠窗口及走道门缝自然进风。

(2) 防烟楼梯间及其前室、消防电梯合用前室防烟系统

Js/01/01：地下无前室防烟楼梯间采用正压送风系统，送风量为 16000 m^3/h。风口采用自垂式加压送风口。

(3) 联锁与控制

① 地下排风(烟)系统及通风系统，当发生火灾时，各平时排风口关闭，输送信号到消防控制中心，由消防控制中心联动开启排烟风口及排烟送风口。

② 风机应与防火阀联锁动作，防火阀门平时开启。当排烟防火阀(280 ℃)与防火调节阀(70 ℃)关闭时，应联锁控制安装了该防火阀的系统风机停止运行。

(4) 施工安装技术要求

① 风管采用无机玻璃钢风管，风管厚度见表 5-17。并且保证风管在 280 ℃下的耐火极限超过 30 min。地下室排风管道应用防水材质，送风管进浴室处管道应用防水材质。

表 5-17　通风管道直径与壁厚对应关系表

中、低压系统无机玻璃钢风管板材厚度(mm)	
圆形风管直径 D 或矩形风管长边 b	壁厚
$D(b) \leqslant 300$	2.5～3.5
$300 < D(b) \leqslant 500$	3.5～4.5
$500 < D(b) \leqslant 1000$	4.5～5.5
$1000 < D(b) \leqslant 1500$	5.5～6.5
$1500 < D(b) \leqslant 2000$	6.5～7.5
$D(b) < 2000$	7.5～8.5

② 风机进出口与风管连接部位，应用无机防火布连接，长度 200 mm，防火极限不小于 0.5 h。

③ 风机吊装时加装减震装置。

④ 安装完毕后，应对控制系统进行联动测试。

⑤ 与室外相连的风口与风机吸入口侧均应加设防雨百页或铅丝网(18 目/寸，丝径 2 mm)。

⑥ 管道穿防火墙时，应采用不燃材料。将风管与墙体周围的空隙用石棉绳填塞密实，并设置相应的防火阀。风管厚度不小于 1.6 mm。

⑦ 屋顶风机应设置遮阳挡雨措施。

⑧ 风管穿越变形缝时应采用柔性连接，长度 200 mm，两端应设置相应的防火阀。

⑨ 除图中特殊注明外，本项目设计图中所注标高为：矩形风管及风口标底标高，圆形风管注中心标高。无论平剖面图，矩形风管均以宽×高标注，除特殊注明外，本项目设计图中的标高均为相对于本层地面的相对标高。

⑩ 风井内壁应找光找平。

⑪ 其他各项施工要求，应严格遵守以下规范、图集的有关规定施工。

A.《通风与空调工程施工质量验收规范 》(GB 50243—2016)；

B.《压缩机、风机、泵安装工程施工及验收规范》(GB 50275—2010)；

C.《防、排烟设备安装图》(07K103)；

D.《通风管道技术规程》(JGJ/T 141—2017)。

5.10.3.2 施工工序

通风系统施工工序如图 5-35 所示。

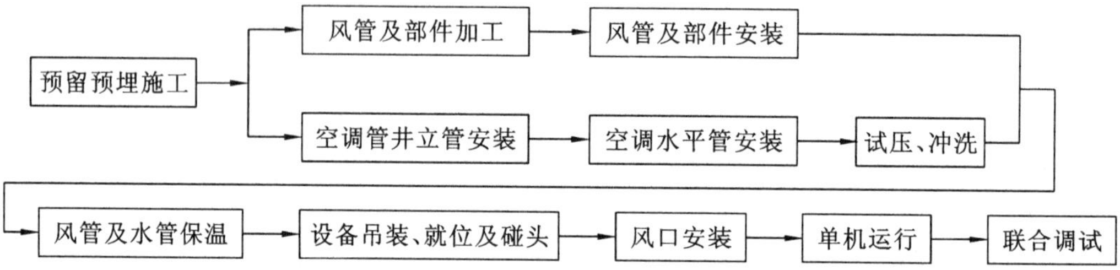

图 5-35 通风系统施工工序

5.10.3.3 施工工艺流程

通风系统施工工艺流程如图 5-36 所示。

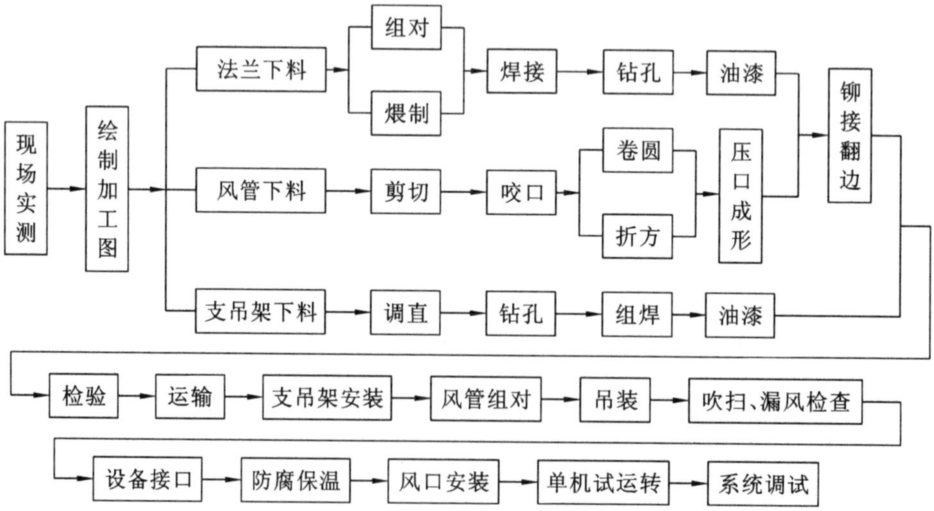

图 5-36 通风系统施工工艺流程

5.10.3.4 玻璃钢风管的制作

(1) 玻璃钢风管制作所用的合成树脂、玻璃布及填充料等，应根据设计要求选用。合成树脂中填充料的含量应符合玻璃钢风管制作技术文件的要求。

玻璃钢中玻璃纤维的含量与规格应符合设计要求。玻璃布应干燥、清洁、不含蜡。玻璃布的铺设接缝应错开，不应有重叠现象。

(2) 玻璃钢风管不得扭曲、内表面应平整光滑，外表面应整齐美观，厚度应均匀，且边缘无毛刺，并不得有气泡、分层现象。

(3) 法兰与风管应成一整体，并应与风管轴线呈直角。

(4) 玻璃钢风管法兰规格应符合表5-18规定。

表5-18 玻璃钢风管法兰规格(mm)

风管直径或长边尺寸	法兰规格(宽×厚)	螺栓规格
≤400	30×4	M8×25
420～1000	40×6	M8×30
1060～2000	50×8	M10×35

5.10.3.5 风管支吊架制作安装

风管支吊架须在相应系统风管制作完成前制作好，风管支吊架按标准加工。吊架长度必须经现场测定。加工好后除锈刷防锈漆。

支吊架用膨胀螺栓固定在楼板上，并避开风口、调节阀，且不能直接吊在风管法兰上。支架托架应在保温层之外，防火阀、消声器单独设支架。支吊架间距应符合下列要求：水平安装的风管大边长 $L<400$ mm 时，间距不超过 4 m，风管大边长 $L\geqslant400$ mm 时，间距不超过 3 m；垂直安装的风管，间距不大于 4 m，但每根立管的支架不少于 2 个。

5.10.3.6 风管的安装

(1)风管运至施工楼层，按系统编号就位后组对，一般 8～10 m 为一段，法兰螺栓朝一侧，法兰间垫 5～8 mm 厚石棉橡胶垫，按对称的方法均匀拧紧螺栓，并随时调整平直度。

(2) 风管吊装前在风管位置楼板部位设置吊点(用膨胀螺栓固定)，通过吊索滑轮，吊链葫芦将风管起吊，并通过移动脚手架安装吊架横担，并调整好其水平度。

5.10.3.7 风管阀部件安装

(1) 防火阀、排烟阀安装正确。安装前检查叶片灵敏度。排烟阀手控装置位置符合设计要求，预埋管应尽量减少弯曲，弯曲半径大于 6 倍管径，不得有死弯及瘪陷。止回阀开启方向与气流方向一致。阀门安装完后做动作试验，手动、电动操作灵敏、可靠，阀门关闭时严密。

(2) 常闭正压送风口、常闭多叶排烟口安装平整、牢固、美观，与建筑饰面或墙面紧贴。安装后做动作试验。

(3) 风口的安装。风口与风管连接紧密牢固，边框与建筑饰面贴实。外表面平整不变形，调节灵活，同一空间的相同风口安装高度一致，排列整齐、美观。

5.10.3.8 风管严密性试验

风管严密性检测按规范要求作漏光法检测。

漏光法检测方法：

将 100 W 带保护罩的低压照明灯在夜间置于风管内，将灯沿被检测的风管作缓慢地移动，在风管外观察，当发现有光线射出，则说明查到明显漏风部位，并做好记录。

风管系统漏光检测应采用分段检测，汇总分析的方法，被检测系统风管不应有多处条缝形的明显漏光。若系统风管每 10 m 接缝漏光点不超过 2 处，且 100 m 接缝平均漏光点不大于 16 处，则漏光检测合格。

漏光检测中发现的条缝形漏光，应用密封胶密封处理。然后再进行漏光检测，直至漏光检测合格为止。

5.10.3.9 设备安装

设备安装主要包括风机(屋顶风机、送排烟风机)、风机盘管、空气热源泵、消声器等安装。

(1) 通用方法

① 设备安装前，要进行开箱检查，核对设备的型号、规格及附件数量，检查设备的外形是否规则、平直，圆弧形表面平整无明显偏差，结构完整，焊缝饱满，无缺损和孔洞。设备的进出口封闭良好，随机的零部件齐全无缺损。

② 设备安装前，核对检查基础的尺寸、位置和标高，并对设备基础验收资料进行复核。

③ 设备出厂时已装配，调整完善的部分不得拆卸。

④ 有减振要求的设备安装时，应按设计要求配备减振垫或减振器。

(2) 通风机安装

① 安装前开箱检查，核对规格、型号、零配件是否齐全，质量是否合格，做好设备开箱记录。

② 安装前检查设备基础尺寸是否准确，表面是否光滑平整，承重强度是否满足要求等，做好基础验收记录。

③ 通风机搬动和吊装符合下列规定：

整体吊装的风机，绳索不得捆缚在转子、机壳、轴承盖的吊环上。

现场组装的风机，绳索的捆缚不得损伤机件的表面，转子、轴颈和轴封等处均可作为捆缚部位。

④ 通风机的进风管、出风管应有单独支撑装置，并与基础或其他建筑物连接牢固，风管法兰与风机严禁强行扭曲连接，机壳不得承受其他机件重量。

⑤ 通风机传动装置外露部分应设防护罩。

⑥ 固定通风机的地脚螺栓带有垫圈外，还应有防松装置。

⑦ 减振装置压缩量均匀，不得偏心。

⑧ 通风机安装尺寸的允许偏差见表 5-19。

表 5-19 通风机安装尺寸的允许偏差表

中心线平面位移	标高	皮带轮宽度中央平面位置	传动轴不水平度	联轴器同心度	
				径向位移	轴向倾斜
10 mm	±10 mm	1 mm	0.2/1000	0.05 mm	0.2/1000

⑨ 按设计要求将通风机吊装或安装在基础上。吊装风机前应预埋钢板、焊接减振吊架，设有基础的风机待设备到货后进行基础施工，基础验收合格后，再将风机就位并找平、找正，地脚螺栓灌浆固定。

⑩ 通风机与风管连接的进出口安装 150～200 mm 腈纶帆布软接头，排烟风机安装浸防

火漆软接头，软接头安装松紧适宜，无变形。

(3) 屋顶风机安装

① 吊装屋顶风机时，绳索不得捆缚在转子和机壳或轴承盖的吊环上。

② 屋顶风机外露部分设防护罩，并加装保护网。

③ 屋顶风机要有减振措施，与基础连接处加减振垫。

④ 屋顶风机安装平稳，叶轮与机壳间隙均匀，叶轮旋转后，每次不应停在同一位置上，并不得碰壳。

(4) 风机盘管安装

风机盘管安装工艺流程如图 5-37 所示。

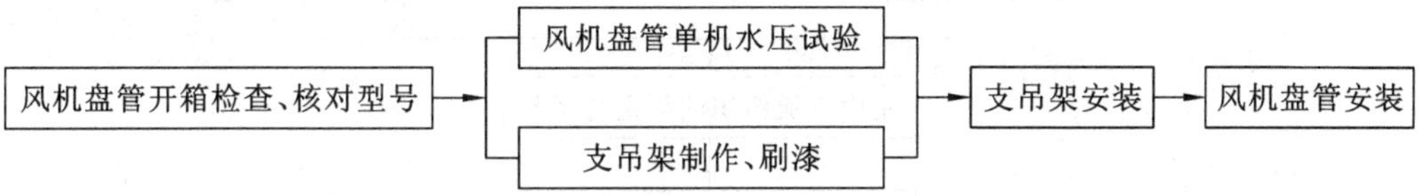

图 5-37 风机盘管安装工艺流程

① 风机盘管与管道应在管道清洗排污验收合格后连接，安装前检验电机转向。

② 风管盘管进出水管阀门采用铜阀；阀门和风机盘管接口之间采用软管连接。

(5) 消声器安装

消声器在运输和安装过程中不得损坏和受潮，所填充消声材料不得有明显下凹。需安装单设吊架，其重量不得由风管承受。

(6) 风机试运转

① 核对风机、电动机型号、规格及皮带轮直径是否与设计相符。

② 核对风机、电动机的皮带轮(联轴器)的中心是否在一条直线上，地脚螺栓是否拧紧。

③ 检查风机进出口处柔性短管是否严密。

④ 检查风机调节阀门启动的灵活性，定位装置的可靠性。

⑤ 检查电机、风机、风管接地线连接的可靠性。

⑥ 风机经一次启动立即停止运转，检查叶轮与机壳有无摩擦和不正常的声响。

⑦ 风机启动时，用钳形电流表测量电动机的启动电流，待风机正常运转后再测量电动机的运转电流。如运转电流超过电机额定电流值时，将总风量调节阀逐渐关小，直到回降到额定电流值。

⑧ 风机经试运转检查一切正常，再进行连续运转，运转连续时间不少于 2 h。

⑨ 待管道吹洗及试压完毕后，将设备与管道以法兰对接，再进行系统试压，试压合格后再进行防腐保温及系统调试(图 5-38)。

5.10.3.10 通风系统联合调试

(1) 通风系统联合调试应具备的条件

① 大楼的电源、水源已接通并投入正常运行；

② 各专业施工(含设备厂家安装部分)全面结束；

③ 所有设备单机试运转正常；

④ 室内外土建、装修工程已结束。

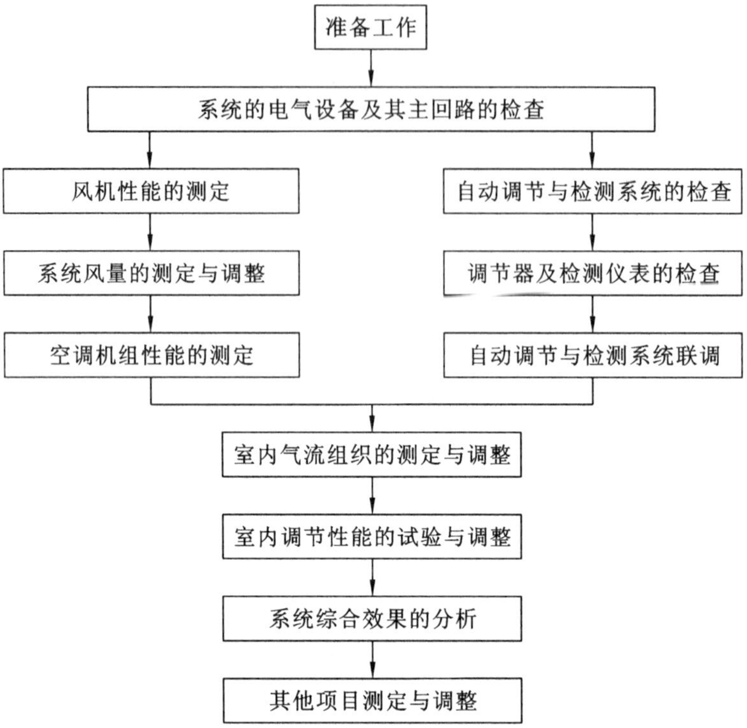

图 5-38　风机调试程序

(2) 联合调试准备

① 技术准备

A. 成立调试组。鉴于本工程专业分包较多，为了协调及组织，组长由项目经理担任，本空调工程项目技术负责人担任副组长，组员由管道、设备专业工程师，设备供应商驻现场技术员、材料员、质安员共同组成。

B. 编制调试方案。在充分了解设备性能参数的情况下，编制出详细的调试方案，报业主、总监理工程师及公司总工程师审批后实施。

② 材料及调试设备、仪表的准备

主要材料在联合调试前应准备就位，包括锅炉、柴油发电机等运行备用油品，各系统易损件及备品等。

测试用仪表及各专业专用测试设备调校、检验及进场(包括联络用移动对讲机等通信设备)准备就绪。

③ 劳动力准备

联调所需的劳动力要求必须精通专业，全面参与系统施工，对分管专业系统性能熟悉。

各主要机房及重要楼层等部位必须有专人负责值班监护，初步确定劳动力数量为 20 人 。

调试前对施工过程中技术资料与质检记录进行复核和标记。

(3) 系统调试主要程序

通风系统联合调试程序见图 5-39。

(4) 调试注意事项

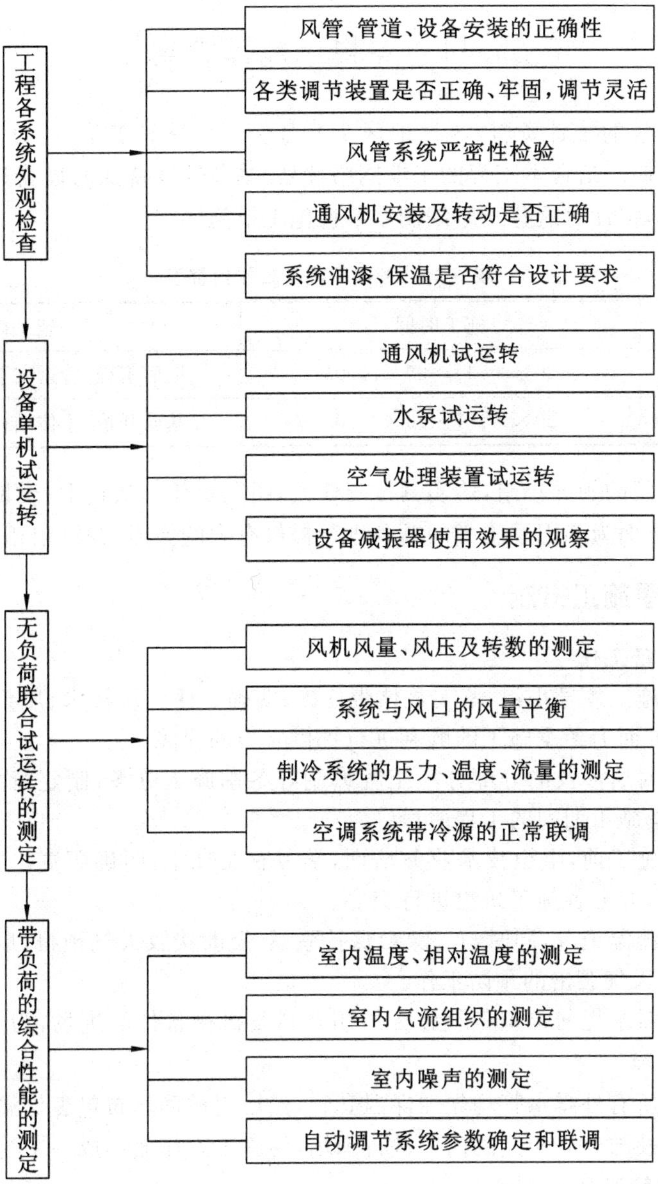

图 5-39 通风系统联合调试程序

① 主要设备供应商的技术服务必须到位。依据工程情况，各主要供货商距工程所在地较远，而施工方无法控制，必须由业主、监理组织协调到位。

② 业主代表方的物业管理部门必须在联调时同时参加，以尽快熟悉系统设备性能及操作事项，为工程顺利交付奠定基础。

③ 联合调试基本成功后应尽早与质检、消防、验收部门联系，最好邀请他们参与测试、检验工作，以期减少不必要的重复试验而造成浪费，同时有利于获得质检、消防、验收部门的认可，以保证工程总工期的实现。

5.11 冬雨季施工方案

根据气象台历年的统计资料，××地区7、8月份为雨季施工季节，11月下旬至第二年3月上旬为冬季施工期。结合本工程的工期网络计划，季节性及特殊时段将进行表5-20中各分部分项工程的施工，拟针对这些工序编制季节性施工措施。

表5-20 冬雨季施工工作内容表

施工时段名称	施工时间	施工内容
冬季	20××.11～20××.03	屋面工程、管道安装工程、装饰工程
雨季	20××.07～20××.08	基础开挖、主体结构工程、砌体工程

项目将成立专门的领导小组，落实具体责任人，明确责任。从技术、质量、安全、材料、机械设备、文明施工等方面为冬雨季施工的顺利进行提供有力的保障，并制定相应的紧急预案。

5.11.1 冬季施工措施

5.11.1.1 准备工作

(1) 成立冬季施工领导小组，落实具体责任人，明确责任。从技术、质量、安全、材料、机械设备、文明施工等方面为冬季施工的顺利进行提供有力的保障。

(2) 入冬前针对所涉及的分部分项工程编制好冬季施工方案，制定行之有效的冬季施工管理措施，确保冬季施工期间的工程质量。

(3) 进入冬季施工前，组织技术业务培训，学习有关规定，明确职责。方案及措施确定后组织有关人员学习，并向各施工班组进行交底。

(4) 做好现场测温记录，同时与气象台保持联系，及时接收天气预报，以便提前做好大风、大雪及寒流等恶劣天气袭击的预防工作。

(5) 根据工程需求提前组织冬季施工所用材料及机械备件的进场，为冬季施工的顺利展开提供物质上的保障。

(6) 施工现场所有外露水管均先加保温套管，然后用玻璃丝布包裹保温，防止水管冻裂。

(7) 对建筑物及与外界相连的门窗进行围挡，使施工工作面形成一个封闭的环境。

5.11.1.2 钢筋混凝土工程

(1) 钢筋工程

① 所用钢筋除具备出厂质量证明及试验报告外，进场后还得进行复试。同时钢筋在运输、加工过程中注意防止撞击，避免产生刻痕等缺陷。

② 尽量在室内进行冬季负温下的钢筋焊接。如必须在室外焊接，其环境温度不宜低于－20 ℃。风力超过三级时设置挡风措施。钢材焊接前，根据施工条件进行试焊，试焊合格后方可正式施焊，焊后未冷却的接头，不得接触冰雪。

③ 钢筋冷拉温度不宜低于－20 ℃；温度低于－20 ℃时严禁进行冷弯操作，避免钢筋脆断。

④ 当环境气温低于－20 ℃时，不得进行直螺纹接头加工操作。

(2) 混凝土工程

① 做好冬季施工所用混凝土的试配工作，选用普通硅酸盐水泥，水泥强度等级不宜低于32.5 MPa，并加入早强剂及高效减水剂等外加剂。

② 冬季混凝土施工采用综合蓄热法进行养护，主要做好以下工作。

A. 设专人负责监督混凝土搅拌站严格执行冬季施工混凝土搅拌的有关规定。

B. 混凝土运输中注意防止混凝土热量损失，罐车做好保温措施。

C. 混凝土浇筑前检查模板支撑系统的稳定性，清除模板及钢筋上面冰雪和污垢，办理好浇筑前隐蔽记录及签证手续，浇筑时，做好混凝土入模温度的记录，严格按操作规程进行施工。

D. 混凝土浇筑完毕后由专职测温员根据事先绘好的测温点图定期测温，为混凝土的养护及拆模提供依据。

E. 在混凝土达到抗冻临界强度之前，混凝土表面应覆盖，具体措施：柱子用一层塑料薄膜包裹外挂草袋被，楼板用一层塑料薄膜和草袋覆盖。根据气温情况进行增减，进行蓄热养护，以保证混凝土质量。尤其注意模板接槎处、墙柱上口等处的保温。

F. 混凝土冬季施工测温的项目及次数应符合表 5-21 规定。

表 5-21 冬季施工测温规定

室外气温及环境温度	每昼夜不少于 4 次，此外还需要测最高、最低气温
混凝土出罐、浇筑、入模温度	每一工作班不少于 4 次

5.11.1.3 装饰工程

室内装饰工程采用采暖法进行施工。为保证室内装饰工程冬季施工的质量，玻璃幕墙工程必须在进入冬季前完成，不能完成部分要做好封堵。拟定详细施工进度计划，将地砖、水泥砂浆地面、抹灰及腻子等内部湿作业施工安排在冬季施工前完成。如果出现气温骤降，采取技术措施保证施工的顺利进行，同时提前做好采用热力和空调取暖的准备工作。

(1) 油漆工程(包括涂料工程)

① 油漆工程冬季施工应在采暖条件下进行，室内保持恒温，温度不得突然变化。室内相对湿度不大于 80%，以防产生凝结水。

② 根据室内采暖条件，木门窗及细木制品的表面涂料、油漆工程均可以在冬季内完成。其中木质制品含水率不得大于 12%。刷油质涂料时，环境温度不宜低于 10 ℃。刷水质涂料时不宜低于 3 ℃，并应按照产品说明书的温度控制。如−10 ℃时各种油漆不得操作，−15 ℃时清油不易干燥，−3 ℃时腻子结冰。

③ 腻子、水质涂料应保存在采暖房内。

④ 为了使清油易于干燥，冬季施工时油漆需加催干剂。

⑤ 油漆应搅拌均匀，加盖，调配量恰好够一日使用的量。

⑥ 油漆在低温下易于稠化，应适当加热，但不得直接在火源上加热(如火炉、电炉等)，应放在热水器中用水间接加热，以防着火。

⑦ 腻子在配制时可在加入的水中掺四分之一的酒精，调腻子的水用热水。

⑧ 油漆工程冬季施工时，气温不能有剧烈的变化，施工完毕后至少保养两昼夜以上，直至油膜和涂层干透为止。

(2) 饰面砖工程

冬季施工饰面砖工程时，砂浆的使用温度不得低于 5 ℃，如果低于 5 ℃，不但不能保证工程质量，而且操作困难，砂浆硬化前应采取防冻措施。

(3) 玻璃工程

外门窗玻璃必须在幕墙封闭前安装完成。内门窗玻璃从室外运往室内，即从寒冷中运到暖和处的玻璃，应待其暖和后方可进行裁割。安装门窗玻璃宜在室内进行。

(4) 冬季测温

冬季室内装饰作业需要测量作业环境温度，以地面以上 50 cm 为准。

5.11.1.4 安装工程

(1) 施工时要采取防滑措施，保障施工安全。

(2) 大雪后必须及时将架子、大型设备上的积雪清扫干净。

(3) 进入冬季施工，应编写冬季施工方案和作业指导书，对有关施工人员进行冬季施工技术交底。

(4) 管道低温焊接时，必须符合国家有关规范、规定，风力超过三级，气温低于 −10 ℃时，要采取挡风措施和预热施焊，焊后未冷却的接头，严禁碰到冰雪。

(5) 严格遵循国家现行规范、规定和本单位有关冬季施工的规定。

5.11.2 雨季施工措施

5.11.2.1 准备工作

(1) 雨季施工前认真组织有关人员分析雨季施工生产计划，针对雨季施工的主要工序编制雨季施工方案，组织有关人员学习，做好对工人的技术交底。所需材料要在雨季施工前准备好。

(2) 沿整个施工现场设置排水沟，并配备水泵，排除施工用水及雨水，雨后及时清除积水，保持整个施工现场的整洁。

(3) 夜间设专职的值班人员，保证昼夜有人值班并做好值班记录，同时设置天气预报员，在雨季施工期间加强同气象部门的联系，做好天气预报工作。

(4) 做好施工人员的雨季培训工作，组织相关人员随机进行全面检查，尤其在大雨过后，此项工作必须进行。包括对临时设施、临时用电、机械设备防护等进行检查。检查施工现场及生产生活基地的排水设施，疏通各种排水渠道，清理雨水排水口，保证雨天排水通畅。同时要重点防范预留洞口出入口处，防止雨水流入地下室，板上各预留洞用旧模板覆盖，出入口处采用灰砂砖砌好挡水坎，防止雨水灌入。

(5) 检查脚手架的基础是否牢固，脚手架立杆底脚必须设置垫木，并保证排水良好，避免积水浸泡。所有马道、斜梯均采取防滑措施。

(6) 雨季来临时通知搅拌站注意砂石等材料含水率的确定，及时调整混凝土配合比。

(7) 在雨季到来前，做好脚手架的防雷避雷工作，并进行全面检查，确保防雷安全。

(8) 雨季所需材料、设备和其他用品，如水泵、抽水软管、塑料布等由材料部门提前准备，及时组织排水。

(9) 对混凝土输送泵采取遮挡措施，保证混凝土不受雨水的影响。

(10) 雨季期间对水泥等材料进行覆盖,并做好材料堆场的排水。

5.11.2.2 混凝土工程

混凝土在雨季施工中坍落度偏大,以及雨后模板及钢筋淤泥太多,影响混凝土质量,本工程混凝土为商品混凝土,因此在雨季施工前同混凝土搅拌站签订的技术协议中对雨季施工做出要求,同时混凝土浇筑尽量避开雨天,如遇下雨,应采取如下措施:

(1) 进行大面积混凝土浇筑前,要准确掌握天气预报。避免浇筑时遇大雨。现场准备充足防雨材料,以备浇筑时突然遇雨对已浇混凝土进行覆盖。

(2) 墙、柱混凝土浇筑中遇到大雨时,应立即停止浇筑,将已浇筑的混凝土振捣密实(留好接槎)后用塑料布覆盖,并将塑料布绑扎牢固,防止被风吹走。现浇混凝土应根据结构情况和可能,多考虑几道施工缝的留设位置。

(3) 梁、板混凝土浇筑遇大雨时,及时留置施工缝,边浇筑边振捣密实(用抹子抹平),同时用塑料布覆盖,严禁混凝土内的水泥浆流失,浇筑到位后立即停止浇筑。

(4) 雨季施工时,应加强对到场混凝土的坍落度的测定,根据实际情况及时通知搅拌站调整用水量。为把好预拌混凝土的质量关,定期派人去搅拌站检查其砂、石堆料场,去水泥仓库检查砂、石的含泥量,水泥的防雨情况。严禁将含泥量超标的砂、石和失效的水泥用于本工程中;要求混凝土搅拌站加强对砂、石的含水率的检测,根据实际情况调整混凝土的用水量。

(5) 如遇小雨时及时振捣抹压和覆盖,保证水泥浆不流失。

(6) 雨后应将模板及钢筋上淤泥、积水清除掉。

(7) 混凝土继续施工前,应检查板、墙模板内是否有积水,若有积水,应清理后再浇筑混凝土。

5.11.2.3 钢筋工程

(1) 钢筋装卸、运输时,应注意保证钢筋清洁。钢筋装卸时下面加垫木枋,尽量避免钢筋被泥浆污染。遇雨时,用彩条布临时加以遮盖。

(2) 现场严格贯彻文明施工要求,所有人员进入钢筋绑扎区域,必须将鞋底污物清理干净。

(3) 现场焊接操作尽量避开大风大雨天气,不得让雨水淋溅,降低焊接质量,露天场所电焊机必须搭设防雨棚。

(4) 雨后检查钢筋,发现的水锈在混凝土浇筑前用钢丝刷清除。

5.11.2.4 模板工程

(1) 模板脱模剂涂刷后遇雨应覆盖塑料布,以防隔离层被雨水冲掉。

(2) 大模板堆放场地做成混凝土地面,以防土状地面雨后下沉,模板失稳倾斜。

(3) 钢管架料支撑在基坑原土上,雨后及时检查有无下沉。如有异常要及时进行加固,确定无安全隐患后方可继续使用。

(4) 制作模板的多层板和木枋要堆放整齐,而且须用塑料布覆盖防雨。

(5) 支立好的顶板模或墙模,如遇大雨未浇筑混凝土,应用塑料布进行遮盖,防止因雨淋而造成脱模剂的失效。雨后要认真检查其平整度、垂直度和脱模剂附着情况,及时清理干净淤泥,需补刷脱模剂的及时补刷。合格后方可浇筑混凝土。

5.11.2.5 安装工程

(1) 做到现场排水设施与市政管理网联通,排水畅通无阻;做好运输道路的维护,保证运输通畅。

（2）对机电设备应搭好防雨棚，应防止其被雨淋湿或被水淹没，并应设漏电保护装置；机电线路应经常检修，下班后拉闸上锁；高耸设备应安装避雷接地装置。

（3）对各种设备、保温材料应搭好防雨棚，防止被雨淋湿。

习题与实训

1. 布设施工各阶段测量控制网应注意哪些问题？

2. 找一份施工图，根据其中的基础形式，编制一份相应基础形式的施工方案。

3. 根据所学知识，陈述砌筑工程中哪些部位应重点关注，分别叙述其处理措施。

4. 通常而言，外墙设计是没有考虑防水的，卫生间位置的外墙经常渗水，试从所学内容中找出合理的处理方法防渗，详细阐述。

5. 从防水工程施工方案一节，找出建筑物哪些部位需要防水，各部位有哪些措施？

6. 详述幕墙工程的安装要求。

7. 根据教材案例工程的施工进度计划表列出工程的冬雨季施工内容，概述其施工措施。

8. 根据所学知识，陈述如何合理处置梁柱接头的模板加固、混凝土浇筑措施。

9. 根据给定施工图，描述安装工程的工程概况。

6 施工平面布置

本章工作任务：

施工总平面布置是把场外交通引入现场的总体布局工作；在设计施工总平面图时，必须从确定大宗建筑材料、建设设备等运入施工现场的运输方式开始。在满足施工需要前提下，尽量减少施工用地，不占或少占农田，施工现场布置要紧凑合理。

通过具体工程案例，根据工程规模、特点和施工条件，研究解决建筑工程施工过程中与现场交通道路、仓库、临时房屋、施工动力、给排水管线及其他施工设施等总体布置问题，即正确解决施工地区的空间组织问题，以期在规定期限内完成整个工程的建设任务。

6.1 现场平面布置

6.1.1 现场平面布置的原则及依据

6.1.1.1 布置原则

(1) 施工平面布置应严格控制在建筑红线之内；

(2) 平面布置要紧凑合理，尽量减少施工用地；

(3) 尽量利用原有建筑物或构筑物；

(4) 合理组织运输，保证现场运输道路畅通，尽量减少二次搬运；

(5) 各项施工设施布置都要满足方便施工、安全防火、环境保护和劳动保护的要求；

(6) 除垂直运输工具以外，建筑物四周 3 m 范围内不得布置任何设施；

(7) 塔吊根据建筑物平面形式和规模，布置在施工段分界处，靠近料场；

(8) 装修时搅拌机布置在施工塔楼附近，施工道路近旁，以方便运输；

(9) 水泥库选择地势较高、排水方便、靠近搅拌机的地方；

(10) 临时水电应就近铺设；

(11) 在平面交通上，要尽量避免土建、安装以及其他各专业施工相互干扰；

(12) 符合施工现场卫生及安全技术要求和防火规范；

(13) 现场布置有利于各子项目施工作业；

(14) 考虑施工场地状况及场地主要出入口交通状况；

(15) 结合拟采用的施工方案及施工顺序；

(16) 满足半成品、原材料、周转材料堆放及钢筋加工需要；

(17) 满足不同阶段、各种专业作业队伍对宿舍、办公场所及材料储存、加工场地需要；

(18) 各种施工机械既满足各工作面作业需要又便于安装、拆卸；

(19) 实施严格的安全及施工标准，争创省级安全文明工地。

6.1.1.2　布置依据

(1) 本工程施工平面图纸。

(2) 现场界线、周围道路情况以及现场基坑施工状况、地勘资料。

(3) 安全文明施工及环境保护要求。

(4) 绿色节能建筑要求。

6.1.2　现场主要生产设施布置

6.1.2.1　现场围挡及出入口

(1)现场大门:施工现场拟设置 1 道施工大门,布置于场地南侧,为门廊式大门,宽度8 m,门柱采用 1000 mm×1000 mm 的砖柱;

(2) 现场围护:现场采用砖砌围墙进行封闭,围墙高度 2 m。

(3) 门卫室:大门处至少设置一个面积不小于 1.82 m×1.82 m 的移动式门卫岗亭,安排保安人员 24 h 值班。

6.1.2.2　临时道路

本工程拟修建一条临时施工道路,施工便道修建于场地内,该施工便道可能会根据不同的施工条件、不同的施工阶段进行调整,以现场实际情况为准。道路宽 4 m,施工便道路基采用毛石铺垫,厚度结合现场条件调整,但最低不小于 300 mm,然后采用 C30 素混凝土硬化,厚度 200 mm。

6.1.2.3　施工塔吊布置

本工程拟投入 1 台施工塔吊进行施工,塔吊的覆盖半径、具体位置如图 6-1 所示。

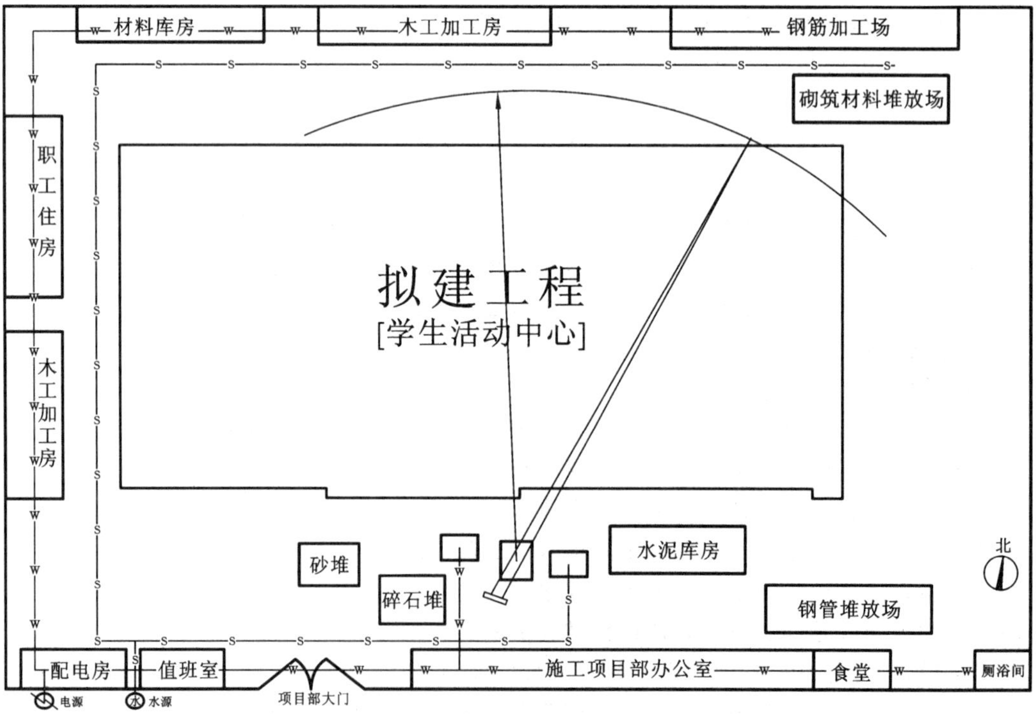

图 6-1　施工现场平面布置图

6.1.2.4 临时堆场及加工场地

(1) 钢筋加工及堆放场地

钢筋加工按照“原材→加工→半成品”的加工流程，分成钢筋原材存放区、钢筋加工成型区和半成品钢筋存放区。本工程拟设置1个钢筋加工棚及其堆场，详见基础阶段施工平面布置图，目前因条件限制，钢筋堆场应平整后采用C20素混凝土进行硬化，钢筋加工棚具体做法如图6-2所示。

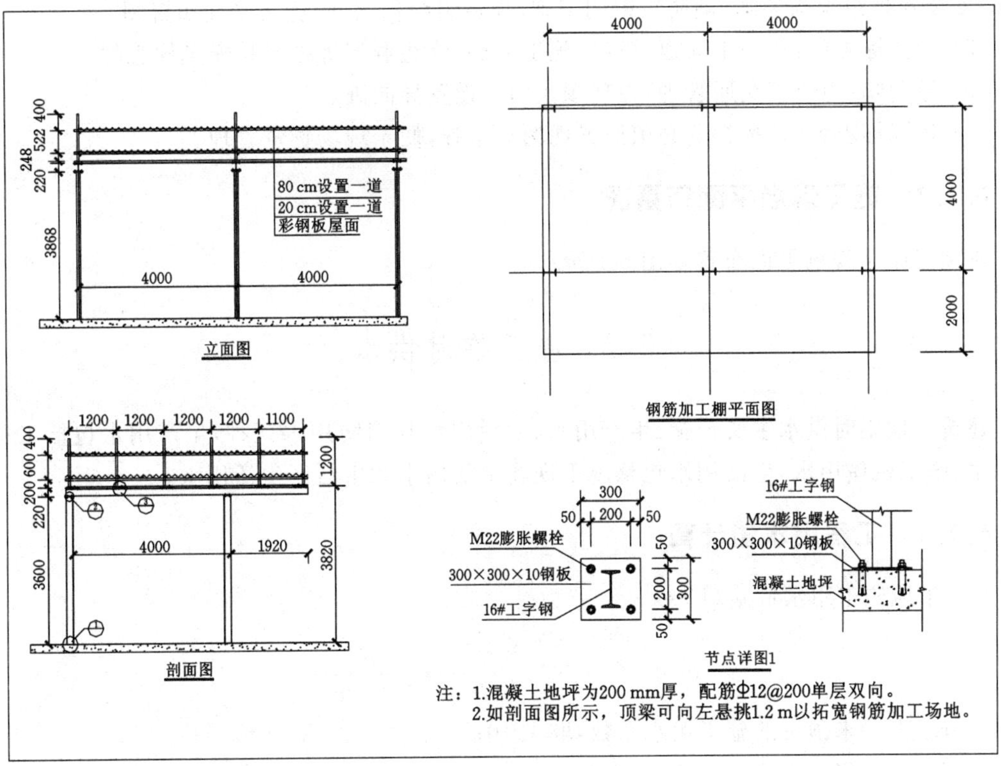

图6-2 钢筋加工棚

(2) 其他材料堆场

在塔吊起吊覆盖范围内修建模板及钢管堆场，堆场平整夯实后，应采用C20素混凝土进行硬化，硬化厚度100 mm。

6.1.2.5 洗车台、沉淀池

本工程拟在施工便道出口处修建一个洗车池及洗车台，具体定位详见施工平面布置图。洗车台两端水沟盖板用钢板进行焊制，以便周转使用，同时配备2台高压冲洗水枪。洗车台南侧空地上修建一个2 m×6 m的三级沉淀池，利用截水沟及排水管将洗车池及沉淀池构成循环污水处理系统，冲洗车辆的水收集到沉淀池内沉淀，沉淀后的水用于现场洒水降尘等。

6.1.2.6 办公室

现场办公区位于场地南侧，采用一层临时性砖混结构工程，标准开间3.62 m×5.46 m，外部按照施工单位CI要求进行标准化。各办公室内统一配备办公桌椅、电脑、电话、打印机、复印机、传真机等办公设施。办公区前围墙上设“八牌二图”，营造一个整洁、文明、舒心的办公环境。

6.1.2.7 库房

采用标准砖及水泥砂浆砌筑，库房应靠近施工工作区域，以方便储存水泥、减少其运距。

6.1.2.8 临时厕所

施工现场场内设置 1 个临时性厕所(办公区、生活区除外)。

6.1.2.9 标志标牌

(1) 施工图牌：在大门入口处设置施工图牌，包括企业标牌、工程概况牌、质量管理组织构架牌、安全管理组织构架牌、消防组织构架牌、项目组织构架牌、施工平面布置图。

(2) 安全标志牌：在施工通道、塔吊、施工电梯、临边洞口等处悬挂安全标志牌。

(3) 导向牌：为便于交通管理，在现场大门口设置导向牌。

(4) 物资标志牌：各种物资必须设置现场标志牌，便于现场物资管理。

6.1.3 施工现场平面布置图

本项目施工现场平面布置如图 6-1 所示。

6.2 施工临时供水

建筑工地临时供水主要包括：生产用水、生活用水和消防用水三种，生产用水包括工程施工用水、施工机械用水，生活用水包括施工现场生活用水和生活区生活用水。

6.2.1 工程用水量计算

(1) 工地施工用水量 q_1(L/s)

$$q_1 = K_1 \cdot \frac{\sum Q_1 \cdot N_1}{T_1 \cdot b} \cdot \frac{K_2}{8 \times 3600}$$

式中 K_1—— 未预见的施工用水系数，取 1.10；

K_2—— 用水不均匀系数，取 1.50；

T_1—— 年度有效工作日，取 300 d；

b—— 每天工作班数，取 1.50；

Q_1—— 年度工程量(以实物计量单位表示)；

N_1—— 施工用水定额，见表 6-1。

表 6-1 项目施工用水定额列表

序号	用水名称	用水额定 N_1	工程量 Q_1
1	混凝土自然养护	400.00 L/m^3	2720 m^3
2	模板浇水湿润	15.00 L/m^2	24480 m^2
3	砌筑工程全部用水	200.00 L/m^3	1467 m^3
4	立面抹灰工程全部用水	30.00 L/m^2	25671 m^2
5	楼地面抹砂浆	190.00 L/m^2	8557 m^2

续表 6-1

序号	用水名称	用水额定 N_1	工程量 Q_1
6	立面抹面层	6 L/m^2	25671 m^2
7	上水管道工程	98 L/m	70 m
8	下水管道工程	1130 L/m	70 m

经过计算得到项目施工用水量

$$q_1 = 1.10 \times \frac{4384546}{300 \times 1.5} \times \frac{1.5}{8 \times 3600} = 0.56 \text{ L/s}。$$

(2) 施工机械用水量 q_2(L/s)

$$q_2 = K_2 \sum (Q_2 \cdot N_2) \cdot \frac{K_3}{8 \times 3600}$$

式中 q_2—— 施工机械用水量(L/s);

K_2—— 用水不均匀系数,取 1.50;

Q_2—— 同一种机械台数(台);

N_2—— 施工机械台班用水定额,见表 6-2;

K_3—— 施工机械用水不均匀系数,取 1.50。

表 6-2 施工机械用水定额列表

序号	机械名称	用水额定 N_2	机械台数 Q_2
1	木工场	20 L/(台·台班)	2(台·台班)
2	钢筋加工场	250 L/(台·台班)	3(台·台班)

经过计算得到项目施工机械用水量为:

$$q_2 = 1.50 \times 790 \times \frac{1.50}{8 \times 3600} = 0.062 \text{ L/s}$$

(3) 工地生活用水量 q_3(L/s)

$$q_3 = \frac{P_1 \cdot N_3 \cdot K_4}{b \times 8 \times 3600}$$

式中 q_3—— 施工工地生活用水量(L/s);

P_1—— 施工现场高峰昼夜人数,取 100 人;

N_3—— 施工工地生活用水定额,取 20 L/ 人;

K_4—— 施工工地生活用水不均匀系数,取 1.30;

b—— 每天工作班数,取 1.50。

经过计算得到项目工地生活用水量为

$$q_3 = (100 \times 20 \times 1.30)/(1.5 \times 8 \times 3600) = 0.061 \text{ L/s}$$

(4) 办公区、生活区生活用水量

办公区、生活区用水,按照建设单位整体策划,采用市政管网供水,干管管径采用 $DN50$ 即可。

(5) 消防用水量计算

根据《建筑工程施工现场消防安全技术规范》(GB 50720—2011),根据本工程建筑工程的大小、临时设施的规模等因素,确定消防用水量 $q_4 = 15.00$ L/s。

(6) 施工工地总用水量计算

由于 $q_1 + q_2 + q_3 = 0.56 + 0.062 + 0.061 = 0.683 < q_4$

因此施工工地用水总量 $= q_4 + 0.5 \times (q_1 + q_2 + q_3) = 15.34$ L/s

最后计算出的总用量,还应增加10%,以补偿不可避免的水管漏水损失。

经过计算得到总用水量 $Q - 15.34 \times 1.1 - 16.87$ L/s。

(7) 供水管径的选择

供水管径的计算公式:

$$d = \sqrt{\frac{4Q}{\pi \cdot v \cdot 1000}}$$

式中 d—— 配水管直径(m);

v—— 管网中水流速度,取1.8 m/s;

Q—— 施工工地总用水量(L/s)。

经过计算得到:

$$d = \sqrt{\frac{4 \times 16.87}{\pi \times 1.8 \times 1000}} = 0.11 \text{ m}$$

因此,临时供水需用内径为110 mm的供水管,现场临时布置采用 $DN150$ 钢管基本能满足施工要求。

6.2.2 供水设施的选择

临时供水系统一般由取水设施、净水设施、水箱及水池、输水管和配水管等综合而成。地面水源取水设施一般由取水口、进水管及水泵组成。水泵抽水能力由工地需用总用水量确定,水泵的扬程由水泵将水送至水箱和用水点时的扬程并考虑水头的损失来确定。

6.2.3 水池容积的计算

根据前面选定的消防用水量15 L/s的要求,考虑现场2 h的消防用水量,拟在地下室底板上设置消防水池,平时可通过加压水泵将水输送到塔楼上,满足施工楼层用水需求,但需随时保证水池蓄水量,消防时作为消防用水。水池容积计算为:$V = 15 \times 3600 \times 2 \div 1000 = 108 \text{ m}^3$。

按以上计算情况,结合实际施工用水的需求,现场设置的消防水池(3个)长×宽×高为6 m×6 m×1.2 m。

6.2.4 水泵扬程的计算

水头损失按下式计算:

$$h = h_1 + h_2 = (1.15 \sim 1.2)h_1 = (1.15 \sim 1.2)iL$$

式中 h—— 水头损失(m);

h_1—— 沿程水头损失(m);

h_2—— 局部水头损失(m);

i—— 单位管长水头损失;

L—— 计算管段长度(m)。

由于本工程高度为 22.5 m,h_1、h_2 忽略不计。

水泵扬程按下式计算:

$$H_1 = Z_{户} - Z_{泵} + H_{户} + \sum h$$

式中 $Z_{户}$ —— 最不利点的标高(m);

$Z_{泵}$ —— 吸入点的标高(m);

$H_{户}$ —— 最不利点所需的自由水头(m),一般为 8 ~ 10 m,取 9 m;

$\sum h$—— 管路水头损失(m)。

计算得到本工程水泵扬程 $H_1 = 22.5 - 0 + 9 + 0 = 31.5$ m。

由以上计算可知选择型号为 MD6-25×2 立式多级泵,扬程 50 m 可满足使用要求。

6.2.5 现场供水管网布设

根据以上情况和现场实际情况,临时用水管道从市政临时用水接驳点接出,沿地块地下室外轮廓线及现场实际情况呈环形布置。主管采用 *DN*150PPR 管,在地下室基坑坡肩上埋地敷设(局部可根据实际情况架空),当地下室施工出顶板,场地回填平整到位后,在本工程北侧及东西两侧,沿规划道路边缘每隔 50 m 设置消防栓,消防栓通过 *DN*50(或者 *DN*65)的支管与主供水管连接,以满足消防需求。

6.2.6 地下室施工阶段排水系统

由于地下室施工阶段主要考虑施工现场的生产废水、雨水和地下水的排放,故地下室施工阶段,拟在该场地地下室轮廓线以外,沿地下室轮廓开挖 400 mm×500 mm 的临时排水沟,排水沟应比地下室底板场地标高低不小于 300 mm,排水沟统一朝向场地东南角的泄洪沟处找坡(坡度为 0.3%),整个场地的施工废水或地表水经排水沟导引至沉淀池沉淀后,排入市政泄洪沟内。

沉淀池采用 MU10 的水泥标准砖及 M7.5 的水泥砂浆砌筑,池底采用 C15 素混凝土封底,厚度不小于 60 mm。

6.2.7 主体阶段排水系统

当地下室施工处±0.000 m、场地回填完成后,在地下室轮廓线四周修建一条 400 mm×500 mm 的排水沟,排水沟采用 MU10 的水泥标准砖及 M7.5 的水泥砂浆砌筑,仍然朝向场地东南角的泄洪沟方向找坡,坡度不小于 0.3%,并每隔 50 m 左右设置一个 1 m×1 m×1 m 的沉淀池,雨水和生产废水通过排水沟集中排到泄洪沟或市政排水管道中。

6.3 施工临时用电

6.3.1 用电概况

本工程基础主要为独立基础和桩基础(采用人工挖孔桩),用电高峰期为主体施工阶段。在主体施工阶段,根据建筑总平面图,本工程约需要投入 QTZ40(4208)塔吊 1 台,约需设置 1 个钢筋加工棚,1 个木工加工棚,高峰期约有 2 个混凝土浇筑点同时浇筑,具体用电设备的投入及其用电容量计算详见表 6-3。

表 6-3 项目用电设备的投入及其用电容量

序号	机具名称	规格	单位	需要数量	功率(kW)	合计功率(kW)
1	多级增压泵	—	台	1	5	5
2	污水泵	40WQ15-15	台	6	1.5	9
3	座式圆盘锯	DJ-235	台	2	6	12
4	木工圆锯	MJ104	台	4	3	12
5	插入式振动棒	LIR35	根	6	2.2	13.2
6	钢筋弯曲机	GW-40	台	1	3	3
7	交流电焊机	BX3-500-2	台	1	38.6	38.6
8	钢筋调直切断机	GT4-14	台	1	5.5	5.5
9	钢筋调直机	GT6/8	台	1	5.5	5.5
10	砂浆搅拌机	JZC300A	台	2	4	8
11	物料提升机	SCD200A	台	1	7.5	7.5
12	塔吊	QTZ40(4208)	台	1	28	28
13	混凝土输送泵	HBT60.8.75Z	台	1	75	75

6.3.2 现场勘探及初步设计

(1) 本工程所在施工现场范围内施工前无各种埋地管线。

(2) 现场采用 380 V/220 V 低压供电。总配电箱内有计量设备,采用 TN-S 系统。

(3) 根据施工现场用电设备布置情况,总配电箱进线采用导线架空线路敷设。干线采用架空线路敷设,局部地下室直接埋地,用电导线采用架空线路敷设,其线路走向参见临时配电系统图,采用三级配电,二级保护。

6.3.3 安全用电技术措施

6.3.3.1 保护接地

保护接地是指将电气设备不带电的金属外壳与接地极之间做可靠的电气连接。它的作用是当电气设备的金属外壳带电时，如果人体触及此外壳，利用接地装置的分流作用来减少通过人体的电流，此时，通过人体的电流可减小到安全值以内。

同时，由保护接地的原理可知，利用并联电路中的小电阻（接地体电阻）对大电阻（人体电阻）的强分流作用，将漏电设备外壳的对地电压限制在安全范围以内；这时只要适当控制接地体电阻（一般不大于 4Ω），由于人体的电阻远大于接地体电阻，则大部分电流经接地体流入大地，而流经人体的电流很小，就可减少触电事故发生。

6.3.3.2 保护接零

在电源中性点直接接地的低压电力系统中，将用电设备的金属外壳与供电系统中的零线或专用零线直接做电气连接，称为保护接零。它的作用是当电气设备的金属外壳带电时，短路电流经零线而成闭合电路，使其变成单相短路故障，因零线的阻抗很小，所以短路电流很大，一般大于额定电流的几倍甚至几十倍，这样大的单相短路将使保护装置迅速而准确地动作，切断事故电源，保证人身安全。其供电系统为接零保护系统，即 TN 系统，TN 系统包括 TN-C、TN-C-S、TN-S 三种类型。本工程采用 TN-S 系统。

TN-S 供电系统是把工作零线 N 和专用保护线 PE 在供电电源处严格分开的供电系统，也称三相五线制。它的优点是专用保护线上无电流，此线专门承接故障电流，确保其保护装置动作。应该特别指出，PE 线不许断线。在供电末端应将 PE 线做重复接地。

施工时应注意：除了总控制箱处外，其他各处均不得把 N 线和 PE 线连接，PE 线上不得安装开关和熔断器，也不得把大地兼做 PE 线且 PE 线不得通过工作电流。PE 线也不得进入漏电保护器且必须由电源进线零线重复接地处或总漏电保护器电源侧零线处引出，因为线路末端的漏电保护器动作，会使前级漏电保护器动作。

必须注意：当施工现场与外电线路共用同一供电系统时，电气设备的接地、接零保护应与原系统保持一致。不允许对一部分设备采取保护接地，对另一部分采取保护接零。因为在同一系统中，如果有的设备采取接地，有的设备采取接零，则当采取接地的设备发生碰壳时，零线电位将升高，而使所有接零的设备外壳都带上危险的电压。

6.3.3.3 设置漏电保护器

(1) 施工现场的总配电箱至开关箱应至少设置两级漏电保护器，而且两级漏电保护器的额定漏电动作电流和额定漏电动作时间应作合理配合，使之具有分级保护的功能。

(2) 开关箱中必须设置漏电保护器，施工现场所有用电设备，除作保护接零外，必须在设备负荷线的首端处安装漏电保护器。

(3) 漏电保护器应装设在配电箱电源隔离开关的负荷侧和开关箱电源隔离开关的负荷侧，不得用于启动电器设备的操作。

(4) 漏电保护器的选择应符合现行国家标准《剩余电流动作保护器（RCD）的一般要求》（GB/T 6829—2017）和《剩余电流动作保护装置安全和运行》（GB/T 13955—2017）的规定，开关箱内的漏电保护器其额定漏电动作电流应不大于 30 mA，额定漏电动作时间应小于 0.1 s。用于潮湿和有腐蚀介质场所的漏电保护器应采用防溅型产品，其额定漏电动作电流应不大于 15 mA，额定漏电动作时间应小于 0.1 s。

(5) 总配电箱中漏电保护器的额定漏电动作电流应大于 30 mA，额定漏电动作时间应大于 0.1 s,但其额定漏电动作电流与额定漏电动作时间的乘积不应大于 30 mA·s。

(6) 总配电箱和开关箱中漏电保护器的极数和线数必须与其负荷侧负荷的相数和线数一致。

(7) 配电箱、开关箱中的漏电保护器宜选用无辅助电源型(电磁式)产品,或选用辅助电源故障时能自动断开的辅助电源型(电子式)产品。当选用辅助电源故障时不能自动断开的辅助电源型(电子式)产品时,应同时设置缺相保护。

6.3.3.4 安全电压

安全电压指不戴任何防护设备,接触时对人体各部位不造成任何损害的电压。我国国家标准《特低电压(ELV)限值》(GB/T 3805—2008)中规定,安全电压值的等级有 42 V、36 V、24 V、12 V、6 V 五种。同时还规定:当电气设备采用了超过 24V 的电压时,必须采取防直接接触带电体的保护措施。

对下列特殊场所应使用安全电压照明器:

(1) 隧道、人防工程,有高温、导电灰尘或灯具离地面高度低于 2.5 m 等场所的照明,电源电压应不大于 36 V。

(2) 在潮湿和易触及带电体场所的照明电源电压不得大于 24 V。

(3) 在特别潮湿的场所,导电良好的地面、锅炉或金属容器内工作的照明电源电压不得大于 12 V。

6.3.3.5 电气设备的设置应符合的要求

(1) 配电系统应设置配电柜或总配电箱、分配电箱、开关箱,实行三级配电。配电系统应采用三相负荷平衡。220 V 或 380 V 单相用电设备接入 220/380 V 三相四线系统;当单相照明线路电流大于 30 A 时,应采用 220/380 V 三相四线制供电。

(2) 动力配电箱与照明配电箱宜分别设置,如合置在同一配电箱内,动力和照明线路应分路设置,照明线路接线宜接在动力开关的上侧。

(3) 总配电箱应设置在靠近电源区域,分配电箱应设置在用电设备或负荷相对集中的区域,分配电箱与开关箱的距离不得超过 30 m,开关箱与其控制的固定式用电设备的水平距离不应超过 3 m。

(4) 每台用电设备必须有各自专用的开关箱,禁止用同一个开关箱直接控制两台及两台以上用电设备(含插座)。

(5) 配电箱、开关箱应装设在干燥、通风及常温场所。不得装设在有严重损伤作用的瓦斯、烟气、潮气及其他有害介质中,亦不得装设在易受外来固体物撞击、强烈振动、液体侵溅及热源烘烤的场所。否则,应予清除或做防护处理。配电箱、开关箱周围应有足够两人同时工作的空间和通道,其周围不得堆放任何有碍操作、维修的物品,不得有灌木杂草。

(6) 配电箱、开关箱安装要端正、牢固。固定式配电箱、开关箱的中心点与地面的垂直距离应为 1.4~1.6 m。移动式分配电箱、开关箱应设在坚固、稳定的支架上。其中心点与地面的垂直距离应为 0.8~1.6 m。配电箱、开关箱应采用冷轧钢板或阻燃绝缘材料制作,钢板的厚度应为 1.2~2.0 mm,其中开关箱箱体钢板厚度不得小于 1.2 mm,配电箱箱体钢板厚度不得小于 1.5 mm,箱体表面应做防腐处理。

(7) 配电箱、开关箱中导线的进线口和出线口应设在箱体下底面，严禁设在箱体的上顶面、侧面、后面或箱门处。

6.3.3.6 电气设备的安装

(1) 配电箱、开关箱内的电器(含插座)应首先安装在金属或非木质的绝缘电器安装板上，然后整体紧固在配电箱、开关箱箱体内。

(2) 金属板与配电箱体应做电气连接。

(3) 配电箱、开关箱内的各种电器(含插座)应按其规定位置紧固在电器安装板上，不得歪斜和松动。并且电器设备之间、设备与板四周的距离应符合有关工艺标准的要求。

(4) 配电箱的电器安装板上必须分设N线端子板和PE线端子板。N线端子板必须与金属电器安装板绝缘；PE线端子板必须与金属电器安装板做电气连接。

(5) 进出线中的N线必须通过N线端子板连接；PE线必须通过PE线端子板连接。

(6) 配电箱、开关箱内的连接线应采用铜芯绝缘导线，导线绝缘的颜色标志应按相线L1(A)、L2(B)、L3(C)相序的绝缘颜色，依次为黄、绿、红色；N线的绝缘颜色为淡蓝色；PE线的绝缘颜色为绿/黄双色；导线应排列整齐，任何情况下上述颜色标记严禁混用和相互代用。导线分支接头不得采用螺栓压接，应采用焊接并做绝缘包扎，不得有外露带电部分。

(7) 配电箱、开关箱的金属箱体、金属电器安装板以及电器的正常不带电的金属底座、外壳等必须通过PE线端子板与PE线做电气连接，金属箱门与金属箱体必须通过采用编织软铜线做电气连接。

(8) 配电箱后面的排线需排列整齐，绑扎成束，并用卡钉固定在盘板上，盘后引出及引入的导线应留出适当余度，以便检修。

(9) 导线剥削处不应伤线芯过长，导线压头应牢固可靠，多股导线不应盘卷压接，应加装压线端子(有压线孔者除外)。如必须穿孔用顶丝压接时，多股线应刷锡后再压接，不得减少导线股数。

(10) 配电箱、开关箱的进、出线口应配置固定线卡，进出线应加绝缘护套并成束卡固在箱体上，不得与箱体直接接触。移动式配电箱、开关箱、出线应采用橡皮护套绝缘电缆，不得有接头。

(11) 配电箱、开关箱外形结构应能防雨、防尘。

6.3.3.7 外电线路及电气设备防护

(1) 在建工程不得在外电架空线路正下方施工、搭设作业棚、建造生活设施，或堆放构件、架具、材料及其他杂物。

(2) 在建工程(含脚手架)的周边与外电架空线路的边线之间必须保持安全操作距离。当外电线路的电压为1 kV以下时，其最小安全操作距离为4 m；当外电架空线路的电压为1～10 kV时，其最小安全操作距离为6 m；当外电架空线路的电压为35～110 kV时，其最小安全操作距离为8 m；当外电架空线路的电压为220 kV时，其最小安全操作距离为10 m；当外电架空线路的电压为300～500 kV时，其最小安全操作距离为15 m。上下脚手架的斜道严禁搭设在有外电线路的一侧。

(3) 施工现场的机动车道与外电架空线路交叉时，架空线路的最低点与路面的最小垂直距离应符合以下要求：外电线路电压为1 kV以下时，最小垂直距离为6 m；外电线路电压为

1～35 kV时，最小垂直距离为7 m。

(4) 起重机严禁越过无防护设施的外电架空线路作业。在外电架空线路附近吊装时，起重机的任何部位或被吊物的边缘在最大偏斜时与架空线路边线的最小安全距离应符合以下要求：外电线路电压为1 kV以下时，最小水平与垂直距离为1.5 m；外电线路电压为10 kV以下时，最小垂直距离为3 m，水平距离为2 m；外电线路电压为35 kV以下时，最小垂直距离为4 m，水平距离为3.5 m；外电线路电压为110 kV以下时，最小垂直距离为5 m，水平距离为4 m；外电线路电压为220 kV以下时，最小水平与垂直距离为6 m；外电线路电压为330 kV以下时，最小水平与垂直距离为7 m；外电线路电压为500 kV以下时，最小水平与垂直距离为8.5 m。

(5) 施工现场开挖沟槽边缘与外电埋地电缆沟槽边缘之间的距离不得小于0.5 m。

(6) 对于达不到最小安全距离时，施工现场必须采取保护措施，可以增设屏障、遮栏、围栏或保护网，并要悬挂醒目的警告标志牌。在架设防护设施时，必须经有关部门批准，采用线路暂时停电或其他可靠的安全技术措施，并应有电气工程技术人员或专职安全人员负责监护。

(7) 防护设施与外电线路之间的安全距离应符合下列要求：外电线路电压为10 kV以下时，安全距离为1.7 m；外电线路电压为35 kV以下时，安全距离为2 m；外电线路电压为110 kV以下时，安全距离为2.5 m；外电线路电压为220 kV以下时，安全距离为4 m；外电线路电压为330 kV以下时，安全距离为5 m；外电线路电压为500 kV以下时，安全距离为6 m。

(8) 对于既不能达到最小安全距离，又无法搭设防护措施的施工现场，必须与有关部门协商，采取停电、迁移外电线路或改变工程位置等措施，否则不得施工。

(9) 电气设备现场周围不得存放易燃易爆物、污染源和腐蚀介质，否则应予清除或做防护处置，其防护等级必须与环境条件相适应。

(10) 电气设备设置场所应能避免物体打击和机械损伤，否则应做防护处置。

6.3.3.8　电工及用电人员要求

(1) 电工必须经过按国家现行标准考核合格后，持证上岗工作；其他用电人员必须通过相关安全教育培训和技术交底，考核合格后方可上岗工作。

(2) 安装、巡检、维修或拆除临时用电设备和线路，必须由电工完成，并应有人监护。电工等级应同工程的难易程度和技术复杂性相适应。

(3) 各类用电人员应掌握安全用电基本知识和所用设备的性能，并应符合下列规定：

① 使用电气设备前必须按规定穿戴和配备好相应的劳动防护用品，并应检查电气装置和保护设施，严禁设备带“缺陷”运转；

② 保管和维护所用设备，发现问题及时报告解决；

③ 暂时停用设备的开关箱必须分断电源隔离开关，并应关门上锁；

④ 移动电气设备时，必须经电工切断电源并做妥善处理后进行。

6.3.3.9　电气设备的使用与维护

(1) 配电箱、开关箱应有名称、用途、分路标记及系统接线图。

(2) 配电箱、开关箱箱门应配锁，并应由专人负责。

(3) 配电箱、开关箱应每月进行一次检查和维修。检查、维修人员必须是专业电工。检查、维修时必须按规定穿戴绝缘鞋、手套，必须使用电工绝缘工具，并应做检查、维修工作记录。

(4) 对配电箱、开关箱进行定期维修、检查时，必须将其前一级相应的电源隔离开关分闸断电，并悬挂“禁止合闸、有人工作”停电标志牌，严禁带电作业。

(5) 配电箱、开关箱必须按照下列顺序操作：

① 送电操作顺序为：总配电箱→分配电箱→开关箱；

② 停电操作顺序为：开关箱→分配电箱→总配电箱。

但出现电气故障的紧急情况可除外。

(6) 施工现场停止作业 1 h 以上时，应将动力开关箱断电上锁。

(7) 配电箱、开关箱内不得放置任何杂物，并应保持清洁。

(8) 配电箱、开关箱内不得随意挂接其他用电设备。

(9) 配电箱、开关箱内的电器配置和接线严禁随意改动。熔断器的熔体更换时，严禁用不符合原规格的熔体代替。漏电保护器每天使用前应启动漏电试验按钮试跳一次，试跳不正常时严禁继续使用。

(10) 配电箱、开关箱的进线和出线严禁承受外力，严禁与金属尖锐断口、强腐蚀介质和易燃易爆物接触。

6.3.3.10 施工现场的配电线路

(1) 架空线必须采用绝缘导线。

(2) 架空线必须架设在专用电杆上，严禁架设在树木、脚手架及其他设施上。

(3) 架空线导线截面的选择应符合下列要求：

① 导线中的计算负荷电流不大于其长期连续负荷允许载流量。

② 线路末端电压偏移不大于 5%。

③ 三相五线制线路的 N 线和 PE 线截面面积不小于相线截面的 50%，单相线路的零线截面面积与相线截面面积相同。

④ 按机械强度要求，绝缘铜线截面面积不小于 10 mm^2，绝缘铝线截面面积不小于 16 mm^2。

⑤ 在跨越铁路、公路、河流、电力线路档距内，绝缘铜线截面面积不小于 16 mm^2，绝缘铝线截面面积不小于 25 mm^2。

(4) 架空线在一个档距内，每层导线的接头数不得超过该层导线数的 50%，且一条导线只允许有一个接头。在跨越铁路、公路、河流、电力线路档距内，架空线不得有接头

(5) 架空线路相序排列应符合下列规定：

① 动力、照明线在同一横担上架设时，导线相序排列是：面向负荷从左侧起依次为 L1、N、L2、L3、PE；

② 动力、照明线在两层横担上分别架设时，导线相序排列是：上层横担面向负荷从左侧起依次为 L1、L2、L3；下层横担面向负荷从左侧起依次为 L1(L2、L3)、N、PE。

(6) 架空线路的档距不得大于 35 m。

(7) 架空线路的线间距不得小于 0.3 m，靠近电杆的两导线的间距不得小于 0.5 m。

(8) 架空线路横担间的最小垂直距离不得小于表 6-4 所列数值；横担宜采用角钢或方木，低压铁横担角钢应按表 6-5 选用，方木横担截面面积应按 80 mm×80 mm 选用，横担长度应按表 6-6 选用。

表 6-4　横担间的最小垂直距离(m)

排列方式	直线杆	分支或转角杆
高压与低压	1.2	1.0
低压与低压	0.6	0.3

表 6-5　低压铁横担角钢选用

<table>
<tr><th rowspan="2">导线截面面积(mm²)</th><th rowspan="2">直线杆</th><th colspan="2">分支或转角杆</th></tr>
<tr><th>二线及三线</th><th>四线及以上</th></tr>
<tr><td>16
25
35
50</td><td>L50×5</td><td>2×L50×5</td><td>2×L63×5</td></tr>
<tr><td>70
95
120</td><td>L63×5</td><td>2×L63×5</td><td>2×L70×5</td></tr>
</table>

表 6-6　横担长度(m)

二线	三线、四线	五线
0.7	1.5	1.8

(9) 架空线路与邻近线路或固定物的距离应符合表 6-7 的规定。

表 6-7　架空线路与邻近线路或固定物的距离(m)

<table>
<tr><th>项目</th><th colspan="7">距离类别</th></tr>
<tr><td rowspan="2">最小净空距离(m)</td><td>架空线路的过引线、接下线与邻线</td><td colspan="3">架空线与架空线电杆外缘</td><td colspan="3">架空线与摆动最大时树梢</td></tr>
<tr><td>0.13</td><td colspan="3">0.05</td><td colspan="3">0.5</td></tr>
<tr><td rowspan="3">最小垂直距离(m)</td><td rowspan="2">架空线同杆架设下方的通信、广播线路</td><td colspan="3">架空线最大弧垂与地面</td><td rowspan="2">架空线最大弧垂与暂设工程顶端</td><td colspan="2">架空线与邻近电力线路交叉</td></tr>
<tr><td>施工现场</td><td>机动车道</td><td>铁路轨道</td><td>1 kV 以下</td><td>1～10 kV</td></tr>
<tr><td>1.0</td><td>4.0</td><td>6.0</td><td>7.5</td><td>2.5</td><td>1.2</td><td>2.5</td></tr>
<tr><td rowspan="2">最小水平距离(m)</td><td colspan="2">架空线电杆与路基边缘</td><td colspan="2">架空线电杆与铁路轨道边缘</td><td colspan="3">架空线电杆与建筑物凸出部分</td></tr>
<tr><td colspan="2">1.0</td><td colspan="2">标高(m)+3.0</td><td colspan="3">1.0</td></tr>
</table>

(10) 架空线路应采用钢筋混凝土杆或木杆。钢筋混凝土杆不得有露筋、宽度大于0.4 mm的裂纹和扭曲；木杆不得腐朽，其梢径不应小于140 mm。

(11) 电杆埋设深度应为杆长的1/10加0.6 m，回填土应分层夯实。在松软土质处应加大埋入深度或采用卡盘等加固。

(12) 直线杆和15°以下的转角杆，可采用单横担单绝缘子，但跨越机动车道时应采用单横担双绝缘子；15°到45°的转角杆应采用双横担双绝缘子；45°以上的转角杆，应采用十字横担。

(13) 架空线路绝缘子应按下列原则选择：

① 直线杆采用针式绝缘子；

② 耐张杆采用碟式绝缘子。

(14) 电杆的拉线应采用不少于3根直径4.0 mm的镀锌钢丝。拉线与电杆的夹角应在30°～45°之间。拉线埋设深度不得小于1 m。电杆拉线如从导线之间穿过，应在高于地面2.5 m处装设拉线绝缘子。

(15) 因受地形环境限制不能设拉线时，可采用撑杆代替拉线，撑杆埋设深度不得小于0.8 m，其底部应垫底盘或石块。撑杆与电杆的夹角应为30°。

(16) 接户线在档距内不得有接头，进线处离地高度不得小于2.5 m。接户线最小截面面积应符合表6-8的规定。接户线线间及邻近线路间的距离应符合表6-9的要求。

表6-8 接户线最小截面面积

接户线架设方式	接户线长度(m)	接户线截面面积(mm^2)	
		铜线	铝线
架空或沿墙敷设	10～25	6.0	10.0
	≤10	4.0	6.0

表6-9 接户线线间及邻近线路间的距离

接户线架设方式	接户线档距(m)	接户线线间距离(mm)
架空敷设	≤25	150
	＞25	200
沿墙敷设	≤6	100
	＞6	150
架空接户线与广播电话线交叉时的高度		接户线上部，600 接户线下部，300
架空或沿墙敷设的接户线零线和相线交叉时的距离		100

(17) 架空线路必须有短路保护。采用熔断器做短路保护时，其熔体额定电流不应大于明敷绝缘导线长期连续负荷允许载流量的1.5倍。采用断路器作为短路保护时，其瞬动过流脱扣器脱扣电流整定值应小于线路末端单相短路电流。

(18) 架空线路必须有过载保护。采用熔断器或断路器做过载保护时，绝缘导线长期连续负荷允许载流量不应小于熔断器熔体额定电流或断路器长延时过流脱扣器脱扣电流整定值的1.25倍。

6.3.3.11 施工现场的电缆线路

(1) 电缆中必须包含全部工作芯线和作用保护零线或保护线的芯线。需要三相四线制配电的电缆线路必须采用五芯电缆。五芯电缆必须包括含淡蓝色、绿/黄色的两种绝缘芯线。淡蓝色芯线必须用作N线;绿/黄双色芯线必须用作PE线,严禁混用。

(2) 电缆线路应采用埋地或架空敷设,严禁沿地面明设,并应避免机械损伤和介质腐蚀。埋地电缆路径应设方位标志。

(3) 电缆类型应根据敷设方式、环境条件等选择。埋地敷设应采用铠装电缆;当选用无铠装电缆时,应能防水、防腐。架空敷设应采用无铠装电缆。

(4) 电缆直接埋地敷设的深度不应小于0.7 m,并应在电缆紧邻上、下、左、右侧均匀敷设不小于50 mm厚的细砂,然后覆盖砖或混凝土板等硬介质保护层。

(5) 埋地电缆在穿越建筑物、构筑物、道路以及易受机械损伤、介质腐蚀场所,引出地面从2.0 m高到地下0.2 m处,必须加设防护套管,防护套管的内径不应小于电缆外径的1.5倍。

(6) 埋地电缆与其附近外电电缆和管沟的平行间距不得小于2 m,交叉间距不得小于1 m。

(7) 埋地电缆的接头应设在地面上的接线盒内,接线盒应能防水、防尘、防机械损伤,并应远离易燃、易爆、易腐蚀场所。

(8) 架空电缆应沿电杆、支架或墙壁敷设,并采用绝缘子固定,绑扎线必须采用绝缘线,固定点间距应保证电缆能承受自重所带来的荷载,沿墙壁敷设时最大弧垂距地不得小于2.0 m。

(9) 在建工程内的电缆线路必须采用电缆埋地引入,严禁穿越脚手架引入。电缆垂直敷设应充分利用在建工程的竖井、垂直孔洞等,并应靠近用电负荷中心,固定点每楼层不得少于一处。电缆水平敷设应沿墙或门口刚性固定,最大弧垂距地不得小于2.0 m。

(10) 电缆线路必须有短路保护和过载保护。

6.3.3.12 室内导线的敷设及照明装置

(1) 室内配线必须采用绝缘导线或电缆。

(2) 室内配线应根据配线类型采用瓷瓶、瓷(塑料)夹、嵌绝缘槽、穿管或钢索敷设。潮湿场所或埋地非电缆配线必须穿管敷设,管口和管接头应密封;当采用金属管敷设时,金属管必须做等电位连接,且必须与PE线相连接。

(3) 室内非埋地明敷主干线距离地面高度不得小于2.5 m。

(4) 架空进户线的室外端应采用绝缘子固定,过墙处应穿管保护,距地面高度不得小于2.5 m,并应采取防雨措施。

(5) 室内配线所用导线或电缆的截面面积应根据用电设备或线路的计算负荷确定,但铜线截面面积不应小于1.5 mm^2,铝线截面面积不应小于2.5 mm^2。

(6) 钢索配线的吊架间距不宜大于12 m。采用瓷夹固定导线时,导线间距不应小于35 mm,瓷夹间距不应大于800 mm;采用瓷瓶固定导线或电缆时,可直接敷设于钢索上。

(7) 室内配线必须有短路保护和过载保护。

6.3.4 安全用电组织措施

(1) 建立临时用电施工组织设计和安全用电技术措施的编制、审批制度,并建立相应的技术档案。

(2) 建立技术交底制度。

(3) 向专业电工、各类用电人员介绍临时用电施工组织设计和安全用电技术措施的总体意图、技术内容和注意事项，并应在技术交底文字资料上履行交底人和被交底人的签字手续，注明交底日期。

(4) 建立安全检测制度，设立专职的值班电工，配合安全员对临时用电进行管理，并做好内业资料。冬、雨季节要强化检查，对查出的问题限期整改。

(5) 从临时用电工程竣工开始，定期对临时用电工程进行检测，主要检测内容是：接地电阻值，电气设备绝缘电阻值，漏电保护器动作参数等，以监视临时用电工程是否安全可靠，并做好检测记录。

(6) 建立电气维修制度。

(7) 加强日常和定期维修工作，及时发现和消除隐患，并建立维修工作记录，记载维修时间、地点、设备、内容、技术措施、处理结果、维修人员、验收人员等。

(8) 建立工程拆除制度。

(9) 建筑工程竣工后，临时用电工程的拆除应有统一的组织和指挥，并须规定拆除时间、人员、程序、方法、注意事项和防护措施等。

(10) 建立安全检查和评估制度。

(11) 施工管理部门和企业要按照《建筑施工安全检查标准》(JGJ 59—2011)定期对现场用电安全情况进行检查评估。

(12) 建立安全用电责任制。

(13) 对临时用电工程各部位的操作、监护、维修分片、分块、分机落实到人，并辅以必要的奖惩。

(14) 建立安全教育和培训制度。

(15) 定期对专业电工和各类用电人员进行用电安全教育和培训，凡上岗人员必须持有劳动部门核发的上岗证书，严禁无证上岗。

(16) 建设对总配电室、各路配电箱、供电线路和设备等安全管理制度，严禁电气设备带病运行。

(17) 每台电气设备必须执行三级配电、二级漏电保护装置。

(18) 每台电气设备应用各自的开关箱，必须实行“一机、一闸、一漏、一箱”制，严禁用同一只开关箱直接控制两台及两台以上的用电设备(含插座)。

(19) 电源进线电缆应遵循下进上出的原则，在箱内经固定后分别接配电箱的 L、N、PE 各端。熔体应采用合格的铅合金熔丝，严禁用铁丝、铝丝等非专用熔丝替代，严禁用多股熔丝代替一根较大熔丝。

(20) 电源接入配箱后，必须先检测再使用；不接负荷，分别合闸，依次检测每一漏电断路器，试验按钮应迅速自动分闸，断开电源，操纵手柄退回到“分”或“0”位置为合格。配电箱周围必须无杂物，有操作位置。

(21) 配电箱投入正常使用后，应由专业人员每月测试一次，并做书面记录。各级配电箱明确专人负责，做好检查维修和清洁工作。箱内应保持整洁，不准存放任何东西，箱周围应保持通道的畅通。施工现场的固定露天电箱、分配电箱必须架空设置，其底边距地高度不小于0.6 m。

(22) 所有配电箱必须符合有关规定，具有合格证，配好门锁，做好跨接；总配电箱、分配电箱下口应三面封闭，做好油漆。露天配电箱应搭好双层防坠棚。

(23) 遵守送电、停电的操作程序：用电→总开关→分路开关→电源末端的漏电开关；停电，反之操作。

(24) 使用各种规格的配电箱必须遵守：①空气断路器仅作总开关，转接用；②50 mA 的漏电断路器只作转接用(100 mA 除外)；③30 mA 的可作负载前端用。

(25) 凡断路器合不上闸，自动跳闸，禁止强行合闸，应查出原因、排除故障后才能合闸送电。

(26) 选用配电箱时负载的额定电流应小于控制箱额定电流，机械限位必须接入箱内标注有"限位接线"处。

(27) 电缆必须用五芯橡皮电缆，保护零线严禁通过任何开关和熔断器，与工作零线不可混用。重复接地必须加在 PE 线上。

(28) 现场总配、分配都应做好重复接地，塔吊、人货电梯均应做好重复接地和防雷接地，其接地电阻值不得大于规定值。

(29) 所有电气设备的保护零线应以并联方式与零干线连接。零线的断面不应小于相线的一半，零线上不准装设开关和熔断器，单相电气设备必须设置单独的保护零线，不得利用设备自身的工作零线兼做接零保护。

(30) 分配电箱与开关箱的距离不超过 30 m，开关箱与其控制的电气水平距离不超过 5 m。

(31) 所有的电焊机必须使用二次降压器。其一次侧电源应用橡套电缆线，长度不得超过 5 m。

(32) 移动式碘钨灯的金属灯架应有可靠的接地(接零)保护和漏电开关保护，灯具距地不低于 2.5 m。

(33) 施工现场的照明电压必须执行如下规定：

一般施工现场：220 V；工作手灯：36 V；危险场所：36 V；地下室：3 V；无触电保护的移动式照明：36 V。

如使用 36 V 电压，则采用小型变压器将 220 V 电压降压至 36 V 使用。

(34) 手持电动工具必须选用Ⅱ类工具，必须有额定漏电电流不大于 30 mA、动作时间不大于 0.1 s 的漏电开关保护。

(35) 室内垂直干线应采用护套电缆，其固定点间距不大于 3 m，不准直接绑扎在金属支架上。

(36) 职工宿舍、办公室线路必须按规范要求架设，严禁将插座与扳拨开关靠近装设，严禁在床沿装设床头灯和插座。

(37) 建立停电检修挂牌制度，安装、维修或拆除临时用电工程必须由电工完成。

6.3.5 施工现场发生火灾的主要原因

(1) 电气线路过负荷引起火灾

线路上的电气设备长时间超负荷使用，使用电流超过了导线的安全载流量，这时如果保护装置选择不合理,时间长了,线芯过热使绝缘层损坏燃烧,造成火灾。

(2) 线路短路引起火灾

因导线安全距离不够,绝缘等级不够,设备老化、破损等或人为操作不慎等原因造成线路短路,强大的短路电流很快转换成热能,使导线严重发热,温度急剧升高,造成导线熔化,绝缘层燃烧,引起火灾。

(3) 接触电阻过大引起火灾

导线接头连接不好,接线柱压接不实,开关触点接触不牢等造成接触电阻增大,随着时间增长引起局部氧化,氧化后增大了接触电阻。电流流过电阻时,会消耗电能产生热量,导致过热引起火灾。

(4) 变压器、电动机等设备运行故障引起火灾

变压器长期过负荷运行或制造质量不良,造成线圈绝缘损坏,匝间短路,铁芯涡流加大引起过热,变压器绝缘油老化、击穿、发热等引起火灾或爆炸。

(5) 电热设备、照明灯具使用不当引起火灾

电炉等电热设备表面温度很高,如使用不当会引起火灾;大功率照明灯具等与易燃物距离过近引起火灾。

(6) 电弧、电火花引起火灾

电焊机、点焊机使用时电气弧光、火花等会引燃周围物体,引起火灾。

施工现场由于电气引发的火灾原因绝不止以上几点,还有许多,这就要求用电人员和现场管理人员认真执行操作规程,加强检查,防微杜渐,预防火灾。

6.3.6 预防电气火灾的措施

针对电气火灾发生的原因,施工组织设计中要制定出有效的预防措施。

(1) 施工组织设计时要根据电气设备的用电量正确选择导线截面,从理论上杜绝线路过负荷使用;保护装置要认真选择,当线路上出现长期过负荷时,能在规定时间内动作保护线路。

(2) 导线架空敷设时其安全间距必须满足规范要求,当配电线路采用熔断器作短路保护时,熔体额定电流一定要小于电缆或穿管绝缘导线允许载流量的 2.5 倍,或明敷绝缘导线允许载流量的 1.5 倍。经常教育用电人员正确执行安全操作规程,避免作业不当造成火灾。

(3) 电气操作人员要认真执行规范,正确连接导线,接线柱要压牢、压实。各种开关触头要压接牢固。铜铝连接时要有过渡端子,多股导线要用端子或刷锡后再与设备安装,以防加大电阻引起火灾。

(4) 配电室的耐火等级要大于三级,室内配置砂箱和绝缘灭火器。严格执行变压器的运行检修制度,按季度每年进行四次停电清扫和检查。现场中的电动机严禁超载使用,电机周围无易燃物,发现问题及时解决,保证设备正常运转。

(5) 施工现场内严禁使用电炉子。使用碘钨灯时,灯与易燃物间距要大于 30 cm,室内不准使用功率超过 100 W 的灯泡,严禁使用床头灯。

(6) 使用焊机时要执行用火证制度,并有人监护,施焊周围不能存在易燃物体,并备齐防火设备。电焊机要放在通风良好的地方。

(7) 施工现场的高大设备和有可能产生静电的电气设备要做好防雷接地和防静电接地,

以免雷电及静电火花引起火灾。

(8) 存放易燃气体、易燃物仓库内的照明装置一定要采用防爆型设备，导线敷设、灯具安装、导线与设备连接均应满足有关规范要求。

(9) 配电箱、开关箱内严禁存放杂物及易燃物体，并派专人负责定期清扫。

(10) 设有消防设施的施工现场，消防泵的电源要由总箱中引出专用回路供电，而且此回路不得设置漏电保护器，当电源发生接地故障时可以设单相接地报警装置。有条件的施工现场，此回路供电应由两个电源供电，供电线路应在末端可切换。

(11) 施工现场应建立防火检查制度，强化电气防火领导体制，建立电气防火队伍。

(12) 施工现场一旦发生电气火灾时，扑灭电气火灾应注意以下事项：

① 迅速切断电源，以免事态扩大。切断电源时应戴绝缘手套，使用有绝缘柄的工具。当火场离开关较远需剪断电线时，火线和零线应分开错位剪断，以免在钳口处造成短路，并防止电源线掉在地上造成短路使人员触电。

② 当电源线因其他原因不能及时切断时，一方面派人去供电端拉闸，另一方面灭火时，人体的各部位与带电体应保持一定距离，必须穿戴绝缘用品。

③ 扑灭电气火灾时要用绝缘性能好的灭火剂，如干粉灭火器、二氧化碳灭火器或干燥砂子。严禁使用导电灭火剂进行扑救。

6.3.7 防雷装置设计

(1) 施工机具（塔吊、人货电梯、钢管外脚手架）的防雷按第三类工业建筑、构筑物的防雷规定设置防雷装置。

(2) 塔吊、人货电梯避雷引下线利用机械设备结构钢架（钢架连接点做好电气连接），避雷针可用直径为 10～20 mm，长 1～2 m 的圆钢，并进行有效的防腐处理。物料提升机上方必须设避雷针，并用截面面积不小于 25 mm^2 的多股铜线与接地装置可靠连接。

(3) 钢管外脚手架采用外架多点接地，每两步架设一组接地与防雷接地体连接。

(4) 每三个月对所有的接地电阻测试一次，并做好每一测试点的测试记录。

6.3.8 接地装置设计

(1) 施工现场专用的中性点直接接地的电力线路中采用 TN-S 接零保护系统。电气设备的金属外壳必须与专用保护零线连接。专用保护零线应由工作接地线、配电室的零线或第一级漏电保护器电源侧的零线引出。

(2) 施工现场不允许一部分设备作保护接零，另一部分作保护接地。

(3) 保护零线的截面面积不小于工作零线的截面面积，同时必须满足机械强度的要求，与电气设备相连的保护零线采用不小于 2.5 mm^2 的绝缘多股软芯铜线。保护零线的颜色统一标记为黄绿双色线。在任何情况下禁止使用黄绿线作负荷线。

(4) 施工现场的电力系统严禁利用大地作相线或零线。保护零线不得装设开关或熔断器，重复接地线应与保护零线相接。

(5) 电力变压器的工作接地电阻值不大于 4 Ω。保护零线除必须在配电室或总配电箱处作重复接地外，还必须在配电线路的中间处和末端处做重复接地。电动机械的重复接地应符合有关规定。保护零线每一重复接地装置的接地电阻值应小于 10 Ω。在工作接地电阻允许达到 10 Ω 的电力系统中，所有重复接地的并联等值电阻应小于 10 Ω。

(6) 每一接地装置的接地应用两根以上接地件，接地件宜用角钢(L50×50×5)、钢管(不小于 *DN*50)或圆钢(直径不小于 16 mm)，不宜用螺纹钢。两根接地件间距不小于 2.5 m，埋设深度不小于 0.6 m，接地线同点与接地装置做电气连接。不得用铝导件做接地件或地下接地线。

(7) 电气设备应采用专用芯线索保护接零。此芯线严禁通过工作电流。手持式用电设备的保护零线应在绝缘良好的多股铜线橡皮电缆内，其截面面积不得小于 1.5 mm^2，标志色为黄绿双色线。

(8) 所有用电设备，除作保护接零外，必须在设备负荷线的首端处设漏电保护装置。

习题与实训

1. 施工平面图的设计原则是什么?
2. 现场主要生产设施的布置内容包括哪些?
3. 工程用水量包括哪些内容?
4. 简要概述工地施工用水量计算过程。
5. 根据项目现场实际情况，在临时用水搭建及布置方面，简要谈谈自己看法。
6. 安全用电技术措施由哪些内容组成?
7. 电气设备的设置应符合哪些要求?
8. 概述外电线路及电气设备防护内容。
9. 施工现场发生火灾的主要原因有哪些?

7 施工管理与措施

本章工作任务：

施工项目管理就是通过运用科学的管理方法和手段，对施工项目的全过程进行管理，实现施工项目的预期目标，是由蓝图变为建筑实体的重要环节。在这一环节中，只有通过周密有效的安排和管理，建造目标才能得以顺利实现。为达成建造目标，必须从确保工程质量、按期完成施工、保障工程安全、有效控制经济成本着手，以此形成四大控制（质量，进度，成本，安全）目标，制定相应质量、进度、成本、安全等方面的控制措施。同时概要阐明在施工过程中如何运用工程施工及验收标准、规范并作好自开工准备至竣工验收全过程的管理，即项目"四项管理"（现场管理，合同管理，信息管理，项目生产要素管理）。使现场项目经理部各人员责任层层落实，确保建设项目在控制好"四大目标"的前提下，工程得以有效管理并最终顺利完成工程建设。本章依托××学院学生活动中心项目，落实管理控制目标，基于"四控制、两管理、一协调"展开论述，从"质量保证，工期保障，成本控制，安全、消防保证，环境保护，技术资料管理，文明施工及CI环节"等方面制定相应行之有效的管控措施，从而完成施工组织设计中这部分的工作任务。

7.1 质量管理与保证措施

7.1.1 质量管理与目标

依据工程项目质量标准和有关规范，有效进行从制度到人、机、料的合理安排，使交验工程质量达到国家、行业质量验收标准，符合设计文件和有关技术规范要求，工程质量一次验收合格率100%。

7.1.2 施工质量管理措施

(1) 制定项目质量管理负责制

质量管理与控制的主要实施者是人，因此本工程项目实行项目经理质量负责制。工程质量管理由工程技术负责人具体负责，技术负责人必须对每道工序作全面的技术交底，对检查中发现的质量问题，须会同设计、监理、质监等部门研究处理方案并付诸实施。安排生产的同时，一定要布置质量任务，各级管理人员一定要把质量放在第一位，真正做到质量第一，人人有责。

工长在向班组布置任务时，要把质量要求同时布置下去。作好书面技术交底，并要求班组长和班组质检员签字，一式两份，双方各持一份，工程质量的好坏，工长是第一责任人，工长必须经常检查工程质量。上道工序不经检查或检查验收不合格，不得进行下道工序施工。

工地设专职质检员，质检员必须随工程进度检查每一部位的工程质量，对不合格的工序应及时纠正或指令返工，工地质检员对质量有否决权，没有质检员签字，不得进行下道工序。

实行施工班组长工程负责制，班组是企业生产活动的第一线，是工程质量好坏的落脚点。班组长是实现班组质量控制和质量保证的领导者和组织者。实践证明，一个质量意识强，管理水平高，操作技术过硬，专业性强的班组长，所带班组能创造出施工质量达标、进度快、省工省料的优质工程，选择班组长和推行班组长质量负责制，是落实质量保证的关键之一。班组长要教育和督促每一个班组成员，严格“三按”，即“按图纸、按标准、按工艺”进行施工操作，这是保证质量的必要条件。施工中，班组长要经常检查班组成员的施工质量，及时帮助纠正不合标准的操作。班组长要将最优秀的工人放在关键部位施工。对于大班组，还要指定一技术水平高、责任心较强，且有一定管理能力的脱产班组质检员。班组质检员是班组长的得力助手，也是质量管理中的一个重要环节。对于施工质量差的班组，如不能及时纠正，应调换新班组，中止原有承包合同。

(2) 制定有针对性的工程质量保证措施

严格执行现行施工及验收规范、建筑安装工程质量检验评定标准，服从国家建设工程质量监督机构及工程监理公司的质量监督。

严格执行工程质量“三检”制，将质量事故消灭在施工过程中，隐蔽工程未经监理工程师签证认定，不得进行下道工序，并做好隐蔽记录。凡因施工造成不符合国家验收标准的分项工程，坚持返工重做，不留后患，并自行承担经济损失。

主要工程用料、成品、半成品、设备必须出具正式的合格证、质检书，实行购前取样认证，进场复检制度。原材料及半成品试件试验按规定取样送检。其中请监理单位派人见证随机取样和送检次数不少于试验总次数的10%。

(3) 做好材料的验收保管与管理

材料验收和保管是质量保证的重要一环，材料的验收除了数量方面的要求，更要注意质量的验收。例如砂石材料，必须每进场一车检验(目检)一车，不经检验不准卸货。保管必须规范，例如水泥要做到架空 30 cm，离墙 10 cm 堆放，堆放高度以 10 包为宜，采用先进先用的原则。钢筋必须按规格分开堆放。砂石材料之间应设隔离带，禁止混堆。重要材料如水泥、钢筋、砂石、砖等必须设标志牌，未经检验或检验不合格的，绝不使用。

必须严格按照图纸施工，任何变更必须由设计单位签发设计变更通知书。不得擅自变更设计等。

(4) 制定主要分部分项工程质量保证措施

主要分部分项工程对于工程至关重要，现仅叙述主体结构工程质量保证措施。

① 混凝土浇筑前必须做好如下准备工作：

模板及钢筋、预埋件、管道、孔洞等安完并将杂物清理干净后经检查合格，并办完隐蔽验收手续。

班组交接检查验收合格。

根据试验室所发配合比通知单检查水泥、砂石、外加剂等符合要求。

② 混凝土的配合比设计保证：

尽早进行混凝土配合比的设计、试配工作，试验员需提前向项目经理部施工员提供混凝土配合比，经项目技术负责人核定后方可投入施工。

混凝土配合比应保证结构达到所规定强度等级、抗渗等级和混凝土和易性、坍落度等要求。

③ 对材料的质量保证要求：

水泥：采购的水泥必须有质保书、检验报告，符合细度、密度、凝结时间、强度、安定性等各项指标，结构水泥采用32.5级普通硅酸盐水泥，现场的水泥应按品种、标号、出厂日期分别堆放，并予以标记(含检验状态标志)，做到检验合格才能使用。

砂：砂采用中砂，砂必须有良好的颗粒级配，其含泥量应控制在3%以内(按质量计)，泥块含量控制在1%以内，并有一定的坚固性(质量损失率8%)，有害物质(如云母、轻物质、有机物、硫化物及硫酸盐等)含量不大于1%，砂在进场时应进行验收和检测。砂在运输、装卸和堆放过程中应防止离析和混入杂质，并应按产地、种类和规格分别堆放，尽量使用同一产地的砂。

石子：石子要求有适宜的颗粒级配，其针片状颗粒含量必须控制在15%以内，含泥量控制在1%以内，泥块含量控制在0.5%以内，其压碎指标值应小于10%，要满足坚固性要求，有害物质含量不大于1%。如石子中含有颗粒状硫酸盐或硫化物杂质时，则要求进行专门检验，确认能满足混凝土耐久性要求方可采用。进场的石子应有检验报告，现场每验收一批至少应进行颗粒级配、含泥量、泥块含量及针片状颗粒含量检验，且现场堆料高度不得超过5 m。

水：混凝土拌制采用自来水，拌和水中所含物质不得影响混凝土的和易性和凝结，不得有损于混凝土的强度发展，不得降低混凝土的耐久性和污染混凝土表面，不得对钢筋产生腐蚀。

④ 混凝土的拌制和运输质量保证：

严格执行试验室所发试验混凝土配合比，由试验员计算出的施工配合比，配料中做到盘盘计量。

混凝土在现场集中进行输送，用泵运至施工层，用混凝土布料机运至浇筑地点。拌制过程中应严格控制水灰比、搅拌时间，操作工人必须是经过培训的合格人员。

运输过程中不应产生离析，到达现场具有规定的坍落度和和易性，凡不符合质量要求的混凝土，应在浇筑地点进行二次搅拌，满足要求后才能使用于工程上。

⑤ 混凝土的浇筑质量保证：

浇筑混凝土要连续进行，尽可能不间歇，若必须间歇时，施工缝应按混凝土施工规范留设，继续浇筑时应先按规定做好接缝处理。

主梁不留施工缝，连系梁、次梁、楼梯踏步板施工缝设在梁跨中三分之一范围内，截面与梁轴垂直，不准留斜缝。

柱子浇筑由顶部下料时应使用串筒下料，并在每2 m高的模板上开设工作窗，以便于振捣，每次下料浇筑高度不大于500 mm，分层浇筑。

桩基深度超过3 m时应使用串筒分层浇筑，每层高度小于1000 mm。

振动棒不得直接接触钢筋和预埋件，钢筋密集处要配合人工插钎，并辅以木槌敲击振实。

楼面混凝土浇捣时，应铺设架空走道板，严禁操作人员在钢筋上直接踩踏，以防止钢筋变形位移。

在整个混凝土浇筑过程中，应派专职木工、钢筋工值班，经常检查模板及钢筋，一遇偏差及时纠正，以保证模板、钢筋、预埋件等位置的准确性。

混凝土表面应做到平整不露筋，振捣密实不出现蜂窝麻面，并达到设计强度，保证几何尺寸的准确。

模板的拆除及混凝土的养护与取样：根据各种构件的工程量按规定做出试块取样计划，并付诸实施，所取试件应标明混凝土等级、使用部位、日期并做好取样记录；柱模浇筑完 24 h 后可拆除；梁待混凝土强度达 100%后方可拆除支撑；混凝土拆模后必须派专人浇水养护或用塑料薄膜覆盖后淋水养护期 14 d。

⑥ 钢筋工程质量保证技术措施

钢筋按设计图提出配料清单，同时应满足设计对接头错开的要求，搭接长度、弯钩等符合设计及施工规范的规定，品种、规格若要代替时，应征得设计单位同意，并办妥手续。

所有钢筋应具有出厂质量证明，各钢厂的材料均应进行抽样复检试验，并附试验报告，不得未经试验盲目使用。

绑扎钢筋前应由钢筋工长向班组进行交底，内容包括绑扎顺序、规格、间距、位置、保护层、搭接长度与接头错开的位置，以及弯钩形式等要求。为了有效地控制钢筋位置的正确性，在钢筋绑扎前必须进行分线。

混凝土浇捣时注意钢筋保护层的正确保障，按设计保护层厚度事先做好带铁丝的预制混凝土垫块，混凝土垫块宜采用普通水泥按 1∶1～1∶2的比例砂浆制作或买成品垫块，垫块设置的间距宜控制在每平方米 1 块。

弯曲不直的钢筋应校直后方可使用，但不得采用预热法校直，沾染油渍和污泥的钢筋必须清洗干净方可使用。

加强施工工序质量管理，在钢筋绑扎过程中，除班组做好自检外，施工员、质安员应随时检查质量，发现问题及时纠正。为防止返工，钢筋可采取按工程分阶段验收，未经隐蔽工程验收合格，不得进行下道工序施工。

在钢筋绑扎过程中，如发现钢筋与埋件或其他设施相碰时，应会同有关人员研究处理，不得任意将钢筋弯、割、拆、移。

根据实际要求，柱子主筋采用压力焊进行焊接等。

⑦ 模板工程质量保证措施

模板在每次使用前，均应全面检查模板表面光洁度，不允许有残存的混凝土浆，否则必须进行认真清理，然后涂刷一道脱模剂。

模板的拼缝有明显的缝隙的，必须用油腻子批嵌。拆除模必须得到有关技术人员的认可。

模板在校正或拆除时，绝对不允许用棒撬或用大锤敲打，不允许在模板面上留下铲毛或锤击痕迹。

⑧ 砌砖工程质量保证措施

所用原材料砌块、砂必须经检验合格方可使用。

砂浆配制必须按试验室所发配合比通知单配制，并做到盘盘计量，按规定随机取样制作试块。

砌筑用砖必须在前一天洒水湿透，严禁干砖上墙。

填充墙应在柱子上先弹好墙双面垂直线并分好皮数，以作皮数杆用。

必须做到灰浆饱满、横平竖直，并按规定错缝搭接，以柱间分段砌筑，不留施工缝。

柱拉结筋必须按设计要求砌在墙内，以保证结构的整体性等。

7.2 工期管理与保证措施

7.2.1 工期管理与目标

工期管理与工程质量、工程成本、工程安全控制管理等均是反映工程项目实施状况的综合性指标。施工进度的控制，必须综合考虑工程质量、费用、安全等诸多因素。据此，对施工进度进行控制，需要综合考虑施工现场条件、资源供应条件、交通条件、施工图纸质量、施工计划、施工设施设备、劳动消耗、施工方案、是否分包施工、进度管理等多个方面的问题。

(1) 施工图纸质量的保证

对施工图设计要有超前意识，在总进度计划的控制下，主动提前与设计方联系，约定设计出图时间，并有一定的提前量，为施工创造条件，还要求设计方保证施工图质量，不影响施工进度。

(2) 施工技术方案的保证

对本工程的施工技术难点充分了解，针对技术难点采取切实可行的施工技术方案和技术措施。以成熟的新技术、新工艺来缩短各个施工工序的施工时间，做到既保证工程质量，又缩短施工工期。

(3) 编制施工计划

首先根据合同、定额要求编制总进度计划，该进度计划要具有科学性，要充分考虑到各种不利因素，各工序之间的搭接要合理，时间安排上要有一定余量。要保证有充分的劳动力、材料、机械、资金等；除了进度计划外，还需要编制详细的月进度计划、周进度计划，以此作为抢工期的指导性文件和依据。完全按照合同和施工进度积极筹备资金，不因资金问题影响劳动力的调配和材料供应。

(4) 执行进度计划要有严肃性

在编制施工进度计划前，要充分听取各分包单位的意见，一旦确定，不管哪方都必须严格执行，不允许随意变动和以各种借口拖延。总承包应定期对实际进度进行检查，对照施工进度计划，如延后，查明原因，采取有针对性的措施补上延误的工期。

(5) 物资供应的保证

根据施工总进度计划安排，开工前编制出物资总供应计划，经相关部门和上级领导批准后，材料部门按照供货计划供货，确保工地的各种建筑材料按时供货到现场，特别是钢筋、模板、脚手架和商品混凝土。

(6) 施工机械、测量检测器具的保证

施工前根据施工进度计划、成本的安排，编制出本工程各种施工机械、测量仪器、计量器具、检测工具需用计划，确保按时进场。现场派专业机修人员，随时对机械进行维修、保养，确保满足施工进度要求。

(7) 总包对分包的进度计划控制

分包单位进入现场后，按照总包的总进度计划编制各自的分包施工进度计划，提前交总包批准认可，总包主动关心分包计划的执行，了解分包计划的落实情况，一旦发生有进度脱期现象，总包要及时督促分包采取措施，加快进度，补上脱期，跟上总进度。

分包单位还需编制月进度计划、周进度计划和相应的进度统计报表，总包应对其月进度和周进度进行控制，以确保节点工期的按期完成。总包需将分包单位的计划提交业主参考，使得业主的设备等进场日期更准确。

7.2.2 工期保证措施

施工进度计划是整个工程项目进度管理的依据，施工进度计划的编制是否科学合理，是保证施工进度控制能否有效进行的关键。在编制施工进度计划时，必须注意工作排序和各单项工作的逻辑关系，合理安排资源，避免工作安排在某一短暂时间内过于集中，出现资源配置不合理现象。此外，要避免出现漏项过多现象，要尽量全盘考虑使施工进度计划编制遍及整个工程各个环节各项工作，以免造成施工过程中产生过多编外工作、突发性工作，从而对施工产生冲击，影响施工进度计划的正常实行，如排污、排废、道路交通、场地平整等辅助性工程的计划与实施。在部分企业编制施工进度计划时，还普遍存在控制目标不科学现象，在一开始就没能按照工程实际情况进行系统性编制，如施工前准备阶段缺乏控制耗用过多时间，不顾项目大小、工艺条件、地质气候、装备情况等盲目确定工期，最后使得工期计划因存在先天性缺陷而难以实现，造成一系列施工问题。

(1) 精心编写施工组织设计和进度计划

工程开工前，要认真研究优化施工方案并立即编制详细的施工组织设计和单项工程实施细则，编制相应的总进度计划和月、周进度计划。施工中，严格按照网络计划展开平衡流水作业，各分部工程协调配合，统筹兼顾，全面开展施工。计划上要以日保周，以周保月，以月保季，强调当天计划当天完成，维护计划的严肃性，从而达到对施工项目整体进度的控制。当某一天的计划由于天气等不可抗力因素影响而不能完成时，应及时调整后续施工计划以确保总工期的按时完成。

(2) 建立施工进度计划实施的组织系统

项目经理、部门负责人、技术主管、班组长及其他所属成员共同组成施工项目进度计划实施的完整组织系统，根据工程进度及施工难度，确定工程施工的人员，坚持合理分工与密切协作结合，让有施工经验，有创新精神，有工作效率的人担负重任，各专业队伍遵循计划规定的目标去完成。项目经理和有关劳动力调配、材料设备采购运输等职能部门都按照施工进度规定的要求进行严格管理，把计划分解到部门，落实到个人。

(3) 缩短施工准备期，优化施工方案

① 合理安排临建施工，缩短施工准备期

成立以项目经理为组长，生产经理、总工程师及各科室参加的协调小组，做好与业主和地方有关部门的联系和协调工作，迅速开展施工围蔽、供水供电等前期施工准备工作。为早日进入实际施工阶段打下良好的基础。迅速组织施工设备进场，对新购设备提前对设备的货源、性能进行调查，并负责解决新购设备所需资金。结合现场条件，组织有关人员全力以赴编制切实可行、科学合理的施工组织设计，报监理工程师批准，争取早日开工。

② 结合现场施工条件，合理选择施工方案

依据现场实际情况、设计文件、施工合同、施工条件、施工队伍、各种材料设备的市场价格和供货渠道等因素，积极采用新技术、新工艺、新材料和新设备，分专业制定多种工、料、机配置方案和施工组织措施、施工技术方案。并以样板引路，各个专业选择同一区域进行样板施工，以便对施工过程中存在的交叉及施工顺序进行调整。找到最优的施工方案，满足现场的施工要求。比如在现场施工时，通过对比采用木模制作定型模板、架体采用碗口架施工等极大地缩短了施工周期。

③ 资源配备计划与施工进度计划相协调

施工进度计划的实施和完成，实际上是取决于资源的合理配置，包括人力资源、动力资源、设备资源、材料供应、机械配置、环境条件、施工方法等。施工进度计划应当同资源配备计划一同出台，协调编排，以使施工进度计划的实施和完成在资源配置上有保证。

④ 进度检查，实行动态管理

施工进度检查是项目施工进度控制的关键，其目的是收集施工进度的有关数据，以便对施工进度有效控制。在施工过程中，应定期与不定期地跟踪检查施工进度计划的执行情况。

首先对每天的作业面施工情况进行检查与总结，认证分析现场的工、料、机的配置情况，并填写现场实际的数据进行核实和分析，只有根据现场的工程量完成情况与施工资源配置数据，才能分析出不足，合理配置资源进行动态管理。比如在完成同样一条梁施工时，配备10个木工、5个钢筋工的情况下需要2 d完成，而配备8个木工、7个钢筋工的情况下只需要1.5 d的时间，所以只有通过这样的现场实践，才能更好地确定施工人员的需求量，才能更快地完成施工任务。

⑤ 施工进度计划执行及实时调整

目前，我国建筑工程施工进度管理中，还存在着施工进度执行力度不够的问题，施工进度计划与实际实施情况完全不一致，计划同实施脱节，完全失去了编制施工进度计划的意义，计划是计划，工作是工作，最终使施工过程完全放任自流无序运行，施工进度计划控制一片混乱，导致工程施工进度控制目标无法完成，工期拖延现象十分严重。为了解决这一问题，则需要适当调整进度计划，并按照计划调配劳动力、施工机具、运输车辆、材料构配件等，并对临时出现的问题采取相应的纠正和预防措施，及时发现和处理施工中的意外情况。

⑥ 施工进度计划的对比与评价

根据日常的检查数据，将实际施工进度与计划进行比较，分析实际施工进度与计划一致、提前、拖后的情况，并形成详细的资源配置情况报告，对日计划的完成情况进行考核，并分析原因和做出补救措施，如日计划始终延后，则需要根据周计划进行实时的调整，并结合月计划和施工总计划制定出相应的补救方案，以满足施工工期的要求。

⑦ 建立奖惩机制

在项目经理领导下，管理人员要有明确分工，各人的职责不推诿，各自的工作只能提前完成，不能推后。同时，各部门相互配合，团结一致，形成整体，形成合力。除此之外，根据实际需要制订月、季详细施工计划，及时组织、采购、加工工程所需材料。组织充足劳动力，尽量考虑24 h不间断作业，歇人不歇机械；夜间照明要满足夜间施工的需要。抓住主要矛盾，即对工程中的主要工序研究加快施工的技术措施、施工方法，次要工序穿插施工。将要完成的工期、部位、质量要求落实到每个班组及个人，并予以奖励。如：在××天完成16 m深的挖孔桩并保证钎探合格和安全生产当场奖励×××元人民币。不能按期完成的，在排除客观原因的基础上，对相应人员或班组进行惩罚。

⑧ 资金保证至关重要

本工程资金要做到专款专用，在开工前根据工期时间制订材料需要计划、人工使用计划，机械使用计划。不使工程因资金不到位、材料缺乏、人工不足等而耽误工期。

提前做好材料采购、加工，运输工具转运现场的准备工作，保证运输不停工待料。

全部采用机械作业，增加机械作业时间和台数，减少人力施工，提高工作效率，加快工程进度。现场不间断翻挖平场多出的土、孔桩和地梁土，根据工期需要确定和增加挖机；在塔吊未安装并检验合格之前，且施工道路不通材料不能到位时，用第三方的大型装载机将所需的材料运到作业点，保证工人需要。尽量采用先进的施工工艺技术措施，如混凝土中掺加早强剂；不考虑模板周转，不考虑流水节拍作业，不因模板周转而耽误工期。

7.3 成本管理与控制措施

7.3.1 施工成本管理与目标

工程建设从投标报价开始，直至项目竣工结算完成为止，成本管理与控制贯穿于项目实施的全过程。施工成本控制就是要在保证工期和质量满足要求的前提下，采取相应管理措施，包括组织措施、技术措施、经济措施、合同措施把成本控制在计划范围内，并进一步寻求最大程度的成本节约。

（1）组织管理

组织管理是指从施工成本管理的组织方面采取的措施。施工成本控制是全员的活动，如实行项目经理责任制，落实施工成本管理的组织机构和人员，明确各级施工成本管理人员的任务、权利和责任。施工成本管理不仅是专业成本管理人员的工作，各级项目管理人员都负有成本控制责任。组织管理是其他各类管理措施的前提和保障，而且一般不需要增加什么费用，运用得当可以收到良好的效果。

（2）技术管理

技术管理是指施工过程中降低成本的技术措施，包括如进行技术经济分析，确定最佳的施工方案等。结合施工方法，进行材料使用的比选，在满足功能要求的前提下，通过代用、改变配合比、使用添加剂等方法降低材料消耗的费用。确定最合适的施工机械、设备使用方案。结合项目的施工组织设计及自然地理条件，降低材料的库存成本和运输成本。应用先进的施工技术，选用新材料，使用新开发机械设备等。在实践中，也要避免仅从技术角度选定方案而忽视对其经济效果的分析论证。运用技术纠偏措施的关键，一是要能提出多个不同的技术方案，二是要对不同的技术方案进行技术经济分析。

（3）经济管理

经济管理是最易为人们所接受和采用的管理措施。管理人员应编制资金使用计划，确定、分解施工成本管理目标。对施工成本管理目标进行风险分析，并制定防范性对策。对各种支出，应认真做好资金的使用计划，并在施工中严格控制各项开支。及时准确地记录、收集、整理、核算实际发生的成本。对各种变更，及时做好增减账，及时落实业主签证，及时结算工程款。通过偏差分析和未完工工程预测，可发现一些潜在的问题将引起未完工工程施工成本增加，对这些问题应以主动控制为出发点，及时采取预防措施。

(4) 合同管理

用合同管理控制施工成本，应贯穿整个合同周期，包括从合同谈判开始到合同终结的全过程。首先是选用合适的合同结构，对各种合同结构模式进行分析、比较，在合同谈判时，要争取选用适合于工程规模、性质和特点的合同结构模式。其次，在合同的条款中应仔细考虑一切影响成本和效益的因素，特别是潜在的风险因素。在合同执行期间，合同管理既要密切注视对方合同执行的情况，以寻求合同索赔的机会；同时也要密切关注自己履行合同的情况，以防止被对方索赔。

7.3.2 降低成本的具体措施

(1) 人工费的控制措施

制定并实施各项经济技术指标，对班组实行定额领料，明确规定节约分成、浪费处罚措施并列入承包合同，节约工程用料。

教育管理人员树立工程成本的概念，从各自岗位的角度上对工程成本提出节约的措施及目标，并制定相应的考核制度。成本控制是一个全员全过程的系统工程，目标成本只能通过项目的实施过程来实现。成本控制的主体应是施工组织人员和直接生产人员，而不是财务会计人员。长期以来，有些企业的项目经理一提到成本控制就想到这是财务部门管的事情，简单地将成本控制的责任归于项目成本控制主管或财务人员。财务人员只是成本控制的组织者，而不是成本控制的主体。成本控制必须贯穿整个施工过程中，提高工人的施工效率，提高工程的机械使用效率。严格控制工程质量，减少返工损失，本工程要特别严格控制墙体的垂直度和平整度，对节约粉刷的工料的用量起着明显的作用。注意材料的采购成本，要注意材料的质量，规格是否符合使用要求和设计要求，做到比物比价，按照材料需用量分批采购，陆续备料。既要满足工程需要，又要尽可能减少积压。能就近采购的避免远距离运输。减少材料二次搬运，减少二次搬运发生的材料损坏、损耗及搬运费用。加强材料保管，避免材料变质、腐烂、损坏、变形。改变长材短用，大材小用，乱砍乱锯乱丢的习惯。周转材料要增加周转次数，减少周转次数就是减少成本。做好成品保护，减少维修费用。修旧利废，注意材料的回收工作。降低管理费用，合理降低非生产人员的比重，减少非生产性用工，节约辅助工资支出。健全工具、用具劳动保护用品的颁发制度，节约一切可以节约的费用支出。反对偷工减料，应认识到偷工减料是最大的浪费等。

(2) 材料节约措施

① 钢材节约措施

增加钢材综合利用效果，钢筋加工向集中加工方向发展，对集中加工后的剩余短料应尽量利用，如制造钢钎、U 型卡等制品。施工单位要加强完善钢筋放样配料工作，提高钢筋加工配料单的准确性，减少漏项、消灭重项和错项。加强对钢筋模板、钢脚手架等周转材料的管理，使用后要及时维修保养，不许乱放、垫道、车轧、土埋。搞好修旧利废工作，对各种铁制工具及时保养维修，延长使用期限，节约钢材和资金。

② 水泥节约措施

水泥在运输过程中应轻装卸，运灰车运输要往返过磅，卸散灰时要敲打灰罐，卸净散灰。因特殊情况需在风雨天运输水泥时，必须做好水泥防水防潮工作。

水泥库房要有门锁，专人管理，水泥库地面应做到防火防潮，水泥不得靠墙堆码，离墙不小于 100 cm，在使用时做到先进先出，散灰及时清理使用。

浇筑混凝土时，要有专人对下灰工具、模板、支撑进行检查，防止漏灰、跑模。各工序操作人员要及时联系，防止超拌，造成浪费。

施工操作中洒漏混凝土砂浆应及时清扫利用，做到活完、料净、脚下清。搞好水泥袋的回收、清退工作，水泥袋回收率达 95%以上，完好率达 60%以上，严禁采用开膛、破肚等暴力手段损坏水泥包装等。

③ 地方材料节约措施

地方材料按文明施工措施硬化堆场，圈围堆放，禁止人踩车辗。地方材料的进场，要严格控制数量、质量。数量不足，材料质量达不到验收要求的不得进行验收使用。砖块的上下车，运输至脚手架上，都要轻装、轻放，不准随意乱抛，损坏砖块，半截砖要在适当部位加以利用，不得随意丢弃等。

(3) 施工机械使用费控制措施

工程项目中施工机械的成本管理是现代施工企业管理关键的一环，是促进施工企业充分发挥施工机械的经济效益的手段。施工机械的成本管理主要包括施工机械设备配置管理、施工机械维修养护管理、施工机械现场组织管理等，需要施工企业不断认识到施工机械成本管理的重要性，加强对施工机械的成本管理，完善施工机械的成本管理制度，协调好各部门关系，共同做好施工机械成本管理，从而节约项目成本。

(4) 施工分包费用的控制措施

一是在投标报价之初明确需要分包的工程，运用不平衡报价法，对分包部分采取最低报价，一方面降低分包成本，另一方面在总价不变的情况下，提高自营部分单价。二是合理划分自营工程与分包工程。自营是提高效益的根本途径，对于能均衡作业、施工难度相对小、变更工程量大的工程应尽可能留给自营。三是结合实际情况，根据工程技术难度、项目部自身技术与管理资源等因素确定合理的分包模式和相适应的分包队伍。分包模式主要包括纯劳务分包、劳务扩大化分包和大专业分包，三种分包模式对于施工总承包单位而言，收益递减，但管理难度、技术难度、风险等也大大降低，应综合考虑不同分包模式对成本、收益的影响，找到其间平衡点，根据工程需要和自身能力选择相适应的合作伙伴等。

7.4 安全与消防保证措施

7.4.1 安全生产目标

生产应以杜绝事故为中心，坚持“安全第一、预防为主、综合治理”的方针，精心施工，安全为本。工地的安全生产管理目标是：杜绝死亡事故，消除重大安全事故，轻伤事故频率控制在 1.5‰以内。着力构建责任体系、着力夯实安全基础、着力抓好专项整治、着力规范安全行为，为项目实现又好又快施工提供可靠的安全保障。

7.4.2 消防管理目标

落实消防安全管理制度，加强日常安全消防知识教育，提高安全消防意识；定岗定位进行消防日常检查，对存在的隐患及时责令有关责任人进行整改。合理配置符合使用要求的消防器材，执行动火审批制度；危险品的使用与存放必须符合规定等。

7.4.3 安全管理规定与依据

(1)《中华人民共和国安全生产法》、《中华人民共和国消防法》。

(2)《消防安全责任制实施办法》等有关工程建设的法律法规、强制性标准及企业各项规章制度、操作规程等。

(3) 工程施工现场安全管理规范规程。

(4) 所在城市的强制性文件如：绿色施工管理规程、工程施工现场安全防护标准、工程施工现场场容卫生标准、工程施工现场环境保护标准、工程施工现场保卫消防标准、工程安全生产管理标准化手册等。

(5) 企业安全文明施工管理标准。

7.4.4 安全生产管理方法

(1) 建立健全安全生产责任制

建立健全以安全生产责任制为中心的安全管理制度，是保障安全生产的重要手段。没有规章制度，就没有准绳，无章可循就容易出问题。

安全贯穿于生产的全过程，与生产有关的任何人、任何部门都负有保证安全生产的责任，真正做到"安全生产，人人有责"。

(2) 安全生产的一般规定

切实贯彻《建筑安装工人安全技术操作规程》，分工种组织学习，并贯彻到施工全过程中。

贯彻国家制定的"十项安全措施"，以及"建筑安全生产十要、十不准"。贯彻中央、省、市有关安全的政策、法规、法令、标准及规章制度，确立"安全第一，预防为主"的思想，强化全体施工人员的安全意识。

各分项工程在进行施工前，由主管工长、专业工长、专职安全员分工序、分班组对操作工作进行施工安全交底，办理签字手续，未接受安全交底签字的班组，不得投入施工。

严禁管理人员违章指挥，严禁操作人员违章操作，对知法犯法者要加重处罚。班组进行施工前，工地专职安全员会同施工班组兼职安全员，对工作场所的安全设施和防护用品进行认真检查，对有隐患的设施和有缺陷的防护用品要坚决更换，若安全设施和防护用品的确不能保证安全，班组有权拒绝施工。

施工现场要在醒目的位置上悬挂各种重要警示标牌，常检查，不准随意乱动，遇有损坏或丢失要及时补充。

一旦发生安全事故，不得惊慌失措，要立即组织抢救伤员，保护现场，并向工地主管人员报告；要观察事故现场，会同有关部门共同鉴定，找出事故发生的原因；对事故处理，要按照"三不放过"的原则，即：找不出事故原因不放过，本人和群众受不到教育不放过，没有制定防范措施不放过。安全用品，尤其是重要部位的安全用品，必须使用合格产品。做好安全生产各种资料，随时接受有关部门检查。

(3) 加强安全教育和培训工作

安全教育主要有：安全思想教育，安全知识教育，安全技能教育，事故教育和法制教育。

管理人员首先应该受教育，自觉学习安全法规、安全知识，提高安全意识和安全管理水平。管理人员是安全管理工作的具体执行者，对安全生产负有直接责任。坚持入场新工人的“三级教育”签证制度，未经“三级教育”的新工人不得使用。安全教育要经常化、制度化，警钟长鸣。电工、机械操作工、焊工、架子工等特种作业人员必须持证上岗。

(4) 检查制度

建立定期和不定期的安全检查制度，坚持项目经理、安全员和班组兼职安全员一起每天检查一次安全生产。工程项目经理和技术负责人每周会同工长、安全员系统地检查一次。检查中发现安全隐患，必须提出整改措施，限期整改，并做好记录。

7.4.5 一般安全措施

所有施工人员必须佩戴安全帽及上岗证进入施工场所。严禁非生产人员尤其是家属小孩进入施工现场。

大风大雨不得在危险场所作业。

严禁酒后作业，严禁穿拖鞋及高跟鞋、硬底鞋进入施工现场。

安全设施不经批准，不得拆除。若影响工作的，经批准拆除，还应采取补救措施。

保持现场运输道路畅通，严格控制道路坡度，转弯半径，保证车辆行驶安全。

现场四周设置足够和适用的灭火消防设施，并布置在明显和便于取用的地点，消防设备设专人管理，定期检查维修，保持完好。

对边坡、道路、基坑等安全关键部位进行经常性检查。如发现裂缝、塌方、滑坡迹象应及时报警处理。

(1) 安全薄弱环节预测及控制措施

① 孔桩施工安全措施

孔桩护壁上口要比地面高 200 mm，避免行人不小心将地面物体踢入孔桩，并且护壁上口外圈每边要比挖土边沿宽 200 mm，使护壁挂在土壁上，保证护壁不下滑。

上下孔桩要用软梯，不能从提升土方的吊绳上下。

孔桩下面有人员操作时，上面人员不能离开，要随时警惕孔桩土壁情况。

孔桩照明用 12 V 低压行灯，并且行灯护罩要完好，损坏的要及时更换。

孔桩提吊土方时，距孔桩 2.5 m 范围内搭设操作人员保护棚。

孔桩无人施工时，要及时盖上，防止人员跌入孔内。

孔桩深度超过 10 m 时，用风机对孔底送风。

孔桩有地下水时，要及时抽水，夜间不施工时也不能让水位上升，水位经常升降会引起护壁塌方。

② 主体施工安全措施

主体施工时外脚手架要随施工层同时上升，并且外脚手架水平栏杆顶要比同一施工层楼面高 1.2 m,保证楼层施工人员安全。

现浇楼梯随楼层一同施工,楼梯栏杆不能及时安装,用钢管搭临时栏杆。

外脚手架防护每隔一层铺一道水平防护,未铺水平防护的用安全网挂防护。

电梯井门洞要层层封闭,并在洞口处挂不得拆除的醒目标志。结构层模板拆除时,当天拆下的模板要及时清理,按规格堆放,一层模板拆完后,要将楼面和安全网上的渣滓清理干净。

结构拆模后,要及时砌筑建筑物四边的墙,减少临空面。

外脚手架每隔一层要建筑连接一道,连接方式是:先在框架梁上每 4 m 长预埋一块—100 mm×100 mm×4 mm 的钢板,钢板焊接 4 根 $\phi 8$ 的弯钩钢筋,将外脚手架水平横杆与钢板连接。

(2) 安全施工技术措施

实行施工现场安全标准化是实现安全生产的根本措施,是强化安全管理和安全技术的有效途径。针对本工程的具体情况制定相应的安全技术防范措施。

① 脚手架安全技术要求

必须有完善的安全防护设施,要按规定设置安全网、安全护栏、安全挡板以及吊盘的安全装置。

操作人员上下架子,要有安全扶梯、爬梯或斜道。

吊挂式脚手架使用的挑架、木竹架、吊架、钢丝绳和其他绳索,使用前要作荷载检验,均必须满足规定的安全系数,升降设备必须有可靠的制动装置。

必须有良好的防电、防雷装置;钢脚手架、钢垂直运输架应有可靠的接地装置,雷雨季节高于四周建筑物的脚手架垂直运输应有避雷装置。架子工必须严格遵守安全技术操作规程,佩戴好劳动保护用品。

脚手架搭设要高出主体结构一层架子,起结构作业人员的防护栏杆作用,搭设时要注意脚手架的稳定性,及时与主体结构连接,连接的支撑点每 3 根立柱间距,2 层脚手架高度不少于一个支撑点。脚手架的一切附件必须连接牢固。脚手架要考虑避雷及接地装置,按建筑图边长度 30 m 内不少于一个接地保护装置,接地电阻不大于 10 Ω。脚手架搭设完毕要按专门制度验收后挂牌使用,脚手架的日常使用管理由专人负责,定期检查,脚手架不得超载,多余物体随时清理,各部连接点由专人按规定时间检查整理,使用中的脚手架,不得拆除任何一个部件。脚手架的拆除必须按规定程序进行,各部件的水平及垂直运输要按专门路线及时整理运出,拆卸危险地段的脚手架时要画出禁区由专人监护。

脚手架搭设人员必须是经过现行国家标准《特种作业人员安全技术考核管理细则》考核合格的专业架子工。上岗人员定期体检,合格者方可持证上岗。

搭设脚手架人员必须戴安全帽、系安全带、穿防滑鞋。

作业层上的施工荷载应符合设计要求,不得超载。不得将模板支架、缆风绳、泵送混凝土和砂浆的输送管等固定在脚手架上,严禁悬挂起重设备。

当遇六级及六级以上大风和雾、雨、雪天气时应停止脚手架搭设与拆除作业。雨、雪后上架作业应有防滑措施,并应扫除积雪。

在脚手架使用期间,严禁拆除下列杆件:

A. 主节点处的纵、横向水平杆,纵、横向扫地杆;

B. 连墙杆。

在脚手架上进行电、气焊作业时，必须有防火措施和专人看守。

搭拆脚手架时，地面应设围栏和警戒标志，并安排专人看守，严禁非操作人员入内。

脚手架地基应平整夯实且有可靠的排水措施，钢管立杆不能直接立于地面上，应加设底座和垫板，垫板厚度不小于 50 mm，为减少架子不均匀沉降，在立杆底部应加扫地杆。

脚手架由架子工严格按规程要求搭设，搭设前要进行安全交底；脚手架应分部、分段按施工进度进行验收。

脚手架的拆除顺序为：先搭的后拆，后搭的先拆，先从钢管脚手架顶端拆起。

② 模板工程安全技术措施

拆模必须提出申请报告，经批准后方可拆模。

支模应按工序进行，模板没有固定前，不准进行下道工序。

支设立柱模板和梁模板时，应搭设工作台或用马凳操作，不准站在柱模板上操作和在梁底板上行走，更不允许利用拉杆、支撑攀登上下。

用钢管和扣件搭设双排立柱支承梁模时，扣件要拧紧，且应抽查扣件螺栓的扭力矩是否符合规定，不够时，可扣放两个扣件与原扣件挨紧。

平板模板安装就位时，要在支架搭设稳固、下横楞与支架连接牢固后进行。U 型卡要按设计规定安装，以增强整体性、确保模板结构安全。

③ 安全通道的搭设

按现场总平面布置要求设置安全通道；施工电梯进口处设安全防护棚，其棚顶用竹夹板和两层竹篱笆覆盖，以防重物击穿或滑落。

④ 基坑的防护措施

基坑周边用混凝土固化，离坑边 50 cm 处设置专用安全防护栏杆。上下基坑设置带防护栏杆的防滑斜道，斜道周边和底部张挂安全网(图 7-1)。

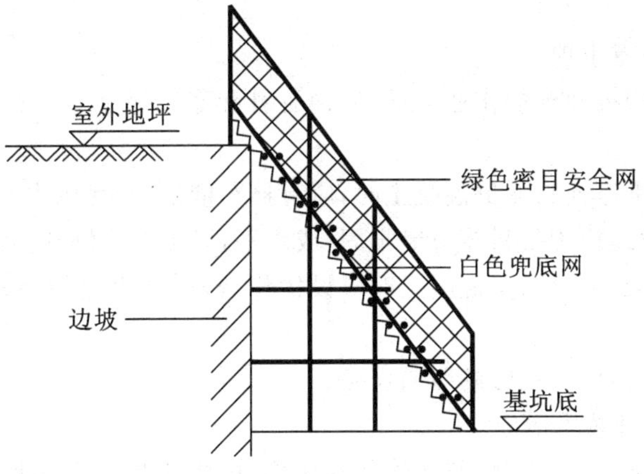

图 7-1　下坑斜道搭设示意图

基坑支护方式及安全保障技术措施在进场前将另行编制详细的施工组织设计。

⑤ 基础工程安全保证措施

施工前应根据地质水文资料、作业环境及设计要求编制施工方案，方案中应有具体安全措施，并向全体施工人员进行详细的安全技术交底。开挖前，必须将安全壁、人员上下的爬梯、安全绳、安全带、安全帽、防毒面具、氧气瓶、监测仪、抽水泵、通信设备、安全照明等准备齐全。每次下井前应有专人对井内气体进行监测，发现有毒气体或缺氧时，送风排毒后方可下井。井上井下要有明确的联系信号，井内有人作业，井上人不准离开。提土工具按专门设计制造，吊钩要有保险装置，电动机具要安装漏电保护装置，随挖井深度及时采取护壁支撑措施，防止井壁坍塌。合理安排挖孔次序，单桩开挖与邻桩不要同时施工，孔口周围 1.5 m 以内，不准堆放任何物料和弃土，井孔挖好后立即派专人将井孔用盖板盖牢，盖板直径要比井口直径大 50 cm 以上。

⑥ 钢筋工程安全技术措施

开盘圆钢筋时，两端要卡牢，以防回弹伤人。拉直钢筋时，地锚要牢固，卡头要卡紧，并在2 m区域内严禁行人。人工断料时，工具必须牢固，并注意打锤区域内不得站人，切断小于 300 mm长的短钢筋处，应用钳子夹牢，严禁手扶。

制作成品钢筋时，场地应平整，工作台要稳固，照明灯具必须加网罩，各机械设备的动力线应用 PVC 管引入，机壳设保护零线。多人运钢筋时，起、落、转、停动作要一致，人工上下传递不得在同一垂直线上。在高空绑扎钢筋和安装骨架，必须搭设脚手架和马凳，无安全平台要拴好安全带。绑扎立桩钢筋，严禁沿骨架攀登上下，当柱筋在 4 m 以下时，可用马凳或在楼地面上绑了再整体竖立，已绑好的柱骨架应用临时支撑拉牢，以防倾倒。绑扎圈梁、挑檐、边柱钢筋时，应搭设外挂架或悬挑架，并按规定挂好安全网。

⑦ 混凝土工程安全技术措施

A. 搅拌机注意事项：

搅拌机应设置在平坦位置，用方木垫好前后轮轴，将轮胎架空，以免在开机时发生移动。

停机时，搅拌筒清洗洁净。

电动机应设有开关箱，并应装漏电保护器，停机不用或下班时，应拉闸断电，并锁好开关箱。

B. 浇筑混凝土注意事项

使用平板振动器或振动棒的作业人员，应穿胶鞋和戴绝缘手套，振捣设备应设有开关箱，并装有漏电保护器。

水平运输采用手推车向料斗倒混凝土时，应有挡车措施，不得用力过猛和撒把。

垂直运输时，钢丝绳挂钩吊料斗应卡牢固、成水平，以免料斗倾斜混凝土倒出，上下应由专人负责指挥。浇筑框架、梁、柱、壁混凝土时应设操作台，严禁直接站在模板或支撑上操作，以防踩滑或踏断坠落。

夜间浇筑混凝土时，应有足够的照明设备。

⑧ 电焊的安全管理技术措施

电焊时要一防触电，二防电眼，三防灼伤和烫伤；电焊机机壳要接地保护，防护罩齐全，不漏电；电焊钳要绝缘可靠，电焊电缆也要绝缘良好，及时查找电焊线拉线的原因；在焊接框架作业时，人与焊接件要绝缘；如有人触电，则要及时抢救；焊工要使用防护罩、穿工作服，处理好袖口、领口，以防灼伤。

⑨ 预防触电的安全技术措施

在组织上要设置懂电气技术的专业安全技术监督检查员，并对现场的电气设备、闸具进行经常性技术检查，有计划地组织各类经常与电气接触的人员学习安全用电管理规程和安全用电知识，取得安全操作合格证后独立作业。

要健全安全用电管理制度，如《暂设电气设施的安装标准》、《暂设电气设备的运行管理制度》、《现场电气线路的定期检查制度》等。在施工组织设计中，根据用电设备平面布置编制用电计划，选用变压器，提出安全用电措施。

落实三项技术措施：第一是保护措施，就是防止误触带电体的措施；第二是防止漏电措施；第三是安全用电措施。

做好触电急救。发现有触电事故，要迅速而正确切断电源，避免救护者触电和被救护者二次受伤，然后耐心地按救护要求进行救护，并尽快请医生救护。

⑩ 砌筑工程安全技术措施

脚手架上堆料不得超过规定荷载，堆砖高度不得超过 3 皮，同一块脚手板上操作人员不得超过 2 人。砍砖时应向内打，以免碎砖跳出伤人。不准用不稳固的工具或物体在脚手板面上垫高操作，更不准在未经过加固的情况下，在一层脚手架上随意再叠加一层。不准勉强在超过胸部以上的墙体上进行砌筑，以免将墙体碰撞倒塌掉下造成安全事故。在同一垂直向内上下交叉作业时，必须设置安全防护隔板。冬季施工时，脚手板上如有冰霜积雪应清除后才能上架子进行操作。

雨季要做好防雨措施，严防雨水冲走砂浆，致使砌体倒塌。

用起重机吊砖要有砖笼，吊砂浆的料斗不能装得过满，吊件回转范围内不得有人停留，吊车落在架子上时，砌筑人员要暂停上架子操作。

⑪ 抹灰工程安全技术措施

操作前应检查脚手架和跳板是否搭设牢固，高度是否满足要求，合格后才能上架操作，凡不符合安全之处应及时处理。

禁止穿硬底鞋、拖鞋、高跟鞋在架上工作，架上人数不得集中在一起，工具要搁置稳当，防止落下伤人。

在两层脚手架上操作时，应尽量避免在同一垂直线上工作。

抹灰时应防止砂浆掉入眼内。

临时用的移动照明灯必须用安全电压。机械操作人员持证上岗，现场一切机械设备，非操作人员一律严禁乱动。

⑫ 预防高处坠落的安全技术措施

脚手架的支架必须符合国家标准，高度 3 m 以上的架子，每层绑两道护身栏，设一道挡脚板，脚手板要铺严，板头绑牢不留探头板，建筑物四周搭设安全立网，全封闭施工。

施工高度在 4 m 以上时，设一道 3～6 m 宽安全网；高层施工时，每 4 层支一道 3 m 宽的固定安全网，同时设立网保护，并且该网要高出建筑物 1 m 以上，立网搭设要严密。

在高处作业人员应无高血压、心脏病、轻度精神病，严禁酒后高处作业，不攀爬脚手架，不在六级以上强风或打雷、雪、雾天进行露天高处作业。

⑬ 预防物体打击事故的安全措施

进入施工现场必须戴安全帽。

不准从高处向下抛掷任何物体。

工人在高处作业时，应将工具和零星物料放在工具袋内，作业完毕后一定要清理现场，不留任何物料或工具在架子上。

安装玻璃时，要防止玻璃坠落。

操作时精神集中，搬抬物件防止砸伤手脚。

⑭ 施工机械的安全技术措施

操作人员在工作中不得撤离岗位，不得操作与工种不相符的机械，不得将机械设备交给无本机操作证的人员操作。

操作人员必须按照本机说明书规定，严格执行工作前的检查制度、工作中观察制度和工作后保养制度。

驾驶室内应保持整洁，严禁存入易燃易爆物品，严禁酒后操作机械，严禁超负荷运转。

用手柄起动的机械应注意手柄倒转伤人，向机械内加油时附近应严禁烟火。

放置电动机的地点必须保持干燥，周围不得堆放杂物和易燃品，起动高压电开关及高压电机时，应戴绝缘手套，穿绝缘胶鞋。

⑮ 结构内洞口、临边的防护技术措施

所有电梯井口、结构层周边、板上的预留口均须制作固定的钢筋围栏或盖板(图 7-2)，结构层周边围栏上要张挂安全网，电梯井洞内每层之间张挂一层或两层的水平兜网。施工电梯进出口设置安全平台和安全门，进出时要关闭安全门。

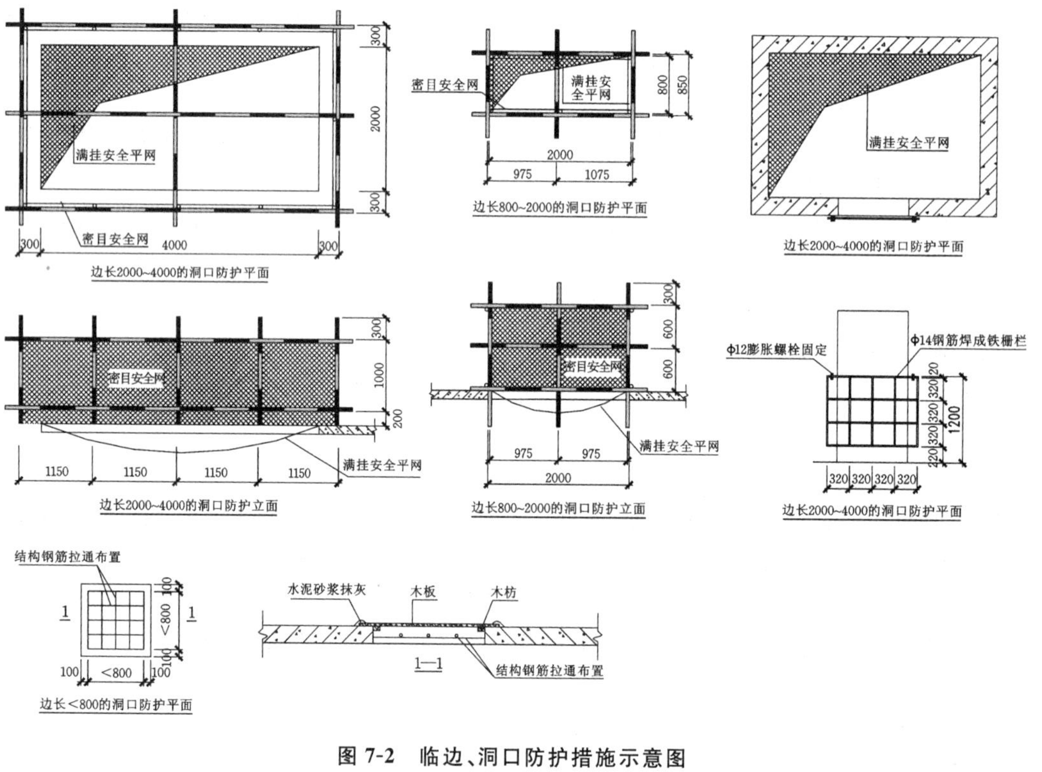

图 7-2 临边、洞口防护措施示意图

⑯ 垂直运输(塔吊)安全技术措施要求

混凝土浇筑时，塔吊要按安排的程序和路线运送混凝土，吊斗不得直接放到模板平台上卸料。

钢筋、脚手架管、支撑管、横楞木等材料的垂直运输，必须按类别、长度成捆吊运，吊索成三角式，两点吊起，特别超长的材料在吊钩下加铁扁担，四点吊，但必须事先设计铁扁担和吊索。

零星物料如钢模的销子、卡具、支撑垫木、水泥垫块、扣件等，必须装箱或装袋吊运，防止天女散花式坠落。

模板等周转材料拆除后从楼层内运出，不得用吊车横向拉出，应设置活动悬挑平台，使物料集中在平台上而后垂直吊运。

⑰ 安全防火

工地将“防火安全”纳入重点安全项目，组织各级人员认真学习贯彻执行《中华人民共和国消防法》和公安部《关于建筑工地防火的基本措施》，教育全体人员严肃执行消防法规，增强全民的法律意识。严格按规定划分用火作业区、易燃材料区、生活区，保持防火间距。建立各级责任制，工地伙房、变电房、木工场、钢筋加工房等有重点岗位责任制，且有警示标志。现场组织义务消防队，对这些人员进行消防技能培训，让现场的防火意识深入人心。正确建立防火档案，灭火器必须编号，注明换药日期。建立现场的明火管理制度，电焊、气焊作业时，要经批准，且根据情况配备看火人员。厨房、茶炉根据现场情况设在离易燃场所较远的位置。按照防火规定在防火重点部位和有防火要求的现场配置消防器材，经常检查其是否能正常使用，有备无患。生活区不得使用电炉、火炉、酒精炉及其他有隐患的用火工具，使用电器不得超负荷。现场内要建立严禁吸烟的制度，发现违章吸烟者要从严处罚。

7.4.6 人身安全管理办法

人和物构成环境因素作用，是事故发生的根本原因。物的不安全状态与人的不安全行为交叉，就是发生事故的时间和空间。对人身安全管理，采取三条措施：控制人的不安全行为、消灭物的不安全状态、对危险作业人员进行投保。

(1) 人的不安全行为的控制

对工人进行安全教育培训，增强作业人员的安全生产意识，提高安全生产知识。安全教育、培训是进行人的行为控制的重要方法和手段。因此，进行安全教育训练要结合工程现场适时、宜人、内容合理，方式多样、形成制度。一切从严，讲求实效。

(2) 消灭物的不安全状态

针对生产中物的不安全状态的形成和发展，在进行施工设计、工艺安排、施工组织与具体操作时，采取有效的控制措施，把物的不安全状态消除在生产活动之前。

建立每日班前安全交底，班后安全检查制度。定期进行安全大检查，查出问题及时处理。建立奖励制度，凡发现安全隐患上报的，都将得到奖励，发动全体作业人员共同消灭物的不安全状态。

(3) 对危险作业人员进行投保

任何安全方面的制度和措施，都是尽最大努力保证人身安全，但仅靠制度和措施来保证人的安全是不够的，因为人是千差万别的，安全意识有强有弱，生理因素也不相同，对周围环境反应有快有慢，因此安全事故在我们身边时有发生。从保护工人的切身利益出发，对高空及其他危险作业人员进行投保，这样既能保护利益，又能化解企业风险。

7.4.7 施工现场安全保证措施

建立、完善以项目经理为首的安全生产领导小组，组织领导安全生产，每半月进行一次安全检查，发现问题及时处理，把安全隐患消灭在萌芽状态。

建立各项人员安全生产责任制，狠抓制度落实、责任落实、检查落实情况。

施工项目应通过当地安全监察部门的安全生产资格审查，并得到认可。一切管理、操作人员均须按照"质量第一、预防为主、预防结合"的方针，搞好安全生产，并与项目经理部签订安全协议，向项目经理部作出安全保证。

坚持施工前的安全技术交底制度。检查责任落实情况，对项目所有参与管理人员和各工种班组长进行技术交底，并认真、详细的记录。

施工现场的平面布置要有利于生产，方便职工生活，符合防洪、防火等安全要求，具备文明施工的条件。

施工现场入口处，必须设置"施工公告牌"和"安全纪律牌"并按规定设置安全标志，张贴安全教育宣传标语。

在高压线下方 10 m 范围内，不准堆放物料，不准搭设临时设施，不准停置机械设备。

现场配置安全保卫人员，以便防火、防盗、防坏人破坏机电设备及其他现场设施。在临近街道施工时，为确保行人安全，采用圈围全封闭施工，施工通道加防护棚。现场人员均要服从项目经理的统一指挥，强化安全操作意识。遵守各项安全生产管理制度，按安全操作规程办事，正确使用个人防护用品，戴好安全帽，高空作业时要挂好安全带，作业时不穿拖鞋、不赤脚、不穿高跟鞋。

参加施工的所有职工都要接受入场前三级安全教育和岗位操作安全技术教育培训。上岗前由班长和工人提出安全要求，各类机械操作工、电工、焊工等特殊工种持证上岗操作，严禁酒后操作。

各种电器设备都用导线安装可靠的接零接地保护。

施工现场的管理人员、操作人员佩戴上岗证。

夜间加班作业要增加照明和防疲劳保护监护措施。

7.4.8 安全施工奖罚措施

对安全生产做出重要贡献者，应给予表扬，并给予适当奖励。

对违章指挥者，要给予批评，对多次违章指挥者应给予调离管理岗位，并给予罚款。

对违章操作者要给予批评教育。多次违章作业者应解除劳动合同，并给予罚款。

制定具体的奖罚条例，罚款所得资金用于奖励安全生产工作好的班组或个人。

7.4.9 消防管理办法

认真学习《建设工程施工现场消防安全技术规范》(GB 50720—2011)，现摘录部分规范如下：

(1) 总平面布置

① 下列临时用房和临时设施设置应纳入施工现场总平面布局：A. 施工现场的出入口、围

墙、围挡；B. 场内临时道路；C. 给水管网或管路和配电线路敷设或架设的走向、高度；D. 施工现场办公用房、宿舍、发电机房、配电房、可燃材料库房、易燃易爆危险品库房、可燃材料堆场及其加工场、固定动火作业场等；E. 临时消防车道、消防救援场地和消防水源。

② 施工现场出入口的设置应满足消防车通行的要求，并宜布置在不同方向，其数量不宜少于 2 个。当确有困难只能设置 1 个出入口时，应在施工现场内设置满足消防车通行的环形道路。

(2) 防火间距

易燃易爆危险品库房与在建工程的防火间距不应小于 15 m，可燃材料堆场及其加工场、固定动火作业场与在建工程的防火间距不应小于 10 m，其他临时用房、临时设施与在建工程的防火间距不应小于 6 m。

(3) 消防车道

施工现场内应设置临时消防车道，临时消防车道与在建工程、临时用房、可燃材料堆场及其加工场的距离，不宜小于 5 m，且不宜大于 40 m；施工现场周边道路满足消防车通行及灭火救援要求时，施工现场内可不设置临时消防车道，临时消防车道的设置应符合规定。

(4) 临时消防设施

施工现场应设置灭火器、临时消防给水系统和应急照明等临时消防设施。

临时消防设施应与在建工程的施工同步设置。房屋建筑工程中，临时消防设施的设置与在建工程主体结构施工进度的差距不应超过 3 层。

在建工程可利用已具备使用条件的永久性消防设施作为临时消防设施。当永久性消防设施无法满足使用要求时，应增设临时消防设施，并应符合《建筑工程施工现场消防安全技术规范》(GB 50720—2011)的有关规定。

施工现场的消火栓泵应采用专用消防配电线路。专用消防配电线路应自施工现场总配电箱的总断路器上端接入，且应保持不间断供电。

地下工程的施工作业场所宜配备防毒面具。

临时消防给水系统的贮水池、消火栓泵、室内消防竖管及水泵接合器等应设置醒目标志。

7.5 建筑工程施工资料管理

7.5.1 建筑工程施工资料管理的作用

在建筑工程中，工程资料是建设施工中的一项重要组成部分，是工程建设及竣工验收的必备条件，也是对工程进行检查、维护、管理、使用、改建和扩建的原始依据。衡量一个工程的优劣，通常情况下是通过工程实体反映，但是工程资料也是一个极其重要的环节。通过具体翔实的资料就能够反映出工程所使用材料的优劣、工序之间的交接情况，工程的施工状况等。它对工程的合法性、科学性、规范性、真实性等予以证明，是质量证明的基础，也是工程结算的依据。根据建筑工程资料的特点，建筑企业应更新观念、加强法制意识、提高资料管理人员业务水平、建立科学化的建筑工程资料管理制度，使之得到有效管理。

建筑工程资料是建筑建设活动中形成的原始的、图物相符的、有保存价值的真实记录和实际反映，是施工技术管理、质量管理、成本控制与管理、进度管理、安全管理、经营管理的重要组成部分。在内容上它包括工程管理(技术)资料、工程质量控制资料、工程安全和功能检验资料及主要功能抽查记录、工程验收等与工程相关的所有资料。建筑工程资料作为建筑工程项目管理的一部分，其重要作用不言而喻，特别是对经营管理的影响越来越重要。

7.5.2 建筑工程施工资料的重要性

(1) 建筑工程施工资料是建筑物的质量证明文件

施工技术资料详细记录整个工程实施的过程，最直接地说明了工程各部分已按设计和规范实施完成，并且验收合格，是整个资料的主要内容；工程质量控制资料反映了检验批从原材料到最终验收各施工工序的操作依据，是保证质量所必需的管理制度，对其完整性的检查，实际上是对过程控制的确认，是整个技术资料的核心；工程安全和功能检验资料及主要功能抽查记录，是在使用功能和安全功能方面的检验检查，目的是确保建筑物的安全和使用功能。

(2) 建筑工程施工资料是工程预结算的重要依据

与工程预结算有关的内容主要包括施工组织设计、设计变更单、技术联系单、工程签证单、竣工图等。工程在结算时，很多地方需要参考施工组织设计、施工方案，有些费用如果施工方案上标明，我们就可以依据方案追回，减少施工企业的损失。

(3) 工程签证也是工程合同价款调整的重要依据，是工程预结算的核心内容

工程签证一般指超出承发包合同约定，或者说是建设方和施工方在施工过程中涉及合同价款的工作内容之外所作的施工内容的签认证明。也就是说建设单位与承包单位在履行合同过程中发生的工程变更、索赔等事件涉及合同价款的调整，按合同协议的约定双方达成一致处理意见和补充协议的行为，是对已订合同的弥补或调整，是客观存在的事实依据，对工程造价的影响是非常大的。例如，业主委托将现场一部分余土外运至场区外某个地方，对这种零星的工程量签证，要详细记录需外运土方的数量、运距、装土机械及运输机械等，对以后的结算工作有很大的影响，否则施工企业就有可能吃亏。

对于任何一个建筑工程而言，要杜绝工程变更几乎是不可能的，而合同双方在变更处理上总存在分歧，建设单位倾向于让工程变更尽可能的少以便控制投资规模；施工单位则倾向于通过工程变更取得额外的补偿。而现实中建筑行业的竞争越来越激烈，低价中标高价索赔似乎已经成了越来越多的建筑企业无奈的选择。然而索赔是需要依据的，如何能合情合理合法地进行索赔是每个造价人员最头疼的事情，所以及时合理合法的签证就至关重要。在工程建设的过程中，及时准确地做好各项经济技术资料是保证工程顺利结算的重要保障。

设计变更和技术联系单是记录施工过程由于各种原因发生的一些变更或采取的一些措施且事后这些情况已经隐蔽或不存在的重要证明文件，是对这些内容进行结算的主要依据。例如，开挖一段管沟，现场的实际情况与设计图纸不一致，需要管道绕过某个基础，这就需要增加工程量。对于这种工程量的增加，一方面是办理工程签证单，把增加的工程量记录清楚，并且附详细的施工图纸，另一方面是要做好隐蔽记录并附详图。若工程量签证单描述不清楚时，查阅这段管道的隐蔽记录就可以了解具体施工情况，这对以后的检修改造等也是很重要的。

(4) 建筑工程技术资料反映施工企业的管理水平

管理水平高的施工企业，其施工技术资料必定是及时的、真实的、准确的，且符合各方面要

求的。目前，建筑市场竞争非常激烈，我们不仅仅要在工程质量、进度、安全等方面达到业主的要求，同时也要在工程资料这个看似不重要的环节胜出一筹，为企业塑造良好的形象，展现企业高水准的管理，为企业的利益提供一份重要保障。

7.5.3 建筑工程施工资料的内容

建设单位工程准备阶段招投标文件、监理文件、施工资料文件、工程洽商变更、工程签证、竣工图和竣工验收文件，统称为建筑工程资料。工程施工资料是其中一项重要资料，基本包含：

工程管理与验收资料、施工管理资料、施工技术资料、质量控制资料、施工试验报告及见证检验报告、施工记录、施工质量验收记录等。

(1) 工程管理与验收资料

开工报告；

竣工报告；

竣工验收证明书；

工程质量事故报告；

工程质量事故处理记录；

单位(子单位)工程质量竣工验收记录表；

单位(子单位)工程质量控制资料核查表；

单位(子单位)工程安全和功能检验资料核查及主要功能抽查记录；

单位(子单位)工程观感质量检查记录。

(2) 施工管理资料

施工现场质量管理检查记录；

中标通知书；

工程预(决)算；

承发包合同；

施工许可证；

质保体系人员名单及岗位证书；

企业资质及质量管理制度和质保体系人员岗位责任制；

开工报告；

监督验收通知单；

工程质量保修书；

企业标准(施工过程中提供)。

(3) 施工技术资料

地质勘察报告及图纸；

施工图审查批准书(防雷、消防、抗震审核意见及答复)；

图纸会审；

设计变更(通知)；

材料代用签证；

工程联系单；
施工组织设计(方案)；
技术交底；
定位测量放线记录；
沉降观测记录；
建筑物轴线、标高、全高、垂直度测量记录及结构尺寸复核记录；
楼梯入口处净高、楼梯段垂直度净高及扶手、窗台净高；
监督检查记录及复查记录；
质量事故(问题)情况、处理方案、施工方案及复查验收记录；
隐蔽工程记录；
施工日记；
竣工图。

(4) 质量控制资料

① 工程测量、放线记录，包括：
工程定位测量放线记录；
基槽及各层测量放线记录；
沉降观测记录。

② 原材料、构配件出厂质量证明文件，包括：
原材料、构配件进场检验记录；
质量合格证书、质量保证书、商检证(通用)；
原材料、构配件出场质量合格证和性能检测报告；
钢材及连接材料性能检测报告；
钢筋及连接材料性能检测报告；
水泥性能检测报告；
外加剂性能检测报告；
防水材料性能检测报告；
砖、砌块性能检测报告；
焊接材料(焊条、焊剂)性能检测报告；
轻集料性能检测报告；
防火材料性能检测报告；
防腐材料性能检测报告；
保温、隔热材料性能检测报告；
吊顶材料性能检测报告；
饰面板、砖性能检测报告；
饰面石材性能检测报告；
玻璃性能检测报告；
铝合金、塑钢窗材料性能检测报告；
涂料性能检测报告；

装饰黏结剂性能检测报告；
隔声、隔热、阻燃、防潮材料特殊性能检测报告；
门窗性能检测报告(建筑外窗包括三性检测)；
建筑密封材料性能检测报告；
材料污染物含量性能检测报告；
壁纸、墙布防火、阻燃性能检测报告；
粉煤灰、石灰等掺合料性能检测报告；
土工合成材料性能检测报告；
半成品钢筋出厂合格证；
预制混凝土构件出厂合格证；
钢构件出厂合格证；
预拌混凝土出厂合格证。
③ 原材料、构配件、进场检(试)验报告，包括：
钢材及连接材料复试报告；
钢筋及连接材料复试报告；
水泥复试报告；
砂试验报告；
碎(卵)石试验报告；
外加剂复试报告；
防水涂料复试报告；
防水卷材复试报告；
防水材料复试报告；
砖(砌块)复试报告；
轻集料复试报告；
焊接材料复试报告；
掺合料试验报告；
建筑生石灰检验分析报告；
装修用人造木板甲醛含量复试报告；
装修花岗石放射性复试报告；
装修外墙砖复试报告；
装修外门窗复试报告；
装修安全玻璃复试报告；
装修用涂料复试报告；
见证取样记录。
(5) 施工试验报告及见证检验报告
钢筋连接(焊接、机械)试验报告；
钢筋机械连接型式检验报告；
钢筋连接工艺检验(评定)报告；

后置埋件拉拔力检测报告；
混凝土碱总量计算书；
土工击实试验报告；
回填土检验报告；
混凝土配合比通知单；
混凝土试件抗压强度报告；
混凝土抗渗性能检测报告；
混凝土抗压强度统计评定表；
砂浆配合比通知单；
砂浆试件抗压强度检验报告；
回弹法检测混凝土抗压强度报告；
饰面砖黏结强度检测报告；
沥青胶配合比及试验报告；
预制构件结构性能检测报告；
结构实体混凝土强度检验报告；
钢筋保护层厚度检验报告；
有裂缝砌体、混凝土结构检测报告；
见证取样记录；
隐蔽工程验收记录(通用)；
钢筋隐蔽工程验收记录；
地下防水隐蔽工程验收记录。
(6) 施工记录
施工记录(通用)；
预检工程记录；
地基验槽记录；
地基处理验收记录；
混凝土工程施工记录；
混凝土浇筑申请书；
混凝土同条件养护试件等效养护龄期温度记录；
预拌混凝土交验单；
混凝土开盘鉴定表；
混凝土拆模申请表；
冬期混凝土原材料搅拌及浇筑测温记录；
混凝土养护测温记录；
构件吊装记录；
中间交接检验记录。
(7) 施工质量验收记录
检验批质量验收记录；

分项工程质量验收记录；
分部(子分部)工程质量验收记录表；
结构实体混凝土强度检验记录；
结构实体钢筋保护层厚度检验记录；
工程安全和主要功能核查资料；
混凝土强度非破坏或局部破损检验报告；
饰面板后置埋件拉拔力检测报告；
地面用天然石材、胶黏剂、涂料等的用量证明资料；
屋面淋水试验记录；
地下室防水效果检查试验记录；
有防水要求的地面蓄水试验记录；
建筑物垂直度、标高、全高测量记录；
抽气(风)道检查记录；
建筑外窗气密性、水密性、耐风压检测报告；
建筑物沉降观测记录；
建筑节能、保温测试记录；
室内环境检测报告。

7.5.4 工程施工资料的收集与归档

(1) 项目开工前，由项目经理、技术负责人与监理方、业主方沟通、协调，明确技术负责人负责资料的编制、管理，资料员负责资料的归档、收发文件、管理，并且协助技术负责人编制资料。

(2) 项目开工前，由技术负责人(项目经理配合)负责与监理方、业主方确定资料归档的版本。

(3) 工程资料报审必须与施工同步进行，不得滞后。

(4) 工程资料的报送及接收，必须双方在“文件收发登记表”上签字，确保资料不出现遗漏，并能及时跟踪资料的签字盖章情况及返还时间。

(5) 需出台相关资料管理制度，由资料员统一收集资料并分门别类归档及保管好，确保资料的完整性。

7.5.5 工程施工资料的管理

(1) 工程施工资料包括施工前的图纸会审、技术交底记录，施工、安装调试、生产准备到竣工投产全过程形成的、应当归档的资料。

(2) 由资料科科长督促各资料负责人负责的各阶段工程资料工作的管理，负责施工工程竣工资料的编制工作。

(3) 工程竣工后，资料科科长负责督促、指导各资料负责人进行竣工资料编制、汇总整理工作，以便形成完整的资料体系和资料目录。对不合格的资料提出整改、完善要求。

(4) 竣工文件由资料员按要求进行编制、汇总。工程技术负责人进行检查、审核。

（5）工程竣工资料组卷遵循工程资料形成规律和成套性特点，保持卷内资料的有机联系，分类科学，组卷合理。

（6）工程资料按单项工程、单位工程或装置、阶段、结构、专业组卷。管理性资料按问题、时间或工程依据性、基础性组卷。监理文件按文种组卷。原材料试验按单项工程、单位工程组卷。

（7）施工资料按管理、依据、建筑、安装、检测试验记录、评定、验收的顺序排列。

（8）设备资料按依据性、开箱验收、随机图样、安装调试的顺序排列。

（9）竣工图按专业、图号排列。

（10）组卷内的文件一般文字在前，图样在后；译文在前，原文在后；正件在前，附件在后；印件在前，定（草）稿在后。

（11）工程竣工后按建设单位规定及合同要求，向使用单位及其他（包括档案馆）单位移交竣工资料。

（12）施工单位的工程竣工资料除应该按照业主要求准备相应的份数外，还要留存一份完整资料交甲方工程资料管理人员。

7.6 环境保护管理与措施

7.6.1 环境保护管理目标

（1）为保护施工现场周边生活环境，防止污染和其他公害，“以人为本”，保障人体健康，根据《中华人民共和国环境保护法》及国家和地方其他相关的法律规定，制定施工现场环境保护措施。

（2）环境保护目标：在工程施工期间，对噪声、振动、废水和固体废弃物进行全面控制，尽量减少这些污染物排放所造成的影响。文明施工，保护当地水环境及周边植被不被破坏。

（3）环境保护指标：在工程施工期间，对噪声、振动、废水、废气和固体废弃物的影响满足国家和当地有关法规、规定的要求。

7.6.2 水污染防治措施

本工程排放的废水主要有以下几种：基坑降水抽排的地下水、雨水、生活废水、搅拌水及各种车辆清洗废水等。

（1）基坑降水抽排的地下水经三级沉淀后用于项目部绿化植物的灌溉。

（2）在工程开工前完成工地排水和废水处理设施，做到现场无积水、排水不外溢、不堵塞、水质达标。

（3）对基础溢出的泥浆经过沉淀池沉淀后再进入泥浆池循环利用，对沉淀池定期进行清理，拉运至隧道弃渣场丢弃。

（4）根据施工实际，考虑当地降雨特征，制定雨季特别是汛期排水措施，避免废水无组织排放、外溢，造成当地水污染事故发生。

（5）施工现场设置专用油漆油料库，库房地面、墙上做防渗漏处理，存储、使用、保管设专人负责，防止油料跑、冒、滴、漏等。

7.6.3 大气污染防治措施

本工程大气污染源主要有：汽车运输、土方开挖、施工机械、炉灶等。

(1) 对易产生粉尘、扬尘的作业面和装卸、运输过程，制定操作规程，及时洒水，保持湿度。在四级以上风力条件下不进行产生扬尘的施工作业。

(2) 施工垃圾采用容器吊运到地面，垃圾要及时清运，清运时要洒水，防止扬尘。本着节能、环保的理念做到垃圾分类堆放，及时清运出现场，现场不得堆积大量垃圾。

(3) 合理组织施工、优化工地布局，使产生扬尘的作业、运输尽量避开敏感点和敏感时段。

(4) 严禁在施工现场焚烧任何废物尤其是会产生有毒有害气体、烟尘、臭气的物质。

(5) 工程使用混凝土由搅拌站集中供应。水泥等易飞扬细颗粒散体物料尽量使用罐装水泥，对袋装水泥必须库内存放、覆盖。

(6) 选择合格的运输单位，做到运输过程不散落。在运输水泥、白灰和其他容易飞扬的细颗粒散体材料时，要做到轻拿轻放文明施工，防止人为因素造成扬尘污染。

(7) 施工现场出口入口设洗车台，车辆出场须冲洗车轮，减少车轮携土，拆除构筑物时要有防尘遮挡，在旱季适量洒水。

(8) 清扫施工现场要先将路面、地面进行喷洒湿润后再进行清扫，以免清扫时扬尘。当风力超过三级时，每天早、中、晚至少各洒水一次，洒水降尘应配备洒水装置并指定专人负责。

(9) 沿施工现场围挡或在易产生扬尘一侧设置喷淋实施。

(10) 使用清洁能源，炉灶符合烟尘排放规定，每周监控一次，并保存记录，接受监督。施工现场内食堂所使用的蒸车、炉灶等必须使用天然气、液化气、电等清洁能源，严禁使用散煤、木材、锯末等非清洁燃料。

(11) 使用开槽机、砂轮施工时，必须设隔尘罩，防止飞溅物飞扬。

(12) 施工用的油漆、防腐剂、防火涂料等易污染大气的化学物品统一管理，用后盖严，防止污染大气。

(13) 施工现场在施工前做好施工道路的规划和设置，临时施工道路基层夯实、路面硬化。

7.6.4 噪声污染防治措施

本工程施工噪声源主要有以下几种：施工机械、施工活动、运输车辆等。

(1) 采取降噪措施，施工过程中向周围环境排放的噪声应符合国家和当地政府规定的环境噪声施工现场排放标准。

(2) 工程开工 15 d 前当地政府环保部门提出申请，说明工程项目名称、建筑名称、建筑施工场所及施工工期可能排放到建筑施工场外的环境噪声强度和所采用噪声污染防治措施等。

(3) 对施工噪声的控制，选用噪声和振动符合城市环境噪声标准的施工机械，同时采用低噪声施工工艺和方法。

(4) 作业时间严格按照当地基本建设文明施工规定要求，6 时至 12 时、14 时至 23 时施工，夜间不施工。

(5) 按照不同施工阶段施工作业噪声的限制，安排作业时间。

(6) 夜间不进行产生噪声污染、影响他人休息的建筑施工作业，但抢修、抢险作业除外。生产工艺必须连续作业的或者因特殊需要必须连续作业的，报请环境保护部门批准。

(7) 采取措施，把噪声污染减少到最小的程度，并与受其污染的组织和有关单位协商，达成协议。

(8) 合理安排作业时间，将混凝土施工等噪音较大的工序放在白天进行，在夜间避免进行噪声较大的工作。

(9) 使用商品混凝土，混凝土构件尽量工厂化，减少现场加工量。

(10) 施工现场在使用混凝土泵、电刨、电锯等强噪声机具时，在使用前采取噪声吸音材料进行降噪封闭，混凝土振捣采用低噪振捣棒。

(11) 吊车指挥配套使用对讲机，保持电动工具的完好，采用低噪产品。

(12) 管道型钢搬运轻拿轻放，下垫枕木，并避免夜间施工；减少材料现场制作，如需制作操作间应设在地下室或封闭房间内。

(13) 使用手持电动工具(电锤、手电钻、手砂轮等)时，周围设围挡隔音，使用设备性能优良，并合理安排工序，不集中使用。

(14) 采用早拆支撑体系，减少因拆装扣件引发的高噪声，监控材料机具的搬运，轻拿轻放，加强职工素质，严禁大声喧哗。

7.6.5 固体废物污染防治措施

固体废物污染环境的防治，实行减少固体废物的产生，充分合理利用固体废物和无害化处置固体废物的原则。本工程产生的固体废物主要有以下几种：混凝土、砂浆、碎砖等工程垃圾，混凝土的保温覆盖物，各种装饰材料的包装物，生活垃圾及施工结束后临时建筑拆除产生的废弃物等。

(1) 减少固体废物产生的措施：混凝土、砂浆等集中搅拌，减少落地灰的产生；钢筋采用加工厂集中加工方式，减少废料的产生；临时建筑采用活动房屋，周转使用，减少工程垃圾。

(2) 综合利用资源，对固体废物实行充分回收和合理利用。固体废物综合利用的措施：工程废土集中过筛，重新利用，筛余物用粉碎机粉碎，不能利用的工程垃圾集中处置；建立水泥袋回收制度；施工现场设立废料区，专人管理，可利用的废料先发先用；装饰材料的包装统一回收。

(3) 有利于保护环境的集中处置固体废物措施：施工现场设固定的垃圾存放区域，及时清运、处置建筑施工过程中产生的垃圾，防止污染环境。

(4) 加强固体废物污染环境防治的研究、开发工作，推广先进的防治技术和普及固体废物污染环境防治的科学知识。

(5) 制定泥浆和废渣的处理方案，选择有资质的运输单位，及时清运施工弃土和弃渣，在收集、贮存、运输、利用、处置固体废物的过程中，采取防扬散、防流失、防渗漏或其他防止污染环境的措施。建立登记制度，在运输过程中沿途不丢弃、遗撒固体废物。

(6) 土方及渣土自卸车、垃圾运输车采用全封闭运输车。运输车辆出场前清洗车身、车轮，避免污染场外路面。

(7) 对收集、贮存、运输、处置固体废物的设施、设备和场所，加强管理和维护，保证其正常运行和使用。

(8) 教育施工人员养成良好的卫生习惯，不随地乱丢垃圾、杂物，保持工作和生活环境的整洁。

(9) 施工中产生的建筑垃圾和生活垃圾，应当分类、定点堆放，并与环卫部门签订合同，由环卫部门进行专业化及时清运，不得乱堆乱放；建筑物内的垃圾必须袋装清运，严禁向外扬弃。

7.6.6 油料与化学品控制措施

(1) 油料、化学品贮存要设专用库房，一律实行封闭式、容器式管理和使用，施工现场固体有毒物用袋集装，液体物采用封闭式容器管理；

(2) 尽量避免泄漏、遗撒；如发生油桶倾倒，操作者应迅速将桶扶起，盖盖后放置于安全处，用油棉将倾洒油漆尽量回收。用棉丝蘸稀料将地面上不可回收的油漆处理干净，将油棉作为有毒有害废弃物予以处理。

(3) 化学品及有毒物质使用前应编制作业指导，并对操作进行培训。

(4) 有毒物质消纳找有资质单位实行定向回收。

7.7 文明施工措施及CI

7.7.1 文明施工管理措施

文明施工是指保持施工场地整洁、卫生，施工组织科学，施工程序合理的一种施工活动。

文明施工的基本条件包括：有整套的施工组织设计(或施工方案)，有严格的成品保护措施和制度，大小临时设施和各种材料、构件、半成品按平面布置堆放整齐，施工场地平整，道路畅通，排水设施得当，水电线路整齐，机具设备状况良好，使用合理，施工作业符合消防和安全要求。

当项目工程量大，参加施工的人员较多，材料多，对现场文明施工管理要求较高时，由项目经理部成立安全生产文明施工检查小组，于每周一组织相关人员检查，并在当天的项目周例会中提出整改要求，严格按“计划→检查→再检查”的工作程序处理现场文明施工存在的隐患问题。

工地实行围墙全封闭施工，在显著位置设置施工平面图和各项管理制度，“五牌一图”齐全。办公室和职工生活区用彩钢活动板房搭设，要求整洁、美观、大方。

建立施工现场门卫制度，所有进场人员佩戴上岗证，并在大门上方设置公司标志。对围墙实行整体美化，并将建筑物情况和规章制度、标语等上墙。

办公室内办公用品美观清爽，各种配套齐全，如：空调、电脑、彩色复印机、激光手电、其他会议室设备等放置整齐。

施工现场临时设施及机械选点、材料堆场严格按施工现场平面布置图设置，达到必要、紧凑、道路畅通的要求。

各种材料的堆放严格按类别、规格堆放整齐，并按“试验合格、待检验、已检验不合格”三种状态进行标记，对已检验不合格产品按不合格品程序处理。

现场周边设排水沟，尤其在基础施工阶段和雨季，各种排水机械配备齐全，做到地下水集井、地表水集沟有组织排放的要求。

保持道路畅通、平坦、整洁，现场不得有坑洼、积水及散落物。班组操作人员做到工完料尽，物尽其用，实行落手清制度。安排人员每天清扫现场及周围并清除排水沟内的泥浆、污水、废水，疏通下水道。施工现场各种机械设备的使用均实行"一机、一闸、一漏电保险装置"，线路的走向严格按业主同意的现场用电布置图设置，严禁无证操作人员乱拉乱接。搅拌站场地及现场道路夯实后铺 15 cm 厚碎石，20 cm 厚 C20 混凝土面层收光以保场地清洁。

食堂卫生应符合相关卫生标准，厕所、浴室按文明标准化工地修建，内墙墙裙贴 1.5 m 高白色瓷砖，厕所、浴室、宿舍的清洁由专人负责，工地设卫生茶水桶，夏季有防暑降温措施。

建立综合治安保卫制度，做好施工现场保卫工作，注意防盗、防闹事、防打架斗殴。

运送材料及土石方的车辆必须按规定路线行驶，漏撒的材料随漏随扫，建筑垃圾及生活垃圾及时清运出场，搞好环境卫生。硬化车辆道路，减少环境污染。

混凝土的搅拌、运输、浇筑，每一次浇筑混凝土完毕后，都必须派专人负责清理整个现场遗留的残存混凝土及机械残留混凝土。

经常与建设方联系，制定可行的作息时间，尽量减少对正常交通秩序和附近居民夜间休息的影响，将施工噪声减到最低限度。

严格将施工作业区与办公、生活区划分开，并用围墙隔开，设工人专用通道，在通道上方设二层硬防护，用钢管按满堂架搭设做支撑。设置现场防火器材，制定专项消防措施。进场后首先对原高边坡做安全维护，用钢管搭设栏杆和安全网维护，不留死角和盲区。

7.7.2 企业形象识别系统 CI

CI 是英文 Corporate Identity 的缩写，有些文献中也称 CIS(Corporate Identity System)，直译为企业形象识别系统，意译为企业形象设计。CI 是指企业有意识、有计划地将自己企业的各种特征主动地向社会公众展示与传播，使公众在市场环境中对某一个特定的企业有一个标准化、差别化的印象和认识，以便更好地识别并留下良好的印象。CI 策划也就是指企业形象识别系统的策划，由理念识别、行为识别和视觉识别构成。包括以下要素：企业名称、企业标志、企业的标准字体、标准色彩、象征图案，企业提出的标语口号、企业吉祥物等。主要应用在：办公事务用品、企业外部建筑环境、企业内部建筑环境、交通工具、服装服饰、广告媒体、产品包装、赠送礼品、陈列展示、印刷出版物等。

CI 设计规划与实施导入是一种循序渐进的计划性作业，综合国内外企业导入 CI 的经验。其作业流程大约可分为下列四个阶段：

(1) 企业实态调查阶段

把握公司的现状、外界认知和 CI 设计现状，并从中确认企业实际给人的形象认知状况。

(2) 形象概念确立阶段

以调查结果为基础，分析企业内部、外界、市场环境对各种 CI 设计系统的影响，来拟定公司的定位与应有形象，作为 CI 设计规划的原则和依据。

(3) 设计作业展开阶段

将企业的基本形象转变成具体可见的信息符号。并经过精致作业与测试调查，确定完整并符合企业的识别系统。

(4) 完成与导入阶段

重点在于排定导入实施项目的优先顺序、策划企业的广告活动以及筹组CI。

本项目在项目实施期间通过CI规划和实施确立标志标牌,目标是向社会公众进行有效宣传,树立企业品牌,确立公众形象,提升管理意识等。

习题与实训

1. 针对建设工程项目质量控制中的突出问题,如何就建设工程质量控制进行最优策划?

2. 质量控制的程度为何要有合理上限? 质量标准及规范对合理上限的作用是什么?

3. 质量控制要充分考虑哪些外部影响?

4. 质量控制为何应依照合同内容进行?

5. 试对施工质量管理与控制中准确确定关键质量控制点以及质量控制重在防范等方面进行举例分析和论述。

6. 如何理解建筑工程施工进度控制贯穿于建筑工程施工全过程?

7. 为什么说工程施工进度控制是工程项目管理的重要组成部分?

8. 为什么说进度控制的好坏,直接影响到工程的工期、工作量、资源的消耗量等,就某些因素的影响试说明建筑工程施工进度控制和管理的具体措施。

9. 工程施工进度控制的重点有哪些方面?

10. 为什么成本管理与控制不能缺乏全局监控意识?

11. 试分析当前建筑施工行业安全生产管理的现状及存在问题的原因,同时就如何预防项目施工安全生产管理的措施作相应详细的阐述。

12. 统筹规划,在施工生产过程中增强对安全生产工作的主动性和预见性,如何做到未雨绸缪,综合解决安全生产问题?

13. 以学院××项目为例,结合实际情况编制该项目相应的安全、消防管理措施。

14. 建筑工程施工资料具体包括哪些资料?

15. 为什么说工程资料管理是一项重要工作?

16. 如何做好资料管理工作?

17. 如何做到文明施工管理?

18. 如何根据项目特殊要求进行企业CI策划?

8 总承包配合服务

本章工作任务：

总承包配合服务是指建筑工程的主要施工方与其他参建各方、相关政府职能部门之间的工作对接与协调，协调工作做得好与否在很大程度上影响工程正常进展乃至验收工作。本章主要介绍总承包方与业主方、监理方、设计方、专业分包商的协调配合服务。

8.1 总承包方与业主方的协助配合

“为业主提供优质服务”是总承包方的工作宗旨，总承包方应全过程为业主提供百分之百满意的服务。作为总承包方，将站在工程全局的角度，积极、主动、高效地为业主服务，协助落实重大施工事宜和施工条件，解决工程实施过程中的重大问题，充分体现文明、高素质的施工企业形象。

除在施工管理的各个环节上与业主建立良好的相互信任、相互支持和相互理解关系，以保证工程的优质、高效、安全文明施工外，同时在以下几个方面做好与业主的配合工作。

8.1.1 指定分包的管理

(1) 指定分包的选择

业主指定的分包项目由业主负责招标管理工作，总承包方配合业主的招标工作，招标完成后经业主和监理认可后，分包商与总承包商签订合同，由总承包方对其进行管理。独立工程由业主负责招标，施工单位确认后，与总承包方签署配合协议，纳入总包统一协调管理。

为了配合业主对指定分包商的招标，在业主同意的前提下，本企业还应做好以下几点：

① 总承包方向业主提供分包深化设计、进场时间要求，配合业主进行招标文件编制，招标文件要表明工程数量、规格、要求和招投标双方的责、权、利关系。

② 配合业主进行投标单位的资格审查。

资格审查的内容包括法人资格和企业资质。具体要求检查营业执照；市场准入资格；主要施工经历（工程经验及业绩）；技术能力（技术装备和施工能力）；财务状况；企业的商业信誉；其他方面。

③ 配合业主进行招标前的准备工作，主要做好招标文件发放、组织现场勘察和文件答疑工作。

④ 参与对投标单位的技术、工期、管理、服务、法律等方面的分析和评价。

(2) 指定分包的计量支付

业主指定各分包商、供应商的工程款支付采取“合同约定、总承包方确认、业主支付”的方式，即根据合同约定付款方式，各分包商、供应商将付款计划提前5天报总承包方，总承包方将依据对该分包商、供应商的工程进度、工程质量、文明安全施工与环境保护等方面的定期考核进行确认，然后报监理工程师、业主审批，由业主直接支付工程款。

(3) 证照办理

若企业有幸中标，将安排专人负责配合业主进行开工前的施工许可证、规划验线、质监和安监手续以及当地政府要求的其他手续的办理。

按照各关键点和阶段性计划及时组织各阶段工程验收，积极配合业主组织进行工程竣工验收备案。

做好相关技术资料和施工管理资料的整理归档，协助业主进行有关方面的各种报验工作。

提供物业管理部门有关人员的专业培训和设施管理方面的服务。

竣工后在业主内部管理交接期间，保留一定数量的工人，对大楼的功能调整、局部完善项目积极配合施工，达到业主满意度。

8.1.2 与业主的服务措施

(1) 过程中的服务

加强与业主的沟通和了解，根据业主的建设意图，征求业主对工程施工的意见，对业主提出的问题及时予以答复和处理，不断改进工作。

当好业主的助手和参谋。根据业主的建设意图，发挥本企业的技术优势，站在业主的角度从工程的使用功能、设计的合理性等方面考虑问题，多提合理化建议。根据合同要求，科学合理地组织施工，统一协调、管理、解决工程中存在的各种问题，让业主放心。建立与业主、监理参加的工程例会制度，加强沟通，及时解决工程质量、进度等问题。成立现场管理小组，加强与当地街道、环卫环保、派出所、市政城管等部门的联系，及时解决可能出现的扰民、民扰等问题，确保工程顺利进行。

(2) 竣工后的服务

企业不仅重视施工过程中的质量控制，而且也同样十分重视工程交工后的服务工作，按照公司质量体系文件及市有关法律法规的规定，企业承诺以下服务措施：

① 对于任何原因造成的任何损坏，我方将一律主动地先维修，后分析原因；

② 分专业向业主提供用户手册或保修卡；

③ 对业主相关工作人员或物业管理人员进行必要的培训；

④ 为本工程建立由专人负责的保修队，并与业主建立稳定的工程维修联系制度；

⑤ 如业主有更进一步对工程保修或售后服务方面的要求或期望，本企业将积极配合。

⑥ 保修期限与承诺。保修期限自工程竣工验收并取得“建设工程质量合格证书”之日起计算。本工程保修项目的保修期限遵守××市规定和合同约定，同时满足业主特殊要求。

⑦ 定期回访制度。自本工程交付之日起每两周进行一次电话回访，每月由用户服务部组织回访小组对该工程进行实地回访，雨期或采暖期每两周进行一次实地回访；保修年限外，每半年进行一次实地回访。用户服务部每年年初制订回访计划；回访小组由公司主管经理带队，用户服务部成员组成。

8.2 总承包方与监理单位之间的配合协调

8.2.1 与监理单位的关系

业主将工程实施管理中相当部分权力委托监理公司行使，因此，与监理单位的全面良好的配合也是对业主尊重的体现。

监理单位与总承包方的关系是监理与被监理的关系。监理单位在开工前应向项目经理部进行监理方案交底，制定监理规划并通知项目经理部。监理单位应根据业主的委托，客观、公正地对工程进行监理。

8.2.2 与监理单位的配合措施

(1) 严格按照招标文件，为监理单位在施工现场，无偿提供良好的工作环境，为其顺利开展工作提供保障。

(2) 严格按照招标文件的规定，及时、全面地向监理单位上报施工组织设计、施工方案、施工进度计划、分包单位资质、进场物资报验等书面资料，使监理及时充分地掌握施工现场相关工作进展，对工程项目实施全面有效地监理。

(3) 积极组织工程参建相关各方参加监理例会，听取业主、监理、设计各方对工程施工的指导意见，认真落实监理例会对总承包方提出的合理要求，需要提交书面资料时，及时按要求提交，确保监理工作的正常开展。

(4) 对监理在现场检查中，提出的口头或书面整改要求，及时按要求进行整改，并请监理复查，最大限度地缩短整改时间，为后续工作创造条件。

(5) 对监理在现场提出的问题，要及时进行整改，避免同类问题再次发生。

(6) 现场验收申请、审批资料的申报工作，要提前提交监理，为监理正常的验收和审批留有足够的时间。

(7) 积极教育员工，包括分包单位的所有参建人员要尊重监理人员，对监理提出的要求要积极响应，避免无视监理指示，乃至抵触现象的发生。

(8) 在施工全过程中，严格按照经业主、监理审批的施工组织设计进行施工，以严格的施工管理程序，达到工程所要求的各项技术、质量、经济指标。在施工班组“自检”和项目经理部的“专检”的基础上，服从监理单位的“三控”(质量、进度、成本)、“两管”(合同管理和资料管理)的监督，虚心认真接受和服从监理单位的验收和检查，并按照监理工程师提出的要求，予以整改，以减少工程监督过程中管理的难度。

(9) 积极响应监理在其他方面的指示和要求。

(10) 遵守“三让”原则。

在监理要求高于国家规范标准时，总承包意见让位于监理意见；

在监理要求可改善使用功能时，总承包意见让位于监理意见；

在监理要求与总承包方要求效果一致但做法不同时，总承包方意见让位于监理意见。

(11) 对有见证取样要求的材料，现场取样送检时有监理或业主代表见证。变更用材时，事先应征请设计、监理意见，不同意者不进行变更等。

8.3 总承包方与设计单位及政府部门之间的配合协调

8.3.1 与设计单位的配合协调

(1) 在各种隐蔽验收时及时通知设计单位,让设计单位对企业的施工质量起重要的监督作用。

(2) 对由于施工中需要作变更处理的部位要及时反馈给设计单位,在设计单位提交正式的交更通知单后,才能施工。

(3) 在施工时对于需等强度代换的钢筋需经过设计单位同意后方可施工。

(4) 重视图纸会审,对施工图纸中有不清楚的地方在图纸会审中要全面地提出,使设计单位能够尽早地给予答复。

(5) 对施工中重要部位的墙上开洞或梁上开洞要通知设计单位进行受力校核方可组织施工。

(6) 认真做好设计变更的配合工作。遇有设计变更,及时迅速地调整工程进度计划,并相应调整人力、设备、材料和资金的用量。

(7) 对需要变更的图纸,将提出合理化建议,与业主、监理协商后,责成专职人员绘制方案图,并提交设计院进行审核。

(8) 在每个分部分项工程施工之前,组织各专业人员进行综合会审,重点对各专业之间平面和空间关系、施工顺序、使用功能等方面进行审核,对存在问题及时与业主、设计单位和监理单位进行联系,协商解决。

8.3.2 与政府部门之间的配合协调

(1) 政府部门主要包括当地政府的工商行政管理机关、城市管理部门、税务部门、公安交通部门、质量监督站、安全监督站、消防管理部门、劳动局等。

(2) 自觉接受政府的依法监督和指导,随时了解国家和政府的有关文件、政策,掌握近期的市场信息,熟悉当地的法规和惯例。

(3) 一切项目管理活动都须遵纪守法。

(4) 通过经常性的上门咨询和信息发布等形式,加强与政府部门之间的联系。

(5) 主动向工商税务部门依法纳税,主动与公安交通部门取得联系,求得施工占用道路的批准和运输的畅通。

(6) 主动与司法部门联系,求得法律的保护和指导。

(7) 主动与城市管理部门联系,搞好施工现场的文明生产和周围地区的环境卫生。

(8) 主动与质监站、安监站联系,求得他们对于工程质量和施工安全的指导与认可。

8.4 总承包方与专业分包之间的配合协调

(1) 与主要分包单位的项目负责人共同成立以总承包方为主的现场指挥部,共同参与工程的统一指挥安排与协调。

(2) 在项目经理部内专职配置熟悉有关专业分包业务且具有该专业丰富施工经验的工程技术人员，参加对分包工程施工质量的控制，共同参与技术难题的处理。且有责任向项目经理反映分包工程进度、材料使用、产品保护等方面存在的问题，以保证问题能得到及时有效地解决。

(3) 总承包方的施工总平面布置时统一考虑且布置各专业分包单位的施工及生活区，以便于管理和加强联系。

(4) 在具体施工计划和布置、安排时，要随时将各分包单位的分部分项工程纳入总承包方的总体施工计划和布置中。

(5) 在各分包工程施工前，各分包单位必须提供详细的专项施工组织设计及施工进度计划，而总承包方则应根据分包单位提供的资料和自己的施工计划和安排，从实际施工的具体要求出发，进行综合安排，对施工过程中可能发生的矛盾预先进行协调、处理。

(6) 在总承包方的施工进度及月进度上应反映分包单位承建的分项工程的内容，以便提早通知各专业单位的进、退场和施工工作面的展示。

(7) 将建设方、监理方、设计方的工程联系单及涉及各有关分包工程的内容，及时传送给有关分包单位，并督促其落实完成联系单中的内容。

(8) 在结构施工中，督促有关分包单位及时进行预留孔洞及槽线的埋设，并在混凝土浇筑前由有关分包单位确认签证。

(9) 在安排施工计划时，应充分考虑并留出各分包单位穿插施工的时间。

(10) 做好对分包工程的成品保护，采取有效的防护措施。同时也要求分包单位的施工人员对土建已完成的产品加强保护工作。

(11) 向分包单位提供各种配合措施，为其工作顺利开展创造条件。如脚手架、垂直运输设备、施工用电和标高、轴线的准确位置和数值等。

(12) 督促各分包单位及时进行工程技术资料的记录、收集和整理，做到与工程同步，并保证其准确性。

习题与实训

1. 基于为业主服务的理念，总承包方如何作好与业主的配合和协调工作？
2. 总承包方如何很好地与设计方、监理方、政府部门、分包商、供应商等进行协调？

参 考 文 献

[1] 徐运明，邓宗国. 建筑施工组织设计[M]. 北京：北京大学出版社，2019.

[2] 庄森，韩应军，冯春菊. 建筑工程施工组织设计[M]. 徐州：中国矿业大学出版社，2016.

[3] 建筑施工手册. 5 版[M]. 北京：中国建筑工业出版社，2013.

[4] 中华人民共和国国家标准. 施工组织设计编制规范(GB/T 50502—2009)[S]. 北京：中国建筑工业出版社，2009.

[5] 中华人民共和国企业标准. 施工组织设计编制与管理标准(ZJQ08—SGJB 001—2017). 北京：中国建筑工业出版社，2017.

[6]中华人民共和国国家标准. 工程测量规范(GB 50026—2007)[S]. 北京：中国建筑工业出版社，2007.

[7] 中华人民共和国国家标准. 建设工程项目管理规范 (GB/T 50326—2017)[S]. 北京：中国建筑工业出版社，2017.

[8]中华人民共和国国家标准. 建筑工程施工现场供用电安全规范(GB 50194—2014)[S]. 北京：中国建筑工业出版社，2014.

[9] 中华人民共和国国家标准. 建设工程文件归档规范(GB/T 50328—2014)[S]. 北京：中国建筑工业出版社，2014.

[10] 中华人民共和国行业标准. 工程网络计划技术规程(JGJ/T 121—2015)[S]. 北京：中国建筑工业出版社，2015.

[11] 中华人民共和国行业标准. 施工现场临时用电安全技术规范(JGJ 46－2005)[S]. 北京：中国建筑工业出版社，2005.

[12]中华人民共和国行业标准. 建筑施工高处作业安全技术规范(JGJ 80—2016)[S]. 北京：中国建筑工业出版社，2016.

[13]中华人民共和国行业标准. 建筑施工扣件式钢管脚手架安全技术规范(JGJ 130—2011)[S]. 北京：中国建筑工业出版社，2011.

[14] 中华人民共和国行业标准. 建筑机械使用安全技术规程(JGJ 33—2012)[S]. 北京：中国建筑工业出版社，2012.

[15] 中华人民共和国行业标准. 建筑施工安全检查标准(JGJ 59—2011)[S]. 北京：中国建筑工业出版社，2011.

[16]中华人民共和国地方标准. 贵州省建筑与装饰工程计价定额(2016 版)[S]. 贵阳：贵州人民出版社，2016.